L O C U S

LOCUS

from 63 不再迷路
You Are Here
作者：Colin Ellard
譯者：胡瑋珊
責任編輯：湯皓全
美術編輯：蔡怡欣
校對：呂佳真
法律顧問：全理法律事務所董安丹律師
出版者：大塊文化出版股份有限公司
台北市105南京東路四段25號11樓
www.locuspublishing.com
讀者服務專線：0800-006689
TEL：(02) 87123898　FAX：(02) 87123897
郵撥帳號：18955675　戶名：大塊文化出版股份有限公司

總經銷：大和書報圖書股份有限公司
地址：台北縣五股工業區五工五路2號
TEL：(02) 8990-2588（代表號）　FAX：(02) 2290-1658
排版：天翼電腦排版印刷有限公司　製版：源耕印刷事業有限公司
初版一刷：2010年1月

定價：新台幣 280元
Printed in Taiwan

You Are Here
不再迷路

Colin Ellard 著
胡瑋珊 譯

目次

導言：你在這裡，我在哪裡?
007

I 螞蟻爲什麼不會在購物中心迷路
人類和動物如何在空間導航

1 尋找目標
我們和其他動物在找尋出路上共有的簡單策略
021

2 尋找地標
我們如何利用看得見的去找尋看不見的
035

3 尋找路徑
我們如何試著以標記所經地點，來得知身在何處
053

4 全世界的地圖
領航專家怎樣憑專業的判斷力尋找行進路線
073

5 老鼠腦中的地圖
動物擁有的空間心理地圖
093

6 人類內心亂成一團的地圖
心理地圖的特質，以及我們如何藉以理解空間
103

II 在當今的世界裡走出自己的道路
人類思維如何塑造我們工作、生活和玩樂的世界

7 住宅空間
心理地圖如何影響我們在家裡的行為
125

8 工作空間
心靈地理如何影響我們工作和娛樂的習性
143

9 城市空間
了解（或不了解）所在場所如何影響著我們的都市生活
165

10 網際空間
生活在電子空間中的人類心靈
199

11 綠色空間
人類大腦空間感的特點，如何影響我們
與自然環境的連結，以及對自然環境的漠視
227

12 空間的未來
255

致謝
263

導言：你在這裡，我在哪裡？

有一種天底下所有做父母的人三不五時都得忍受的儀式，那就是週末露營之旅。每次出遊，我們總在車上堆了一大堆家當，從煮飯的器具和塑料油布、乃至於準備幾份「建築師巴布」（Bob the Builder）的內褲，然後開車出發到當地的公園，映入眼簾的往往不是星光映照之下的營火，而是瑟縮在寒風中的帳棚。我們每回露營回家總是滿載快樂的回憶，迫不及待下次再度和大自然相逢；這樣的能耐著實是人類精神的一大讚嘆。我就是透過這幾次出遊，才切實體認到自己對於實體空間的認知之弱。

有些公園的規劃完善，裡頭的露營區塊劃分得井井有條、具備完善的生火區和車道、方便使用者利用的廁所、附近還有便利商店；不過這樣便利的園區再也吸引不了我和內人凱倫（Karen）。我們選擇的正好相反—和好友帶著小孩開一整天的車子，到阿岡昆公園（Algonquin Park）最北端的地區——這是位於安大略省（Ontario）核心地帶一塊保護區，範疇不會比葡萄牙小多少。園區裡頭大都是麋鹿、狼、鹿群的棲息地，有時甚至可以見到黑熊的蹤影；人們在裡頭只能徒步或是划獨木舟。我們希望孩子們體驗真正的冒險，因此只帶著最基本的補給品和一架小小的獨木舟，便跟朋友帶著孩子一塊勇闖森林。我們的目的地是一座位於小湖畔的露營區，只能靠著獨木舟進出。我們營區看起來著實驚人，前方就是一座小島，上頭有棵大樹，光禿禿的樹枝上有個鶚巢。我們可以坐在湖邊看著這些龐大的鳥群一飛而散，外出為它們的幼鳥找尋食物。

我們抵達後沒有多久，就開始下雨了。我們決定要充分利用裝備，於是盡可能地健行、划獨木舟、四處探險。暫時休息的時候，我們便蜷縮在一塊藍色的小篷布下方，擰乾濕衣服；我們大人會趁著小孩不注意的時候，私下輪番傳遞一個小小的銀色酒壺，啜飲裡頭的液體暖暖身子。我們第二天出發時，原本雄心勃勃地計劃要造訪一處風景優美的瀑布區。由於目的地比較遠，兩個年紀最小的女兒潔西卡（Jessica）和麗貝卡（Rebecca）走不動，所以由我們兩位友人划著獨木舟一塊乘坐；而我和內人凱倫則帶著大女兒徒步前往。我們事前就警告過孩子，說不定會看到熊，在健行時盡量發出噪音——唱歌或是拍手是最理想的——以便嚇跑它們。不過老實說，我們也知道這兒幾乎不見熊的足跡，許多常來營區的旅客多年來也不曾見過一隻。儘管如此，我們出發前對孩子提出這樣安全性的警告，其實是希望讓他們覺得刺激、享受這趟旅程。

莎拉（Sarah）那時候已經是個少女，可沒有興趣跟著我們唱歌或拍手。她遙遙領先走在前頭，盡可能假裝不認識我們這群人。我趕上去跟她說，若要走在前頭，她就得製造一些噪音才行。她聽了便跑到隊伍後頭，讓我領軍。一分鐘之後，正當我在唱著《石頭族樂園》（*The Flintstones*）的主題曲時，突然注意到身旁有個東西朝著我迅速揮來，然後又消失無蹤。我聽到左手邊有一陣騷動，可是看不到什麼東西。我心想不管是什麼，反正已經跑掉了。我朝著後頭大喊，「我想我剛剛嚇跑一頭大型動物！可能是頭鹿！」我才剛轉身，便為眼前一隻大熊的身形所震懾住，它就在我的眼前，距離近到我伸手就摸得到的地步。它可能就在走道附近睡覺，我覺得可能是因為我們的噪音吵醒了它。我盡量壓低聲音，以平靜的語調跟凱倫和莎拉說緩緩退回去。我跟她們說別轉身背對著熊，也不要跑。我也是這樣做，不過這時候，這頭熊已穿過步道，消失於森林的深處。

我們走了許久好不容易回到營區，心情平復下來，哄孩子們入睡之後，大夥輪番喝光銀色酒壺裡的酒，花了許多時間回憶當時驚險的情形，並反思要是大自然丟出什麼意外的曲線球，我們人類會多麼不堪一擊。都市人要是脫離平日賴以生活的支援網絡，闖進森林步道，只要走錯一步，後果就可能不堪設想。當時要是我走了另外一條路，換了種走路的步調，或是沒有沿路製造噪音的話，我的生命很可能就在熊掌憤怒的一擊之中結束。我們的命運全憑一張單薄的園區地圖和一點幸運。我們把孩子帶到那兒做什麼？

我們一早便拔營出發。我想起先前為了在步道和營地之間運送人員和裝備，來回跑了四趟，便拿出一份破舊的步道圖，主張如果我們有些人穿過營地後頭的森林開出一條步道，我們應該可以連接到湖畔的路。凱倫和我想要早點坐在乾爽的房間裡頭，享受熱騰騰的早餐，於是提議把所有的裝備都帶在身上，並帶著幾個孩子出發。這條路很單純，大致就是圖一描繪的情形。我們只需直走大約一百公尺；找到路之後右轉即可。在野外偏離規劃好的步道絕對不是個好主意。我們對於自身處境的認知薄弱，沒有多久就陷入混亂、不知所措的險境。不過在這樣的情況下，走捷徑似乎是個穩當的主意，至少在風雨之中和飢腸轆轆的情況下，這似乎是個值得冒的風險。

這條路線應該四十五分鐘便可走完。可是，我們走了一個小時之後，凱倫和我開始覺得不對勁。我們身上背著沉重的背包，走進厚密的草叢之中，可不是件容易的事情。我們雖然確實發現

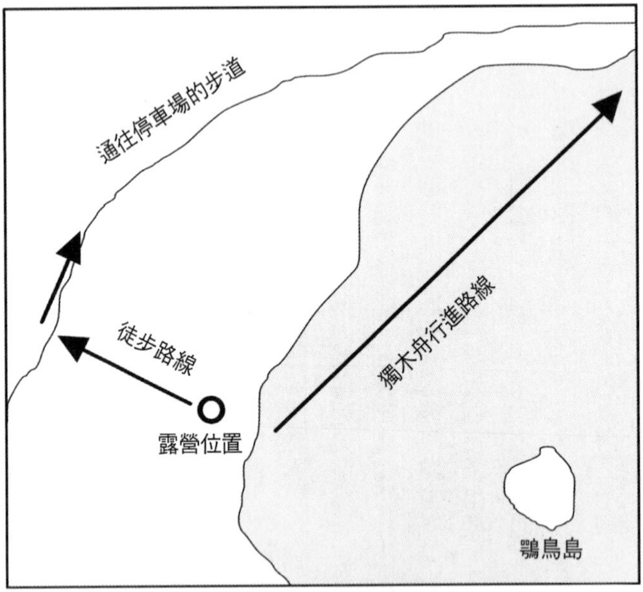

圖一：我們在阿岡昆公園離開營地的理想路線

預期中的步道，可是當我們一路走下去時，周遭地形卻看起來愈來愈陌生。我們看到一些地圖上根本沒有的湖泊，其中一座湖中央有個小島，看起來與鶚鳥島如出一轍。縱然有這樣驚人的發現，我們對於身處何處，還是摸不著頭腦。這一點充分印證荒野讓人搞不清楚方向的力量。我們一路上看到熊在步道上剛留下的排泄物，心中不安的感覺愈來愈強烈，我們又走了十五分鐘之後，對於身處何處依然一無所知，心中極力壓抑恐慌的狂潮。我們迷路了。我們深信周遭還有更多的熊隻，我們身上背了沉重的裝備，裡面還有可能會吸引熊隻的食物，我們還有幼子要保護。我們停下腳步，極力釐清思緒，到後來終於發現自己犯了什麼錯誤。請參考圖二的說明。

我們犯了幾個關鍵性的錯誤：我們錯

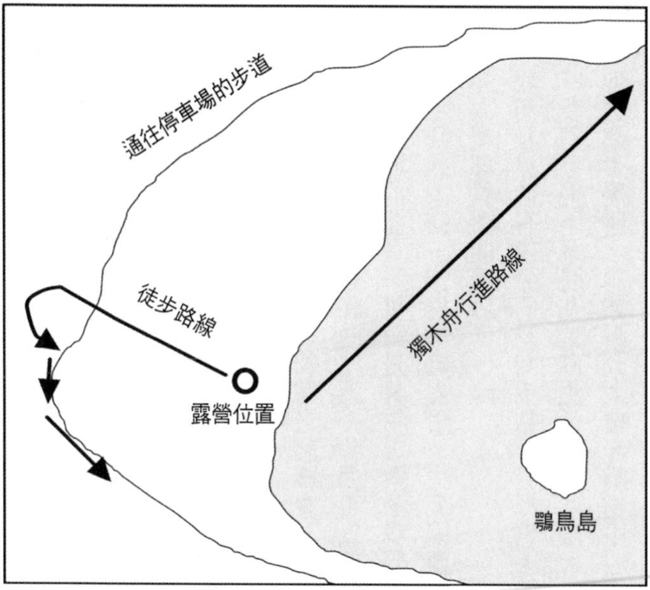

圖二：我們離開阿岡昆公園之後實際行進的路線

過了這條步道，不但自己渾然不覺，而且還轉了個大彎。在這過程當中，我們一直以為是直線行進。只要是在森林這樣混雜的環境裡試圖直行的人，對於這種錯誤應該都不會感到驚訝。即使是身經百戰的老將，這依然算是艱巨的任務。各位不妨試試看，閉上眼睛試著直線行進。出乎意外的困難，對不對？雪上加霜的是，我們看到那座和鶚鳥島如出一轍的湖泊；卻不知道這就是我們在那裡露營兩天的同一座湖泊，以至於一錯再錯。事實上，我們在步道高處試圖釐清所處位置時，應該便可**看到**露營的地點。經過一番苦思，一路上走走停停，一再確定位置之後，我們終於找對方向，一路跌跌撞撞來到步道盡頭的停車場，帶著謙卑心開車離去。一路上，我們遵循標示明確的道路指標，開到當地的快餐店飽餐一頓以恢復體力。

我們人類開發的科技，可以在海洋、各大洲、甚至超越極限，連到外太空都能找得到方向，可是碰到一座小小的森林卻手足無措。我們到底是什麼樣的生物？我們向前直行爲什麼沒幾步，便走岔了路。就算在當地停留好幾天，爲什麼還是認不出周遭的地形？

你們可能會說以上所描述的情節，不過是在都市住久了，選擇週末出遊，既沒有訓練也沒有帶指南針，而且血液裡頭的威士忌濃度說不定過高，才會搞不清楚方向。儘管如此，不管從傳說還是科學的角度來看，人類相對於大多數動物，方向指引的能力都還是小兒科。我在滑鐵盧大學(University of Waterloo)沉浸式虛擬環境研究實驗室(Research Laboratoryfor Immersive Virtual Environments, RELIVE) 裡頭，多年來對於人類和動物在各種導航任務之中的表現，進行深入的研究，研究結果顯示，各種物種之間確實具有相當驚人的差異性。

這裡頭確實有些弔詭的地方，我們可以**理解**實體空間、物品、地方，甚至整個星球的長度與寬度。這方面的能力，可說是萬物之靈，我們繪製地圖、圖表，甚至製作設計精密的機械、發射許多衛星到外太空，作爲導航之用。從公園裡頭慢跑的人，乃至於超大型噴射機，或在地中海航行的超大型郵輪都能受惠。

我們身爲佔有優勢的認知生物，發揮驚人的智慧以科技征服空間，但卻會在小小的綠色空間迷路。我們不得不承受在忙碌生活中一些讓人感到沮喪的插曲，像是在停車場找車。我們連在人造的地方都會迷路，例如辦公大樓、購物中心和醫院。我們要怎樣和人類空間及場所關係的兩大基本事實和平共存——我們對抽象空間在理論上的掌握，和我們在尋覓方向時難以形容的笨拙感？這兩項事實有沒有可能甚至彼此相關呢？我們是不是把環境打造得太成功，大幅減輕從一地到另外一地尋覓方向的困難度，結果徹底地改變了我們的天性？

黑熊（就是我在森林裡打擾到的那一種）就算被放到幾百公里外的地方，照樣可以找到回家的路——科學家對於箇中奧祕百思不得其解。①熊知道什麼我們不知道的東西嗎？斑蝶，或遷徙的鳥類可以飛得更遠，有些時候甚至可以橫越幾千公里，到達從來沒有去過的目的地；它們又是怎麼辦到的？傳信鴿就算被裝在不見天日的盒子裡橫越半個大陸，一旦獲得釋放，立刻可以精準地找到回家的路；這又是爲什麼？新生的海龜寶寶在佛羅里達州的海灘上蹣跚地走到海中，然後洄游幾千公里的距離，到非洲海岸附近富饒的棲息地；箇中又有什麼奧祕呢？也許最有趣的是，當今生物界，人類是唯一對這些導航能力稍微有些認識的生物，可是怎麼一碰上複雜的森林，或在辦公大樓碰到出乎意料之外的走廊，卻會頓時感到孤立無援呢？

思考的空間

若純粹以實體事物而言，空間是由界定地點、距離以及各地之間關係的多次元組合而成的。數學家和物理學家告訴我們，空間可能有許多不同的種類，每一種都各有其立體組合和規則，然而我們生物的空間，與在我們小學認識到的歐幾里德（Euclid）的空間幾何版本，極爲雷同。和其他動物一樣，我們在實際世界之內生活，這些事物的分隔線，無論是可分隔的或不可分隔的事物，都被大自然的空間和時間明顯地劃分。我沒辦法同時身處芝加哥和多倫多，我移動到另外一個地方的能力以及我必須走的路程，都取決於數學幾何和物理法則。

當然，空間不只是往返各地的實務而已。自從思想啓蒙起，哲學家和科學家就一直試著要定義並理解空間爲何物。我們開天闢地的故事，無論是來自古希臘，印度黎俱吠陀或是舊約，在在讓我們領悟到從無到有的道理，爲了掌握這個思想大躍進的步伐，我們不得不反覆思考無和有的實際差別。在被科學發現日益限制的背景下，現代哲學家也必須思索這種有關空間本質的基本抽象問題。②現今，有些物理學家告訴我們空間有二十個次元，在其中，平行線可能會彎曲並相遇，這種論點說不定不單單只是數學家和哲學家的憑空想像，可能眞的如此（不論我們是否眞的能夠感受到）。傳統將時間視爲事物或事件看門人，以及同時性的仲裁者；這種典型的想法現在已出現磨損，因爲量子物理的新發現指出，廣大實體空間分隔的物體之間說不定彼此有連結，就如同資訊可在這個地球的各地之間傳遞，**不會**受限於時間的流逝一樣。③

心理學家和其他的社會科學家早已了解，空間不只是在圖表或地圖上的點組合。我們的語言充滿了空間的隱喩（「我們不要走過頭了〔get ahead of ourselves〕」、「這個案件在接受審查當中〔under review〕」、「他的行爲超越了巓峰〔over the top〕」），我們日常的空間認識和歐幾里德的順序有很大的不同。想想看你到了陌生的地方——新家或是新的工作場所——會怎樣了解新的空間，這些方法會因你們的經驗而有所不同。空間本身是不變的，但是心理對空間的表徵卻有劇烈的變化。

我們在本書各篇章將深入探索導航與尋覓路徑的問題。我在哪裡？你在哪裡、而且你怎麼知道身處何處？我們將探索人類和其他動物往返於各地之間所用的方法細節。我們將會發現人類和田野、森林裡的其他生物有許多相似之處；可是我們和這些同處地球之上的其他動物之間，在能力上確有顯著的不同。某些動物擁有專門的感官和能力可以知道身處何處；但我們人類並沒有。不過我們與實體空間之間的關係卻出現了嶄新的變化。這個新關係其實就烙印於我們的大腦裡頭，不只讓我們可以處理空間相關的問題，在某種程度上，還讓我們從空間的限制中釋放出來。這就彷彿人類驚人的大腦已成長到我們可以獨立於空間之外的程度，即使我們爲了生存而在空間之中掙扎地找路時，還是可以保持距離地思考，甚至以一連串的數學公式及抽象地圖來表示。我們之所以能夠想像，發展和使用科技——快速運輸和通訊、大眾傳播、虛擬實境（這些發展在在讓我們更進一步擺脫空間的桎梏），就是憑藉著這種擺脫實體空間思維的能力。在接下來的章節中，我們將會探索這些扭曲空間的科技，我們生活方式因此所受到的影響，以及這些影響介入到我們對於住家和城市的設計和工作、通訊與玩樂的方式。

在本書的第一部分，我們將探索地球上的動物在各地遷移時，有哪種空間資訊可以運用，以及它們怎樣利用這些資訊找到方向。我們一開始會探索最簡單的導航型態：我們怎樣從所在地移動到視線所及範圍之內的目標呢？在這段旅程的起點，我們將會看到人類跟動物有許多共通點，從單細胞的細菌乃至於笨重的熊隻以及嗡嗡叫的蜜蜂都是如此。本書在稍後的篇章之中，將會探索複雜度更高的導航慣例。我們的遷移未必是以地標爲目的地，但可以藉此作爲抵達目的地的指引（「只要沿著左邊的山走，你一定會看得到」）。地圖對領航員來說是屬於地方性的，但是地圖有許多種。汽車儀表板放置雜物的隔間內可以找得到的地圖，和當我們試圖指引方向時腦袋裡頭的地圖，可能會有很大的不同。而且，蜜蜂微小的頭腦內由少數神經元所組成的地圖，和我們的地圖應該也不一樣。當我們試圖在不熟悉的地形尋找方向時，可能會注意和記住出發的路徑（「在下一個紅綠燈，向左轉兩次，向右轉一次」）以維持方向感。我們和許多動物都有這個能力，但是有一些動物，如北非的沙漠螞蟻，卻能跨越千山萬水依然保有精準的方向感，彷彿它們擁有小型的里程計，就像時鐘一樣可以精確地記錄里程數。

隨著本書逐步探索這種種認路方式的細節，我們會漸漸看出人類與其他動物處理空間問題的能力之間有何差異。有些動物依賴它們的空間感，如磁場感應或是分析光波無形的空間特性。其他動物擁有驚人的能力，可以記住走過的路徑，或在看似毫無特點的廣大森林和草原中數以千計曾經出現過的細微路標。人類所用的方法則不太一樣。雖然有些人，特別是在尚無文字的社會中的遠古時代，能夠自我訓練強化本身對地點和路徑細微感受的敏銳度，但是通常而言，我們認路的方式是用故事把各地不同類型的景象結合起來。這種導航方式有時可以引領我們有效抵達另一個地方，可是我們爲了簡化空間的景象，將其看成一連串彼此相連的節點，卻犧牲了本身對於各地之間連結方式以及對於這個世界幾何性的理解。我們可以了解哪些東西彼此連接，但是我們對於這些連接關係是如何發生，和在哪裡發生的掌握都十分薄弱。

在本書的第二部分，我們將探索有關人類和其他動物，對於所在地理解的差異性。我們住屋、辦公室、工廠、市民建築和城市的大小和形狀，怎樣反映出我們與實體空間共存的能力（或是無能）呢？我們將空間視爲連接節點的拓樸學，這樣獨特的認知如何影響我們和同事之間的互動？現代科技——特別是透過電話、網路或各種形式的即時通訊——怎樣改變我們對實體空間的理解和用途呢？我們大腦對日常生活中周遭世界的幾何圖形概念模糊，這個事實是否加速科技對我們生活的滲透呢？許多動物與生俱來理解空間的能力，這些動物能夠適應網際網路的超空間，以及橫跨全球的虛擬環境嗎？

再探空間，重新掌握位置

我們能夠脫離眞實空間，配合本身的設計和目的回顧、思考和塑造空間，這樣的能力無疑的已對現代生活造成巨大的影響。我們以科技適應這個世界以達成目的，而我們之所以能夠適應科技，大腦對空間認知的方式功不可沒。但可惜的是，我們在腦海中脫離這個世界幾何層次的能力，卻也讓人類和這個星球其他動物產生極大的差異。這種背離狀態可以看出一些人類天性的弔詭之處：人類這種腦袋可以進行如此複雜思考的生物，怎麼會對自己居住的環境造成如此的混亂，甚至連未來的命運都讓人質疑？也許更迫切的問題在於，對於空間思考的來源和人們怎樣運用這樣的思維，這些了解是否有助於我們爲這個惱人的問題找到解決之道。我們能否重新思考本身與空間的關係，以加強了解人類本身的行爲對這個星球的狀態會造成什麼影響呢？建築物和城市的巧妙設計能否鼓勵我們，和空間以及地方建立禍福與共的聯繫，進而爲這些空間肩負更大的責任呢？人類先祖對於身處**何處**的理解攸關生存，和這個星球的關係緊密依存；而這樣的關係是否也是我們重新掌握環境管理奧祕的關鍵所在？我們用科技征服個人生活層面的空間，我們能不能以同樣的這些科技，加強掌握凌駕於感官之上的廣大空間？

我希望各位讀者會認爲這是一本樂觀的書。要是我們這樣可以產生愛因斯坦（Einstein）、莫札特（Mozart）、德雷莎修女（Mother Teresa）和莎士比亞（Shakespeare）的物種，大腦裡頭一些古怪的小問題令我們可以征服太陽系的外太空，但卻會在購物中心迷路，要是因此提前爲自己居住的星球畫下句點，豈不是一大悲哀？我們必須了解危及本身存亡和攸關蓬勃發展最重大的阻礙，並不是技術門檻，而是心理上的障礙；而這樣的認知是刻不容緩的。最重要的是，我們在時間和空間中的推移，除了得具備對本身的了解之外，還得掌握我們身處**何處**。

I

螞蟻爲什麼不會在購物中心迷路

人類和動物如何在空間導航

1 尋找目標

我們和其他動物在找尋出路上共有的簡單策略

跟隨著陽光，我們離開了舊世界。

——克里斯多佛・哥倫布（Christopher Columbus）

我們都曾經做過這樣的事。不論是在會議、研討會、婚禮，或者朋友各自帶幾個簡單菜色的聚會上，食物一端上桌，我們雖然基於禮教會自我約束個幾分鐘，可是觸角開始舞動，腳也蠢蠢欲動，然後我們就往餐桌直奔而去。如果有一名科學家在我們的頭頂徘徊，測量我們的運動，可以輕易顯示平均賓客和餐盤的距離是個遞減的數學函數。這類行爲稱爲反射動作，是最簡單的一種空間行爲。只需要有個目標（那美味的烤牛肉）、一兩種感測器（我們高度敏感的鼻子和眼睛），和某種動力（只要忍痛把腳塞進正式的鞋子裡就足夠了）。

然而，人生未必會如此地善待我們。在我們走向餐桌的途中，長舌賴瑞會適時地出面攔截。要如何重新規劃路徑繞到開胃菜那裡，以免賴瑞的言語糾纏？自助餐桌有兩排食物，較近的一邊是貝蒂阿姨著名的馬鈴薯沙拉，但是那沙拉看起來有點淡而無味。比較好的選擇是莎拉的辣味馬鈴薯，但卻是太遠了拿不到。我們必須通過人群，暫時完全看不見目標，才有辦法突襲在房間末端擺滿澱粉質美食的華海拉殿（Valhalla）。最快的路徑是什麼？或許派對是在一個我們完全陌生的建築物內舉辦。雖然到處都有美味的香氣，但是與視覺相比，香氣沒有太大的空間提示。我們要先走哪一條路？我們該如何進行有效率的搜尋？

接下來我要跟各位說許多有關找方向的故事，跟這些事蹟比起來，突破重圍走到擺滿美食的桌子那兒，只是小事一樁（如果你夠幸運的話，可以拿到莎拉的馬鈴薯）。儘管如此，從簡單瑣碎的反射運動、乃至於複雜的找路任務，所有的行爲都凸顯出生物一個基本的事實。不同於窗戶邊的天竺葵，我和你就像其他動物一樣，得從一個地方移動到另一個地方才能生存。爲了要取得養分，我得從椅子起來、走到冰箱去找食物。公車對著我衝過來時，我得跳開才能避免提早死亡。繁衍後代是我個人原始的生物生存重心。但是，這也需要移動。爲了傳承我的基因，我需要起身四處走動，直到找到伴侶爲止（你或許會爭論，這樣說似乎過於簡化）。爲了生存，我們得調和空間和時間。不管物理學家和哲學家對於這些事情會有何論點，「移動」的定義是在一段時間中改變位置。因此，我對大自然製造大量的移動機制（腳、翅膀、魚鰭等等）一點也不感到驚訝，而且，我們更開發了各種教人嘖嘖稱奇的精密工具，協助人們知道該往**哪裡**移動——也就是在空間中找到抵達重要目標的方向，譬如食物、溫暖、安全以及性愛。

導航最簡單的祕訣可能過於顯而易見，以至於我們不會認爲這有何訣竅可言。你在雜貨店的走道之間行走，前方剛好有盒你想要的義大利麵，用點意識或是無意識的行動，盒子很快就會落到你的手上，然後再放入購物推車中。這可以做何解釋？看似瑣碎的行爲，如移動到清楚易見的目標，我們每天都會做個上百次。這類行爲是所有會移動的動物所必備的，而這些行爲可用各式各樣的方法達成。

最原始的動物，像細菌這類的單細胞生物，雖然需求很簡單，但仍有基本工具可讓它們找到方向、前往能維持生存的環境，如有光線、溫暖和食物的地方。有時候，這些住進我們的土地、水源甚至是身體的單細胞生物，會用類似小孩蒙眼抓人遊戲的搜尋策略。它們移動的速率會隨著對周圍的溫度、光線或化學物質的感應，而有起伏變化，讓它們平靜地找到目標。除了植物朝著光源生長之外，很難想像生物處理空間問題還有什麼更簡單的辦法。

在其他的例子中，如此微小的生物可能擁有特殊的裝置，可以引導它們行進的方向。在一九九六年，美國國家航空暨太空總署（NASA）詹森太空中心（Johnson Space Center）的大衛・麥凱（David McKay）博士領導一群科學家，宣稱他們從南極採集到的一塊隕石，裡頭發現了火星有生命存在的化石證據。①這塊隕石經過內部的化學成分分析，顯示源於火星應該沒有什麼疑問，而且內部特殊組織疑似生物性。研究人員認爲這些微小的細胞體，讓他們聯想到地球上的細菌。

至於一些麥凱的早期證明也引起其他人的爭論，②雖然最初的興奮已經平息，但他仍然堅信在樣本中發現的磁鐵礦粒子，曾經是組成火星生命形式的一部分。磁鐵礦分布在我們地球上的許多地點，但是這種磁性礦石最令人感興趣的產地之一，是在具有獨特導航方式的單細胞有機體之內。所謂的趨磁性（magnetotaxic）動物把磁性粒子當作是一種小羅盤，藉此確定自己身處何方。這些磁性體利用地球磁場的方式，和童子軍的指南針朝北指的力量如出一轍，但是以這裡的情況而言，這並不是幫助它們正確的解讀地圖，而是採取更簡單的做法：這些微小的水生動物會在磁鐵礦的指引下，一路下游到湖底，找到可以覓食、水溫適中的安全湖床。麥凱樣本中發現的磁鐵礦的源地，現在仍然深陷爭議的漩渦中，但如果他是正確的，那麼，他發現的不光是外星存有生命的第一個證據，他的說法更會成爲生物導航的基本型態。

我所描述的基本導航工具是基於一種機制，讓動物隨著漸變的光度、熱能、磁力，或某些化學濃度而上下漂移。這些機制有多種功能，從動物需要了解自己的位置，到容易確定的目標，如一個強大的光源或一池溫暖的水。雖然就像這麼簡單，但是關於這些機制仍然有些令人不解之處。確實，細菌尋覓方向的某些細節讓研究人員認爲，這些小生物擁有一種認知型態，和多細胞動物身上發現的種類並無不同。

在拿自助餐的隊伍裡頭，當飢腸轆轆的城市靈長類瞄準莎拉的辣馬鈴薯，可又是另一種型態的反射動作，但原因也很快可以釐清，因爲他們要實現目標所必須克服的技術障礙，遠比一般阿米巴細菌（amoeba）或黏菌（slime mold）所面對的要複雜得多。

二的力量

一隻青蛙靜坐在泥流邊，似乎忘了時間的流逝和外在的事物。當一隻蒼蠅碰巧近在咫尺，這時青蛙的舌頭以無比的速度和精準度急速伸出，就這樣，蒼蠅消失得無影無蹤。聰明的科學實驗使用間歇性拍攝法顯示，青蛙不僅能辨別蒼蠅運動的方向，還能精確地估計蒼蠅的距離，以確保帶有黏性的舌尖和不幸的蒼蠅軀幹之間準確的接觸。③

雖然青蛙捕捉獵物的方式似乎和細菌的反射行爲非常不同，但它們都是相同的簡單行爲，用以協助動物與空間中的目標聯結。而比起極其微小的單細胞生物，像青蛙這類動物具有的優勢就只是尺寸大小而已。一個足夠大的軀體，感測器可以放置在用三角測量方式確定目標位置的所在。一雙感測器——以眼睛爲例——可以準確的估計目標的位置，毋須像小型動物一般，進行複雜的試誤法（trial-and-error method）。

雙側對稱性（即身體由大約相同的兩半組成）是常見的基本特徵，感官器官配合這種對稱性也是成對呈現。成對感測器的機制可以形成更有用的定位行爲，也更爲簡易。一個地下室愛好者可以輕鬆地建構一個具有搜尋功能的小機器，只需要一對感測器（例如：在電器行裡幾分錢就可買到的簡易光感器）、一組車輪，和一個驅動馬達就可以了。只要把感測器個別連接到車輪上，然後放在機體的兩端，再用金屬絲把所有的機器全部連接在一起，這樣機器可以迅速轉動朝向光源。或者將線路反轉的話，這個機器則會膽怯地尋覓黑暗的角落。④

更複雜的成對感測器使用方法，則牽涉到比較感測器個別呈現的影像，然後得出目標位置與距離的估計值。當我們注視一個物體，它的影像落在我們兩個眼睛的位置稍有不同，而我們的頭腦可以基於這樣的差異性計算出物體的距離。當我們傾聽聲響，兩個耳朵聽到的音質會有不同，也可以類似的方式來計算聲源的位置。二的力量在這個情況下，意指具有成對感測器的動物不需要像瞎子一樣，虛張聲勢地亂碰以接近需要的東西。而是比較兩個感測器個別傳遞的信息，迅速正確估計目標的位置。在以感光器和輪子所建構的簡單機器，或青蛙和蟾蜍堅忍的坐待晚餐來到舌頭可及的範圍內，使用成對感測器跟細菌這種簡單的反射機制比起來，是很大的進步。像我們人類這種更複雜的動物，涉及的是以更多層次的神經機制，就本身感興趣的目標來調整行動。如同大多數的視覺動物，這個故事始於我們的眼睛。

花一、兩分鐘觀察你自己的眼球運動怎樣形成你對世界的看法。在房間內找到某個定點，努力將你的目光停留在該位置上。當你這麼做的同時，注意在焦點外，你可以看見多少物體。如果你維持目光穩定，你會發現對於其餘周遭所感知的，不外乎是幾個不同亮度的模糊斑點。當視線維持在固定點時，注意你所能見到的清晰度有多低。在你凝視點附近，只有小區域的空間才有視覺細節，其他地方都沒有。要在所處空間建立一個統合視野，我們需要不斷移動視線。

比起今天我們能使用的工具，一九六〇年代研究眼球運動的技術要原始得多。研究眼球運動的先驅阿佛烈・亞爾布斯（Alfred Yarbus）使用小吸盤，讓參與實驗的人戴上依附在他們眼球上的小鏡子（沒錯，是很不舒服，而且也沒錯，亞爾布斯也參與自己的實驗）。⑤在某些實驗中，亞爾布斯要求參與者畫圖，並記錄他們的眼球運動模式。當眼球運動的紀錄與繪畫重疊時，便可以知道參與者一直在注視的東西，亞爾布斯發現眼球運動並不是隨機分散在整個繪畫上，也似乎沒有進行任何類型的系統搜索（例如我們想像機器可能會做的，從上到下或從左至右的動作）。相反地，眼睛往往尋找的是圖片最突出的部分。舉例來說，一幅畫裡，眼睛注意最多的部分是在人物上。亞爾布斯能夠證明在觀賞繪畫時，眼球運動的模式是取決於觀看的內容。如果他問受試者正在看什麼東西，他們的眼球運動會反映出他們用以搜索答案的策略。我們的眼球活動並非由視覺場景中最大、最亮、最顯眼的部分所驅動，它們反映的是我們看東西的目的。

雖然亞爾布斯聰明的實驗，激勵了日後大批研究人員衡量眼球運動，爲探索人類心靈開啓了一扇窗，但在他的年代，他受限於簡陋的科技。參與者在看圖片時必須將頭部固定長達三分鐘，而且小小桿狀物依附在他們的眼球上，造成他們的不舒服和注意力分散。現在，已經可以採用侵入性較低的方法，非常精確地測量眼球運動。在這樣的實驗中，參與者可以簡單的戴一副具有迷你攝影機的眼鏡，記錄眼球的運動。透過這個方法，我們可以更了解眼睛是如何獲取重要的信息。

當我們轉移視線時，我們使用了一連串稱爲定影（fixations）的快速一瞥，交錯的快速眼球運動稱爲跳視（saccades）。一般平均定影的時間大約是半秒鐘。雖然有細微的差異，但是所有跳視所花的時間長度約略是相同的，不論眼球在運動期間移動的距離長短，都少於十分之一秒。距離愈遠，眼球運動愈快（的確，跳視是人體所能產生的最快速運動）。這個細節是很重要的，因爲這顯示早在跳視之前，編譯就已開始啓動。換言之，在眼睛開始動作之前，已經知道目標何在。通常，具有這種屬性的運動，無論是眼球的運動還是裝載核彈頭的導彈，都稱爲彈道運動（ballistic movement）。

這些跳視和定影的模式有一個明確的結構，都和它們伴隨的行動相關，定影的長度會因爲用途而有所不同（譬如定位物體，協助如攫取、檢查東西的動作）。定影和運動模式之間這些不尋常的模式，猶如接收者和被接收者之間一種優雅的雙人舞（pas de deux）。我們的感覺不只是在這個世界上接收信息，從某種意義上說，我們實際上透過這類的交互作用**創造**本身生活的世界。從最表面的方式來看，我們在空間的運動可能類似於這些細菌和黏菌，但是我們朝著自助餐桌前進的動作，則是出於優雅美麗的感官之舞，這已遠遠超出了自覺意識之外。我在之前鼓勵各位嘗試這樣的訓練，聚精會神之下，我們可以偶爾意識到眼球運動或頭部轉動，但我們對於間斷視覺取樣(staccato visual sampling)——這是我們穩定接收視覺世界感受的基礎——卻不可能會有第一手的經驗。

掌握空間

像是伸出手、攫取和行走這些運動，長久以來一直是科學界一大研究項目。其中一個原因是，我們可從這類研究了解很多有關認知和運動怎樣配合運作的情形，但另一個更重要的原因是，掌握和操控物體的能力對我們是非常重要的。每個人都聽過那句古老的說法，人類得以主宰地球的主要原因，在於我們擁有對生拇指(opposable thumb)。這樣的說法雖然有其疑義存在(我寧願把錢放在巨大的大腦皮層上頭，而不是拇指上)，但毫無疑問的，我們能夠協調眼睛和雙手與世界精準互動，可謂身爲人類所代表意義的重要標誌。另外有些動物操縱物體的能力(例如：浣熊)，雖然也令人印象深刻，但沒有任何一種動物的能力，是接近於我們人類在技能性運動的組織上，利用視覺控制結合速度、準確度和靈活度的。

我們不假思索地伸手取物，一天之內會有好幾百次，但是要準確完成這些動作所必須解決的問題，其實是相當艱巨的。我們必須將觀察目標的位置改變爲一組肌肉收縮的動作。如果這看似容易，記得正確的肌肉收縮所需要的，不只是取決於目標影像在視網膜上的位置，還有眼睛在頭部、頭部在身體上、手臂連著肩膀這些位置，或許甚至是軀幹的方向（想要彎腰撿起地上的一個物件）。爲了計算適當的肌肉收縮，很重要的是，我們的大腦持續謹慎的追蹤身體不同部位的相對位置，以及在我們面前的視覺場景的外觀。而部分的這些工作，我們可以利用嵌在關節和肌肉的一組特別的感測接收器來進行。這些所謂的本體感受器（proprioceptors）的輸出結果，通報大腦身體的位置。除此之外，每當我們的大腦發出一個命令，就存放在伸手可及的神經檔案櫃中，這樣我們可以用它來追蹤每個動作的預期結果。我們的大腦甚至在動作之前，試圖透過預測運動的結果來節省時間。

當我們轉動眼睛、雙手和手臂時，只需要持續謹慎的追蹤身體部位的相對運動——眼相對於頭部、頭部相對於身體、手相對於肩膀等等。行走改變一切，每走一步，我們就像從地球表面啓航，當我們降落時，所處位置已經改變。衡量自身肌肉收縮或運動指令，已不足以確定準確的空間位置。我們需要一套全新的工具。

拿著滿滿的一杯啤酒穿過擁擠的酒吧可能會非常困難，但若站著不動，或者以平穩、不變的速度行進，啤酒仍然會安穩的留在玻璃杯裡，沒有任何液體波動的浪潮威脅地板或我們的衣服。但是，每一個方向或速度的變化，都會導致寶貴的液體在玻璃內左右晃動。現在請想像一下，具有觀察力和科學精神的飲者手拿玻璃杯在場內漫步，她也許會注意到啤酒在玻璃杯內移動的方式，和玻璃杯的運動存在非常有序的關聯性。動作的突然改變，造成啤酒表面形狀可預見的反應。其實，仔細的觀察員只要測量和記錄這些變化（雖然她未必是可以一起飲酒的人裡頭最有趣的一位），就可以計算玻璃杯通過空間的路徑。若要準確計算，她將需要留意液體表面的每一個動作。

如果她只是稍稍的分心，或者如果記憶失靈，遺失的數據將令她完全失去所在位置的線索。

很多動物，包括人類在內，都有一組特殊的器官，感應運動的方式完全和我們所觀察的啤酒飲者一樣。這些稱爲前庭系統（vestibular system）的結構，包含中耳之間一系列互相聯通的腔室和管道。看起來有點像法蘭克・蓋里（Frank Gehry）的彎曲建築創作，這些奇妙形狀的前庭充滿了液體。在這些管道內部是一小塊明膠，布滿了石灰石的小晶體，增加了它的分量。當我們的頭部加速和減速通過空間，小塊的明膠左右擺動的情形就像玻璃杯裡的啤酒一樣。嵌在明膠上的毫毛隨著每一次擺動彎曲，而這些彎曲運動將信號傳遞給我們的大腦。

前庭系統運作良好，控制某些類型的運動。舉例來說，當我們四處走動或在空中跳躍時，我們有能力維持定影在一個可見的目標上，主要是由我們的前庭系統和眼部肌肉之間精確的對話所引起。但前庭系統這樣一個在大型空間中追蹤運動的裝置，和前面所說那個拿著啤酒杯的人一樣，具有相同的弱點。錯誤悄悄地進入混音之中，這些錯誤隨著時間推移累積。沒有其他資源的協助，前庭系統變得不知所措、無所適從。一個可能的協助資源來自視覺系統，當我們在空間中移動時，它有特殊的能力可以追蹤我們的位置。

在第二次世界大戰期間，美國空軍新進研究員詹姆士・吉布森（James Gibson），站在跑道上觀看戰鬥機降落時的頓悟，令我們對視覺怎樣促進空間認知的理解更往前跨了一步。⑥毫無疑問的，著陸是飛行最困難的部分——經驗豐富的飛行員會告訴你，成功著陸的定義是，你在飛機著陸後還可以活著離開。在戰爭年代，政府必須迅速、大量地培訓新的飛行員，因此急欲理解飛機著陸如此困難的原因。他們也很想開發相關的心理測驗，了解一個人適合飛行與否的性向。

這兩個問題都落在吉布森身上，他必然已敏銳地意識到個人失敗的後果。有個前輩開發一套測試方法，讓受訓中的飛行員瞥一眼各型飛機的輪廓後，便要他們從飛機的影子辨識機種。這項任務非常困難，而且根本無法預測飛行員是否適合飛行的性向，結果這套測試法的發明者便自前線解職了。當約翰·華生（John Watson）——後來以他的學習理論成爲二十世紀心理學的重要人物——被分配去執行飛行能力傾向的任務時，他便想辦法把工作轉給同事，或許也讓自己免於失敗的尷尬。

詹姆士·吉布森展現出比他的前輩更不屈不撓的精神，最終了解到好的飛行員會利用移動觀察者對視覺動作的特定規律模式，持續追蹤運動方向、海拔高度，和速度。吉布森將這些模式稱爲光流（optic flow）。他認爲這些光流的重要性，絕對不下於我們透過前庭系統的信號判斷所處位置。隨著我們繼續前進，世界不同地點的影像掠過視網膜，但是空間地域影像擴大速度最緩慢，可指示我們的運動和目標的方向。對於飛行員而言，這意味的是飛機以弧形運動飛向地面時，地球表面部分擴大的速度似乎最爲緩慢，這稱爲擴張焦點（focus of expansion），是他與地面的攔截點。要成爲優秀的飛行員，就得具備這樣的本事——能夠理解可以怎樣運用這種光流信息。

吉布森所說的這些視覺運動模式，一直指引著我們的運動。舉例來說，在開車的時候，我們可以利用焦點擴張判斷運動的方向。本著同樣的精神，當目標接近時，我們可以根據光流測量經過簡單計算後，判斷何時該減速或停止以免碰撞。我們知道怎樣避免被迎面而來的拋射體擊中，例如：知道何時該閃躲以免被棒球打昏，這種能力也是基於這些類型的計算。甚至有些證據顯示，人類，還有其他許多動物，具備特殊的神經迴路，可以非常快速地偵測和應對這些視覺運動。

吉布森推測我們使用光流來完成簡單的定位運動，和動物尋覓光線、黑暗、溫暖，或食物的方法是相似的；這個論點雖然是無庸置疑的，可是還存在一點疑慮。所有這些視覺運動的模式，無論是我們自己的運動造成，或是世界上的物體運動造成，理論上兩者都可以用來計算所處位置，從而幫助我們了解在世界上的定位。正如我們稍後將會看到的，它們所涉及的計算可以變得非常複雜，而且我們是否能夠精確地執行這些計算，一點也不清楚，尤其是當我們的運動將自己帶往日常行爲歷歷可數的複雜路徑時。

導航最簡單的一種問題不過在於，想辦法縮短我們和可直接覺察到的目標之間的距離。如我們所見的，這類的問題只需要基本的感測器、一種移動的方式，和生物性線路將兩者連結起來，即可解決。對單細胞動物在湖床覓食、潮蟲（sowbug）在前往黑暗的途中、潮濕岩石的底部，或甚至是機器人的裝置而言，事情可以就是這樣簡單。雖然我們人類和其他動物都有這些基本的元素，但我們的指導機制嵌入一個更大、更複雜的系統。我們不停轉動的眼睛位於血肉之塔的頂端，在優雅的舞蹈中，從一個觀點彈跳到另一個觀點，有助於我們把總體世界觀彙集起來。我們之所以能夠從街角走到公車站，和從廚房餐桌走到前門的基本法則，可能和細菌、昆蟲，或其他簡單的生物所使用的沒有很大的出入，不過我們如何利用感官建構感覺世界，箇中差異的細節會隨著本書的進展愈來愈重要。

我們許多日常的空間挑戰可能不過是怎樣朝著清楚可見的目標移動，但這並非是我們所想的路線搜尋。怎樣尋找無法直接看到的目標，才是更有挑戰性和趣味性的任務。這是一個新的境界，我們利用事物之間的關係尋找位置，而不是利用反射機制感應信號的尺寸、形狀，和強度的簡單變化。

革性的影響。建造此塔的主要理由，是因爲多倫多市中心高樓大廈的迅速發展，已開始對各種無線電通信造成阻礙。但這顯然不只是與無線電波及微波（microwave）的傳輸運用有關，主要也是爲這座城市建立一個「世界級」的指標，代表著太空時代（space-age）進步的識別圖標。但和一般所謂的世界地標一樣——其剪影顯然已成爲多倫多天際線的一部分，就如同紐約市的帝國大廈（Empire State Building）以及西雅圖市的太空針塔（Space Needle）——從導航層面上看來，西恩塔已確實成爲指引地標。不論你在市中心或郊外，輕易就能夠找到西恩塔，從而確定自己的所在位置（能夠確認方位是因爲西恩塔坐落於安大略湖〔Lake Ontario〕北岸附近，所以我們不太可能位於塔的南邊）。此外，西恩塔還可用來評估到市中心的距離，當我沿著環繞安大略湖的高速公路開車進城時，判斷我行程進展最簡單的方法，就是以塔的外觀大小爲準。

依照這個判別方式，西恩塔因此成爲一個經典的導航指標。雖然它通常不是我們最終的目的地，我們卻可以靠著和它的關聯性找到目標。我們已經略微超出朝向可見目標的導航領域了，我們不再利用相似於腸道裡的大腸桿菌（E. coli bacteria）、響尾蛇獵捕田鼠般的概念方法，跟隨餐桌上美食香味散發的熱氣找到食物，或利用工具將飛機開上清晰可見的飛行跑道。現在我們利用有形找尋無形，這樣做意味著我們對空間至少有個基本概念，而這種能力讓我們變得稍微精確了些。

第一次證明動物會使用地標作爲導航工具的決定性研究，是由生物學家尼可拉斯・丁伯根（Nikolaas Tinbergen）所主導。儘管他最後因研究動物行爲獲頒諾貝爾獎，但其實一直以來他被視爲是家族敗類，和他勤奮的哥哥簡（Jan，曾於一九六九年獲得諾貝爾經濟學獎）比起來，「尼可」花了無數個暑假不切實際的觀察、拍攝動物，而非以嚴謹的態度鑽研任何和動物學（zoology）相關的學科。①丁伯根最傑出的天賦，就是他能夠巨細靡遺地觀察動物行爲，並在簡潔且具有說服力的實地試驗後，根據觀察結果凸顯出原理。

在一次的家庭出遊中，丁伯根花了好些時間觀察土蜂（digger wasp）。這些土蜂在地下挖築小巢，用以放置捕獲的昆蟲，好讓幼蜂孵化後就有食物可以享用。這樣的行爲模式使得土蜂必須反覆地進出巢穴，而讓丁伯根十分好奇的是，它們如何找到那微小到幾乎看不見的巢穴入口。

丁伯根的方法依舊簡單而有效。他猜想土蜂可能是利用可見的地標來確認巢穴的入口位置，因此他把一些散布於巢穴附近的自然景物移開，然後坐下來等著看會發生什麼事。當土蜂回來後，他清楚地看出了它們已經迷失方向。丁伯根據此設計了決定性的實驗，他主導情勢，刻意以一圈毬果取代原本位於巢穴周圍的物事。一旦土蜂克服困惑，恢復了尋找巢穴的能力，丁伯根便將那一圈毬果移至附近。當土蜂再次返回時，它們仍舊在已易位的毬果圈中尋找巢穴的入口，也證實了丁伯根正確地辨認出土蜂找尋方向的模式。②

這種簡單而非正式的實驗風格，已成爲從樹蟻到人類各式動物靠地標導航的研究支柱。儘管，今日使用方法的進展已經複雜到丁伯根無法想像的地步，但是這個實驗邏輯的變化卻不大。

英國薩塞克斯大學（University of Sussex）的實驗生物學家湯姆·科萊特（Tom Collett），花了一生的時間研究昆蟲的空間導航。③科萊特對於物種的選擇很平均——他研究過各式各樣的蟻類和蜂類，因此他的研究結果相當有概括性。但有一個困擾著科萊特的問題是，昆蟲用什麼方法記住地標的結構外觀，當它們試著返回巢穴時，它們尋找的是什麼？儘管昆蟲的大腦尺寸很小，卻擁有驚人的複雜認知能力。當飛行昆蟲要離開一個必須返回的地方時，它們會進行高度導航定位的飛行航程，面向目標圍成弧形。這麼做的目的是爲了製造一種將目標位置環繞起來的影像或快照，以方便記憶。必須遠途旅行的昆蟲會進行這樣一連串的定位行動，以記住歸途所需辨識的無數地標。昆蟲四處飛動，直到所見地勢能夠和記憶中的影像相符爲止，就好像試著找到一塊對的拼圖以完成一幅圖畫一般。而科萊特發現這種行爲所使用的方法大都和丁伯根類似，在目標的周遭動點手腳，就能夠讓昆蟲犯下可以預見的錯誤。舉例來說，以相似但較大的地標代替原物，就能提早讓昆蟲以爲它們到家了，因爲這讓昆蟲誤以爲這些較大的地標離它們比較近，實則不然。而這也正是我們利用建築物的外觀大小來判斷自己所在位置的原理：離得愈近，影像就如我們所預期的會愈大。

丁伯根和他年輕的妻子因急於踏上另一趟新的冒險旅程，倉卒完成有關土蜂實驗的博士論文。一九三二年，丁伯根碰上了爲國際極地年（International Polar Year）所舉辦的活動，有機會伴隨一支小型的荷蘭探險隊到格陵蘭島考察，最後卻花了十四個月的時間留在那兒，和一小群過著原始生活、與世隔絕的因紐特人（Inuit）共同生活。丁伯根眾所周知的生物學家角色，正是爲了研究一些包括哈士奇犬和雪巫雀（snow bunting）在內的北極（Arctic）物種，而毫無疑問的，住在因紐特部落這樣的環境正好能夠配合他對大自然仔細觀察的研究。這群人就是以他們的智慧、遠見以及最重要的敏銳觀察力，得以在這樣嚴峻的環境裡存活上千年。

北極導航員都有各自鑽研的領域，但就如同他們居住於巴芬島（Baffin Island）的親戚一樣，格陵蘭島的因紐特人生活在許多環境地標的區域裡，例如形成陡峭山谷山壁的懸崖和峽灣。這樣的地標即使在遠距離也能看得見，就算能見度極低的壞天氣，也通常能夠靠著峽谷的崖壁而免於迷失方向。

幾年前，我拜訪巴芬島克萊德河（Clyde River）上的部落，就親身經歷了這樣的導航模式。有一天，我們到峽灣附近一處崎嶇不平的美麗地域旅遊探索。當我們坐著雪車越過五十多公里的海冰，深入一座峽谷，天空卻突然籠罩上一層烏雲，空氣中也瀰漫著暴風雨之前的沉悶感，我們緊張地踏上歸途。當黑暗逐漸包圍，能見度喪失，我們已經看不見地平線，更無法區別陸地和天空。儘管如此，我們仍舊能夠辨別左方岩壁和右方海冰的顏色差異。我雖然因爲除了左方棕色岩石和白色地面之間淺淺的交界以外，其他的都看不見而感到不安。但我知道只要那座黑暗的山脊仍在視線範圍內，我們就不會有迷路的危險。我習慣生活在充滿導航信號的環境中，依賴視覺上的那道救生索就像小孩緊抓住媽媽的手一般。

因爲我們仍持續待在海冰上，遇上北極熊的可能性讓我倍感不安。我們出發前，當地加拿大皇家騎警（Royal Canadian Mounted Police）支隊的隊長曾慎重地解釋過，在海冰上應付北極熊的問題，但也沒能幫上忙。他意味深長地告訴我要睜大雙眼注意，並且一定要記住一件事：「如果你在海冰上看到一隻北極熊，而雪車離你很遠時，那就一定要記住三十秒法則。」

我上當了。「三十秒法則？那是什麼？」

「三十秒內你必死無疑。」

當我們看到村落的那一瞬間，明顯的興起慶祝的心情。要不是差點因爲失去空間方向感連命都沒了，我也不會對一個地方有這麼珍惜的感覺了。

因紐特人之所以能夠成爲優秀導航員的一個原因，是因爲他們擁有敏銳的協調力，能夠注意到物體和場景的視覺特徵。心理學家約翰·貝利（John Berry）一九九六年主導的一份經常被拿來引用的研究報告，比較了因紐特人，現代都市的蘇格蘭人，以及非洲農業社會滕內人（Tenne people）的視覺能力。④在一項以標準心理來比較視覺功能的測試裡，因紐特人在各項的程度上，不是等同就是優於滕內人和蘇格蘭人。對因紐特人來說，能否在島上生存取決於對事物細節的仔細觀察，而這也深植在他們的語言中。因紐特語（Inuktitut）是荒原（Barren）的因紐特人所使用的一種語言，其中就包含了所謂的強制性定位語（obligatory localizer）。如同某些語言，例如法語和德語，都要求名詞的性別必須特定嵌入到一個句子的語法（syntax）裡，因紐特語則要求物體的位置和方向必須明確標示爲句子文法結構的一部分。以因紐特語只有三字的一句話 Ililavruk manna ilunga 爲例，翻成英語則成了二十個字的句子：「請把這細長的東西斜放在我指的那個的一頭。」⑤

因紐特人不只培養敏銳的觀察技巧，他們的語言特性，迫使他們在陳述有關物體時，能夠注意並包括空間參考，他們還用豐富的字彙來描述土地。每一個小特徵、小山丘，或者岩石突出的部分都有個名字。這些名字若不是以曾經發生過的事件交織於故事裡，就是用來形容它們相類的東西。當我從逐漸逼近的暴風雨死裡逃生時，所跟隨的那座懸崖叫做 Naujaaraaluit。Nauja 是海鷗的巢穴，Raaluk 則是尺寸大小的修飾詞（大型海鷗巢）。Uk 用 uit 替換以表示一個地方，所以 Naujaaraaluit 就是大型海鷗巢穴的所在地。

因紐特探險家們以命名地標和帶入故事的方式爲策略，這和土蜂使用的方法相類似，但卻沒有那麼依賴地理。土蜂利用定位飛行來記住路徑以到達目的地，往後仍用相同的飛行方式再返回原地。在移動的同時，土蜂記下了關鍵地標的外觀。雖然技術純熟的因紐特人或許同樣對找到回家的路很有一套，但在策略上卻有個關鍵的轉變。一個因紐特的探險家能夠坐在家中的爐火旁向自己和家人講述故事，並且達到和土蜂的定位飛行一樣的淨效應。這種模式——人類將空間和幾何學（geometry）的遠距導航轉換成心理層面的文字、故事和想法——在接下來的幾頁將會重複出現。

談到因紐特導航，就絕對不能忽略這些稱爲人型石堆（inukshuks）的重要建築地標。這些建造成人形的石雕像，通常是放在高地以手臂指向避難處。它們偶爾被用來指引多產的漁場（fishing ground），從它們距離海水的長度來大致估計漁獲的所在位置。有時候一串的人型石堆是對等建構，所以從其中一個中間的洞能夠看見另外一個。除了它們的導航角色，人型石堆也能作爲代表已過世家庭成員的塑像。它們還能夠作爲一種幫助狩獵的指標，就像稻草人一樣，左右北美馴鹿（caribou）的移動方向。儘管這些雕塑確實被因紐特人作爲導航之用，人型石堆卻還有其他功用，而非只是簡單的地標而已，它們深植在因紐特人的文化結構之中。

這是一個人類嗜好的有趣延伸，讓我們能夠在腦海中利用文字和故事找尋方向。以人型石堆來說，象徵故事和傳說的實體都是以均衡的石塊堆砌而成的圖像。我們將所處環境記在心裡的工具箱，以此方式找尋方向。在因紐特文化中，土地、故事和人型石堆塑像之間的關聯是相當簡單的。在現代都市文化裡，我們運用地標將文化和記憶與地方連結的方式可能有些戲劇化，但引起我們建立此連結的動機卻可能很普遍，起源於我們特殊的文化認知結構。

地標和事物之間的關聯性在近年的一件大事中展現無遺，而這和我當初看著多倫多那座高塔逐漸成形的經驗卻大相逕庭。二〇〇一年九月十一日，全世界的人眼睜睜地看著紐約世界貿易中心（World Trade Center）在恐怖組織的謀殺行動中崩塌。雙子星大廈（The Twin Towers）一開始原不被紐約人所接受，但就像其建築設計師山崎實（Minoru Yamasaki）所預見的，最終卻被視爲紐約市的象徵。這兩座大廈不只是迷航旅客最明確的導航指標，對這座城市天際線的標示價值更是超越極限。當雙廈遭到摧毀時，全球同感無法置信和悲傷，特別是當地居民，更因爲強烈懷念而渴望能夠再次見到、甚至重建雙廈。最戲劇性的例子在年度的「光碑」（Tribute in Light）中展現，強力的聚光燈從南曼哈頓照耀著天空，提醒人們曾經失去的一切。直到今天，當人們飛進這座城市，或從紐澤西水域望向另一側的天際線時，幾乎無法將視線從雙廈曾經所在的位置移開。⑥這對於人類心靈的力量將地方和故事連結有極大貢獻，失去一切後，景觀所留下的坑洞卻將我們和該地連結在一起。

我們如何利用地標找回所失

雖然，我太太能夠掌握所有孩子的行蹤、我們的社交行程、所有她遇過的人的生日，以及不讓我吃的餅乾祕密藏匿處，但卻完全掌控不了車鑰匙的去向。她比較惡名昭彰的鑰匙遺失事件之一，還是發生在市立公園寬闊的草地遊戲場上。在和孩子們玩遊戲玩到一半時，她將鑰匙放在草地上然後離開。遊戲結束之後接著展開的是：在大草坪上瘋狂搜尋那個小鑰匙圈。這可能是許多人都很熟悉的經驗，我們到處走來走去，試著回想玩過的區域特徵。直覺告訴我們，地標和鑰匙可能的所在位置之間距離愈小，我們就愈容易成功找到鑰匙。如果我們能夠找到方法辨認玩耍時附近的草堆，我們就比較容易找回所失。唉，但是根本沒有這麼好的辨識地標，那串鑰匙再也沒有出現過了。

尋找在海灘弄丟的戒指、忘在購物中心的手套、地下室改建時遺失的螺絲，我們就像是在盤點我們四周的環境一樣，試著縮小尋找範圍，直到所有所見地標的方向和距離都符合印象中失物在我們手上最後一刻的樣子。當這樣的策略失敗時，就表示我們對於地標的外觀和位置的記憶讓我們大失所望了。在多次相似的位置進行類似的搜尋比較容易成功，就像土蜂為幼蜂儲備食物，在巢穴和野地間往返一樣。

聰明的實驗者可以問在這樣的狀況下，我們如何使用地標的相關細節。比如說，想像一下，像土蜂那樣，你已經學會在一連串相近地標中，靠著和它們的關聯尋找一個特定的位置。在上千次演練的過程中，運動員靠著和一連串可見地標之間的關聯，學會如何動作、投球或在特定的地點放置竿子。如果地標彼此之間的關聯改變了，那會發生什麼事呢？想像你的目標總是位在橙色三角錐圍成的四方形正中央。在你不知情的狀況下，一名使詐的實驗者移動四個三角錐，擴大了方形的範圍，如果變化微小到你根本沒發現，那麼你認爲你會從何處找尋目標？

答案好像必須視你爲何種動物而定。在幾個近似我所述情況的實驗裡，某些昆蟲和某些動物(例如老鼠和沙鼠）會以四個不同的位置做一系列搜尋，每一個位置都和一個地標相連，而各位置和地標改變前的距離和方向也都相同。這就好像它們記下了每個地標和目標之間確切的幾何關聯，所以它們四處搜尋，每個預設的目標所在地都是根據其中一個地標而來的。

但另一方面，儘管距離已經改變了，人類卻還是在四個地標的四方形正中央搜尋。這就好像目標所在的「密碼」，並不是由任何一個地標和目標的關係所組成，而是由**所有**地標和目標之間的關係組成的。⑦

我們並不完全清楚這些行爲上的差異意味著什麼，特別是其他動物，例如某些鳥類，在遇上一連串地標時，也是使用和人類一樣的方式。但有一種可能性是和因紐特人傾向根據和故事相關而命名的地標來導航有關。假設在我們假想實驗中的四個橙色三角錐，不是編列成一組實體，而只是一個單一的形狀——四方形。我們甚至可以想像這只是個在我們記憶中的圖形，並沒有所謂特定尺寸的四個角落，也沒有特定位置，就只是個更爲簡單的東西——如同心理上相當於**四方形**的字面意義一樣。

這樣子的編碼方式其實會有幾個好處。一方面，這能夠緩解我們記憶過多的負荷。但除此之外，這將使我們從各種不同的觀察點去推測那些地標所組成的形狀，但卻大可不必**置身在**那些觀察點中。就如同因紐特導航員在舒適的爐火邊，描述著暴風雨籠罩北極峽灣時的路徑那樣，我們可以說目標就在四方形的正中。以此說來，這個幾何問題要歸結到兩個概念——中心和四方形。以這種高度系統化的方式替位置編碼，雖然對記憶和智力的負荷有益，但同時也有不利之處。因爲這種方式摒棄了幾何學，使我們容易在地標易位時犯錯。萬一我們所使用的其中一或兩個地標被移動了怎麼辦？那麼我們該如何找出目標？這種情況下，老鼠可能就比我們佔優勢，因爲其中一個地標仍舊能夠指引出目標所在。另一方面，對我們而言，如果那四個地標不再能清楚標示出四方形，我們就必須自行猜測四方形的中心所在，但任何猜測都可能不精確。

遙遠的地標，不同的規則

最近我到聖塔芭芭拉的加州大學（University of California）一處校園拜訪一位同事。我以前沒有來過這裡，所以朋友寄了一份到他辦公室的方位指引給我。他的方向指南第一部分是，一份簡短的開車時必須遵循的指令清單。提供我在高速公路交流道上須注意的指標，以及我該遵循的左右轉正確順序，如果我依照他的指示，我就一定會準確抵達大學的停車場。我在下車之後該怎麼走是最重要的部分，他要我在離開停車場後，往海在前山在後的方向行走。這在某種程度上和我們上一章所討論的完全一致——我遵循的是以海爲相吸目標、以山爲相斥目標的簡單策略。儘管表面來說是如此，卻有個關鍵的區別，我的目的地是朋友的辦公室，而不是一片大海。換句話說，我用完全不同的方式利用山脈和海洋——從我的出發地根本看不見這些巨大、明顯且清晰可見的物體，卻成爲我前往目的地的指標。很幸運地，我即將要會見的那個人是個空間導航專家，因此他的指引就像雷射光一樣，有效而精準地將我帶到他的辦公室，就好像我是隻背負歸巢使命的昆蟲一樣。

當我利用地標找到同事位於聖塔芭芭拉的辦公室，我完全不需要考慮地標所組成的形狀。我下了車，然後往海前山後的方向走。爲何這種情況和在草地上尋找遺失的鑰匙會如此不同呢？某種程度上來說，是因爲這些地標很大而且很遠。這種地標有時候被那些對導航感興趣的科學家們稱爲遠端（distal）或全球性（global）地標，和我們所討論過的草堆以及橙色三角錐有所不同。

遠端地標在尋找遺落於森林裡的婚戒上完全派不上用場，但卻能夠幫助帝王蝶（monarch butterfly）從位於加拿大或美國的夏季巢穴，遷往位於墨西哥的避寒窩穴，或讓精明的登山者找到離茂密森林最近的公路。像太陽、月亮、遙遠山脈、甚至摩天大廈或都市風景這些地標，都因爲具有理想的方位指引特性，而在人類或其他物種的導航工具裡佔有特殊地位。倘若它們遙遠但仍清晰可見，那麼就一定相當巨大而且是靜止不動的。巨大而靜止的物體就可倚賴它會在原地不動，因此能確定位置和方向（太陽、月亮和星星是例外。它們會因地球轉動而改變位置，但因爲這些運轉是可以預測的，只要了解它們的運轉模式，便仍舊能以它們爲指標）。另一種地標——土蜂巢穴旁的毬果、草堆或草地上的石塊——就不這麼可靠了。它們可能會在原地不動，也可能被一腳踢開、被吃掉，甚至被好奇的科學家攪亂。

許多動物都很清楚地方性和全球性地標的不同，因此這些地標在它們的生命中也扮演著不同的角色。微小的地方性指標若讓人覺得不夠可靠，就很快會遭到漠視。大而遠的地標所給予的線索具有較大的韌性，一些研究也指出，動物們比較不願放棄以這些巨大地標爲基準所定位的空間指標。意志也許能夠撼動山脈，但這種情形並不常發生。

一些最優秀的導航員學會克服一大片，在未經訓練的人看來典型而無特徵可循的領域——無邊的海洋。早在全球定位衛星、地圖，或甚至羅盤出現之前，人類就已經找到方法，利用微小的線索，包括地標，在開放的水域上完成長途航程了。

南太平洋的普盧瓦島（Puluwat）航海水手，習慣以大型船隻航行遠達六百五十公里的航程，完全不需使用任何儀器導航。在許多情況下，這些航程通常是因爲一些最簡單的理由——爲了尋找新的菸草藏匿點，或甚至是爲了讓村裡的男人遠離生活壓力，到遙遠的小島去釣魚。

在普盧瓦人之中，導航員是個令人尊敬的階級。他們必須接受嚴格的祕密訓練，並且在一位導航船長手下長期見習後，才能獲准在海上指引船員。這個訓練絕大部分需要辛苦地記住在夜間航行時，一連串天際星星的出現和隱沒次序。儘管星星行經天際的路徑因季節而改變，但它們出現和隱沒的位置卻是較穩定的。

大部分航程都由一連串相距不遠且可見的島嶼組成，但鑑於兩地間的距離，目標和地標島嶼可能只是廣大藍色汪洋中的一個棕色小點。普盧瓦的導航員因此學會一個聰明的方法，得以增加這些遙遠物的可見度。海鳥們通常聚集在特定的島嶼附近，所以當它們出現在天空中，就預告了即將有一片大陸出現在視線裡。普盧瓦的導航員親身體驗這種鳥類的身分和習慣，學會了從天際看進未來。大陸，甚至是小島嶼，都影響雲的形成模式。同樣地，陸地和海水對天空也有不同的影響。技術好的導航員懂得注意這些細微跡象，不只能在映入眼簾之前就知道將有陸地，更能從天邊樹木、樹叢或潟湖反射的倒影辨認陸地。

普盧瓦的導航員也設計出一些巧妙的工具，塡補人類沒有想到的漏洞。他們利用一個稱爲etak的方法，觀察靠近地平線處排列成串的星星，和可見地標之間的位置來記錄航程。導航員在訓練過程中記下星星的位置，在往後的觀察中估計他們在大海中的位置。有趣的是，儘管普盧瓦的導航員學會了如何精通幫助他們丈量航程的複雜星標組合一覽表，但他們顯然對於達成這項成果的空間幾何毫無所知。就像研究普盧瓦人的人類學家湯姆士·格拉德溫（Thomas Gladwin）所嘗試過的，他無法讓他們了解船隻、島嶼和星星之間的幾何關聯，但這對一個優秀的觀察者來說，卻是件容易的事。⑧格拉德溫帶點神祕地說，儘管看不見地標，普盧瓦人仍舊能依照地標的地點，排列出星星的位置。雖然從他的闡述中，我不清楚他們是怎麼辦到的，但我的猜測是，他們能從所有資訊和直覺中，歸結出 etak 地標的方式，估計現在的位置所在，或許也利用了一點直覺和純屬運氣。

普盧瓦人的導航功績幾乎超越了除了經驗豐富的西方水手以外所有人的想像。很難理解的是，導航員怎麼能在夜間海上暴風雨將船翻覆之後，不只能夠救回船隻上的貨物，還能夠估計出自己的位置，並且讓所有船員安全返家。這種引起轟動的航行壯舉，就像因紐特人一樣，都要歸因於敏銳觀察，和對星象運轉模式以及地標位置反覆的努力練習。這樣的學問在訓練時就已根深柢固，成爲普盧瓦人不假思索的反應，對研究他們的西方人類學家來說或許近乎神奇。在大衛·路易斯（David Lewis）對於他不屈不撓的主要消息來源——塔維克（Tevake）高超導航技能的描述中，至少有這麼一個奇幻的暗示：

> 塔維克在前甲板上整整站了八個小時……專注地看著大海，只偶爾對舵手們比個手勢。然後在大約下午兩點的時候，一陣比霧氣還濃的東西籠罩在左舷船頭兩英里處，「Lomlom 島，」塔維克很滿意地說。很快地從右舷上也能看見 Fenualoa 島了，這表示塔維克已經從兩島之間半英里寬的森林通道（Forest Passage）中，完成一次完美登陸，，距離他上一次瞥見天

空算起，已達四十五至四十八英里之遠。⑨

讀著這段文字，好奇著人類能夠對環境擁有如此準確的適應力，而得以使用超出凡人所能夠掌握的方法。這讓我想起在一個夏日喝著將盡的蘭姆酒，和一名新斯科細亞（Nova Scotia）退休漁夫曾經有過的一段談話。他告訴我漁夫最重要的技能之一，就是隔天還能夠再回到今天在海上的同一個地點。他們並不想使用浮標（buoy），因爲這樣的話，競爭對手也一樣能看見它們，所以最好能夠以牢記遠端海岸線的地標來估計位置。我問他是否能夠在能見度低、又看不見岸邊地標的情況下，回到一個好的捕魚地點，而他十分確信他能做到。當我問他到底祕訣何在時，他卻用驚訝的眼光瞪著我看，就好像突然發現他在跟一個笨蛋講話一樣。

「你就是會知道你已經走過頭了。」而我只希望這是眞的。

在澳大利亞炙熱的核心地帶，水源不足、短暫且不可靠。任何想在此地存活的人，都必須知道該到哪裡找尋珍貴的水源。在所有依賴物理空間的奧祕生存的地球環境中，澳大利亞內陸是最可怕的例子之一。我們可能會預想能夠在惡劣環境裡適應良好的人類文化，就像普盧瓦和因紐特的導航員一樣，已經掌握了特殊能力而得以自行定位。在一項有趣的研究裡，一位澳籍的認知心理學家給住在西澳洲沙漠上的原住民學童和在相同地區長大的年輕歐裔澳洲人指派了一項任務，要求他們記下一連串天然景觀或人工建築的位置。⑩原住民孩童不只展現了較優異的記憶力，而且他們針對問題所採用的解決方式，也和觀察到的歐洲孩童不同。原住民孩童在被問及他們所在位置時，會先安靜地盯著那列目標看。而另外一組起先是顯得煩躁、嘮叨、然後在學習階段反覆念著交代的任務，且常常在任務一開始，就衝到他們已經記住的目標物旁進行辨認。在這項研究裡，沒有理由認爲背景相異的孩童們在生理上就會有什麼不同。比較有可能的是，原住民孩童在一個相當重視物體位置辨識及空間概念以維持生存的文化下成長，所以在這些心理實驗裡，知道該如何尋找解決之道是很自然的。

在布魯斯・洽特溫（Bruce Chatwin）的傑出著作《歌之版圖》（*The Songlines*）裡，他提出在原住民口傳的故事以及當地景觀大小、形狀和外觀之間有個重要的連結。⑪這樣的連結是原住民用以理解宇宙創世（Creation）的關鍵。他們的創世典故認爲他們所擁有的景觀，是在稱爲夢世紀（Dreamtime）的創世前期以**歌頌**而誕生的，而居住於這塊土地上的人類所扮演的角色，則是這些創造物的守護者，必須繼續參與這首歌，以永保地球精神的長存。歌之版圖裡聲音的表現形式和實際景觀有著密切關聯，丘陵和波動的旋律相連，而平地則和長連音的曲調相關。因此，這些歌之版圖不只在傳統住民的精神生活上扮演重要角色，它們更有幫助導航的功能。就像因紐特人在講故事時，將實際的景物位置仔細地帶入語言中一樣，原住民的歌之版圖在創世記敍裡連結了景觀的不同部分，幫助人們能夠從一處聖地走到另一處聖地。

出身於注重導航能力的古老門第的成員，都練就得更具敏感度，以彌補缺乏其他動物所擁有之工具的不足。昆蟲、鳥類和鼠類能夠直接學習它們所在地的大小、形狀和幾何結構，但我們人類卻傾向於記下名字、概念、關聯以及故事。人類精準導航的關鍵之一，是靠準確敏銳的觀察力發展而來，所以就算再小的方向和距離指標也能夠幫人找到方位。但除了觀察技巧之外，早期人類社會所發展出的口語傳說，將他們所學到有關這片土地的知識融入故事中，包含了創世、心靈以及神祇的歷史故事。至少這些口語傳說的故事，讓這些社會成員得以將生長環境的指標地圖納入廣大的記憶容量中。

每個人都有個塡滿指標的記憶倉庫，會激起過去的強烈情感以及事物的細節。開車進入多倫多時，我看見西恩塔的第一眼，總是會使我想起學生時期在那家保險公司工作所虛耗的日子，但有時候卻會聯想起孩童及青少年時期冒險、惡作劇，或在我稱之爲家的城市裡許多其他的回憶。同樣地，我第一次拜訪紐約市時，第一個帶我正面接觸這座傳奇城市的，就是主要的兩座地標建物：自由女神像以及帝國大廈。當我看見自由女神像時，我就知道我身在何處了。當我們旅行到其他地方時，最先吸引我們的就是那些有如史詩般的地點、在寄回家的明信片上會出現的景點——艾菲爾鐵塔、萬里長城以及嘆息橋（Bridge of Sighs）。我們幾乎不需找尋這些地點，因爲它們總是作爲便利的導航指標（雖然它們通常已是如此），更因爲距離這些古蹟愈近，就愈容易將這些新的足跡烙印在記憶深處。我們可能會嘲笑在奧蘭多（Orlando）迪士尼城堡前拍照的興奮旅客們，但大家都能夠理解這種動機。在沒有地標的地方，我們甚至會自己製造指標，在石頭上或樹上刻鑿出名字的縮寫、符號或稱號，然後在一生中一次又一次地回到這些地方。

我第一次拜訪瓦爾登湖（Walden Pond）的時候，曾撿了一塊鵝卵石放進口袋。幾個月後，當我離開這座我愛如家園的村莊時，我留下了那塊鵝卵石，就好像把我的生活和感情交織在這塊土地上一樣，連結了空間和地點。我們現代人可能缺少歌之版圖和詳盡的創世典故，但我們竭盡所

3 尋找路徑

我們如何試著以標記所經地點，來得知身在何處

任何頭腦清楚的人都可能成爲水手；這個道理總是讓人驚嘆。

——拉爾夫・沃爾多・愛默生（Ralph Waldo Emerson）

希臘有個古老的傳說，克諾索斯（Knossos）的米諾斯王（King Minos）命令技藝高強的工匠達德洛斯（Daedalus）建造一座牢固的監牢，囚禁牛頭人（Minotaur）——這是他的妻子和海神波塞頓（Poseidon）所賜的一頭純白公牛生下的醜陋野獸。達德洛斯建造了一座迷宮——一個充滿複雜通道、幾乎無法導航的巨大洞穴。這座精心建造的洞穴，不僅讓克諾索斯的居民得以安全避開牛頭人，更成爲米諾斯的洩憤管道，因兒子安德洛格俄斯（Androgeos）到雅典旅行卻遭謀殺，爲了替安德洛格俄斯報仇，米諾斯命令雅典將處女運到克諾索斯的迷宮，讓牛頭人滿足色慾和口腹之慾。

這樣的儀式一直持續著，直到雅典王埃勾斯（Aegus）勇敢的兒子賽修斯（Theseus）說服父親，准他跨海去殺死牛頭人。賽修斯很快便抵達克諾索斯，殺死野獸，並且安全走出迷宮。米諾

斯之女愛瑞雅妮（Ariadne）從旁協助賽修斯，給了他一團長線，好在進入迷宮時，可將線團一路在身後拖放，而得以在回程中找到路重獲自由。

這個有關迷宮、牛頭人和愛瑞雅妮之線的故事深獲大家的共鳴，就是因爲我們都清楚自己對於地理位置沒有十足的把握，以及因爲我們人類深怕迷路的恐懼。最終救了賽修斯生命的那條線，正是導航配備中欠缺的一件替代物：我們經常因爲記不住自己行進的路線而迷路。我們有許多失敗的導航經驗，荒野探險家的經歷可說是其中最爲戲劇化的，而部分原因則在於我們不像賽修斯那樣，擁有愛瑞雅妮給予的無價工具。而其中最糟糕的狀況，通常出於我們不能或不願正視自己掌握空間的能力薄弱的事實。

在羅伯特·史考特（Robert Scott）於一九一〇至一九一三年命運多舛的南極探險中，愛德華·雅堅遜（Edward Atkinson）身兼外科醫生及營地指揮官。雅堅遜自溫暖的小木屋中打開門，透過門縫窺探外頭的暴風雪。他的目標是距離小木屋只有三十公尺遠的一組氣象儀器。儘管氣象儀器的數據似乎都不脫預料之外，但還是得記錄下來，而這次輪到他了。他看著門閂旁那堆禦寒衣物。他聳聳肩披上防風衣，將厚大衣及毛靴留在原位。他想要速戰速決，然後回到床上。

他推門出去。風在他身後將門用力甩上。才走兩步路，他就已經被紛飛的大雪層層包圍。那些儀器就在正前方，但他在大雪中卻什麼也看不見。他數著步伐蹣跚前進。在天氣好的時候，這三十公尺需要的步伐數是一樣的。逆風前進又閉著眼對抗刺人的吹雪，要判斷更是難上加難。兩百？還是三百？在暴風雪的混亂中，雅堅遜已經數不清走了幾步。他覺得自己已經走過頭了，便轉過身來。持續改變方向的風打得他跪倒在地。他向前爬行，用身體感覺自己前面的路，希望能夠抓住岩石構成的地標。時間慢了下來，他原本感覺寒冷徹骨，但接著體溫卻開始升高。他感受到失溫症的灼熱感，但他忍住想要脫掉風衣和解開鈕扣的衝動。他的手感覺到一塊突出的岩架，便沿著岩架盡其所能向前爬行。他漸漸感到失去知覺，便重複對自己簡短喊話，試著想像出家人朋友的影像來擊退這種感覺。筋疲力盡之下，一股致命的困倦感席捲而來。他在雪堆旁踢出一個洞。沒有溫暖的靴子，他將會失去雙腳，但他想著，如果能夠離開暴風，或許還能多活幾個小時。他向後躺，感到失去知覺的身體逐漸屈服，想著如果就是這時候了，那麼就等著死神降臨吧。好像在以默許回應他的要求，風勢稍稍減弱了些。從半閉著的眼縫中，他看見上方有一道朦朧的光芒。他以爲那是來接他的天使，因而抬起頭來。在失溫症造成的孤獨混亂下，他仍舊知道個大概。暴風雪慢慢停了，光線是來自月亮。雅堅遜鼓起最後的一絲力量，將自己拖上低丘回到小木屋。他已經在暴風雪中待了四個小時①（他沒有失去雙腳）。

基於環境如此惡劣——風向持續改變、大雪遮蔽視線，以及不適當的禦寒方式——雅堅遜這麼快就身陷險境毫不令人驚訝。比較有意思的是，他的思維會如此粗糙，竟然以爲能夠走下那塊貧瘠的斜坡找到儀器，然後再回到小木屋。雅堅遜在這樣疾風寒冷的夜晚所採取的態度，充分凸顯出史考特遠征隊在觀念上的一大問題：這些極爲勇敢的男人，下定決心要不計代價到達南極，卻未對生理和心理可能遇上的困境多加留意，便逕自出發。他們不但配備（馭馬而非狗）和訓練都不足（他們不知道如何使用雪鞋和雪橇，因此很快就把它們丟了），而且缺乏了解我們人類微弱的**定位**（implacement）感：也就是我們對於身在何處、和周遭事物的空間關係，以及怎樣移動才能拿到周遭物品的了解。

你我之輩幾乎也沒有什麼不同。各位不妨回想上次家裡沒燈的情形。你從原地沿著牆壁或家具慢慢移動，試圖找到你認為最後看到手電筒或蠟燭的地方。你比預期的還早到達門口，一頭撞上擺在奇怪位置的燈，詭異地感覺你好像在一個類似你家的空間摸索，但所有大小、比例和位置卻都是歪斜而非預期中的。即使我們知道我們是從何處出發，也還是無法妥善處理我們的移動和位置之間的相關問題。

這裡有一個矛盾的地方：這麼一個已經找到方法繪製太空地圖並且深入太空旅行的物種，怎麼會在暴風雪中或甚至黑暗的臥室裡走了幾秒鐘就感到完全迷路呢？爲什麼會有一種動物能夠解決橫越陸地海洋幾千里路的問題，卻在極地裡沒走幾天，就因絆倒、感冒，差點在離安全地點幾公尺遠的地方沒命呢？

既然連在黑暗卻最熟悉的家裡也會如此笨拙，那麼人類沒幾下便讓自己迷路，甚至帶來災難性的後果，就一點也不令人驚訝了。有些「迷路人行爲」的研究資料相當強而有力，而這些研究正是爲了協助搜救人員找尋在森林公園裡迷失的人設計的。這些數據乍看之下會讓我們以爲，在荒野迷路是很罕見的情形。加拿大西部的某大野生公園裡，一年大約有二十六起迷路事件。這二十六件案例中，有三分之二迷路的人找到路回到原點，他們大都辯稱自己根本沒有迷路（但是，如果我自身的經歷可資借鏡，其中有些可能是刻意否認）。② 基於這個公園每年的遊客總數達數十萬，二十六個人似乎是一個非常小的數字。不過，大部分的公園遊客不是野餐、游泳，就是偶爾的短程小徑步行。如果這個數字只包括經過荒野的長程步行，特別是那些偏離已建立的路徑的遊客，那麼迷路事件的比率可能就會比較高。

我自己在阿岡昆公園迷路的短暫經歷，和那些眞正迷路的人相較遜色許多。戲劇性的家庭軼事和生命結束的經歷之間只有一線之隔。因此，有關遇難者如何移動，以及如何找到他們的科學研究，可不是開玩笑的事。

德懷特・麥卡特（Dwight McCarter），一位經驗老到的護林員和追蹤員，在他受人注意的著作《迷路了！護林員的搜救日記》（*Lost! A Ranger's Journal of Search and Rescue*）中，提供了許多這樣的事例。③在他的故事中有一些常見的主題。其他的故事顯示，有常識的人可能因爲很多不同的原因偏離步道。他們可能是想抄捷徑（我就是這樣），因爲天氣不好感到困惑，或者受壞心情影響（青少年的焦慮或叛逆期，或者和其他隊員意見不合）。意外事件通常發生在能力相異的隊伍當中：有人落後於其他人。一旦同伴出了視線及聽力所及範圍之外，就無法抗拒試著抄捷徑，往回走或者採取其他輕率舉動的誘惑。而一旦眞的迷路了，尤其是涉及低氣溫的時候，這樣的預感便以驚人的速度變得更爲堅決。當時間一分一秒過去，迷路的人採取悲劇錯誤移動的可能性就愈來愈大。

大部分迷路的人被找到時，身上的衣物都已所剩不多。低體溫症會產生一股燥熱感，讓人想脫掉身上的衣服來改善這種狀況。很多迷路的人會故意避開搜救人員，尤其是在連續好幾天和他人失去聯繫之後。小孩不回應喊叫聲，甚至可能躲避搜救人員。大人在搜救人員靠近的時候，也可能是極端恐懼地回應，大概是幾小時或幾天以來孤立的焦慮，使得他們對於搜救人員進入森林所發出的聲響產生恐慌。這些因素都使這項原本就已令人卻步的工作更爲艱難。

儘管研究顯示，大多數迷路的人最後都是在距離他們消失地點一、兩英里遠的地方找到，但半徑一、兩英里所包含的土地範圍，尤其當地形相當複雜的時候，可能需要上百個人花上好幾天，才能完成全面的搜索。詳盡的數學公式，以迷路的人的特性（年齡、背景、在荒野的原因）以及地域型態（高度變化、水域的多寡）爲基礎，都在可能找到人的地方被拿來作爲搜尋工具。然而，迷路的人能夠倖存的最好機會是利用「緊急搜尋」（hasty search），派遣適合且經驗老到的搜救人員，在最後失去聯繫的地點周圍馬上展開搜索。假如緊急搜尋失敗了，那麼能夠存活的機率就會驟降。除非狀況尚佳，否則那些在荒野迷路超過二十四小時的人就面臨失去一切的危險。

爲何螞蟻不會迷路

魯迪格・魏納（Rüdiger Wehner）花了職業生涯大部分的時間，在撒哈拉沙漠搜尋螞蟻。其中長度稍短於一公分、重約十毫克的長腳沙漠螞蟻（Cataglyphis fortis），是魏納身爲科學家幾十年來，投入大多數時間鑽研的領域。④科學家花大量時間和注意力在晦澀難解的東西上十分尋常，但很少有像魏納這樣特別重視的例子。

沙漠蟻類爲食腐動物，搜尋屈服於惡劣艱苦生活環境下的昆蟲。當這樣的犧牲者被找到時，螞蟻便將這些屍體帶回巢穴。雖然這樣的行爲模式聽起來再簡單不過，魏納卻注意到螞蟻移動特別的地方。找尋食物的螞蟻會緩慢而曲折地隨機繞行，走到離巢穴很遠的地方（遠達兩百公尺）。魏納令人驚奇的發現是，螞蟻在帶著食物返家時，它們是以直線行走，直接返回巢穴。

不像叢林裡迷路的人類旅客，這些螞蟻好像對它們的位置維持著堅固的掌握能力。它們是如何辦到的？有個可能是巢穴會散發某種訊號，例如一種味道，因此螞蟻能夠很容易標定。大家都很清楚，螞蟻有時候會以追蹤氣味來跟隨同伴的腳步，所以這似乎有明顯的可能性。但是魏納用了一個簡單明瞭的方法，證明螞蟻並不是在追隨氣味。當覓食的螞蟻在沙漠中找到食物來源時，他便抓起螞蟻將它們放到另一個位置。螞蟻對於被移位的反應是馬上衝向未被移位前的巢穴所在地。這證明螞蟻是以持續更新位置和距離的估計來追蹤巢穴的所在位置。這種記錄行蹤以及從紀錄中估計目前位置的能力，被稱爲路徑整合（path integration）。路徑整合是許多種不同種類的動物擁有的主要導航工具之一，就像魏納的螞蟻，十分精通此種能力，猶如擁有生物版的愛瑞雅妮之線。

既然已經知道螞蟻利用的是路徑整合而不是巢穴發出的訊號，魏納便開始研究它們對於自己所在位置的知識到底是如何建立和維繫的。對螞蟻來說有兩個需求：一個是追蹤巢穴的方向，另一個則是追蹤自己和巢穴之間的距離。

我們在前面看過，內耳的前庭系統，至少理論上，能被用來追蹤自身移動（self-motion）。蟻類並沒有前庭系統，但它們擁有發展良好的眼睛以及能夠接受光偏振的複雜視覺系統。因爲人類的眼睛無法感覺光偏振，因此我們無從得知螞蟻看到的世界到底是什麼樣子，但要了解光偏振並不困難。想像你剛丟了一塊石頭到平靜的水塘中，你會看到一串同心圓漣漪從石頭落水處往外散開。如果你細看其中的波浪，你會發現儘管波浪向外擴散，但水本身卻是上下移動的。會形成波浪是因水的**垂直**移動，但波浪卻是向水塘表面的**外圍**傳播。

光也是一樣。光波的傳播是靠著物體反射到我們雙眼，但光的波動就像湖水的垂直移動一樣，仍有其他面向。自然光可以說是無偏振的，因爲各個波動方向皆已混合，並且被平均分配在光波中。地球的大氣會過濾陽光，某些波動因此增強，其餘則相對減弱，而產生了部分偏振光。空中的光線裡有多少偏振取決於太陽的方位。如果我們能夠看見天空中光偏振的模式，就能估計出太陽的方位（有趣的是，即使太陽在雲層後也是如此）。

蟻類、許多昆蟲和一些其他動物，都看得見這樣的樣式。魏納證明了螞蟻是靠著光偏振的樣式，找到回家的路。他設計了一台在窗玻璃上裝有特殊過濾器的小車，很像寶麗來（Polaroid）太陽眼鏡，能夠影響光偏振到螞蟻眼睛的路徑。用這台小車跟著螞蟻橫越過沙漠，以讓窗玻璃能夠一直在太陽和這些昆蟲之間，魏納因此能夠使螞蟻在回家的路上頻頻出錯。在某種程度上來說，魏納只是把丁伯根發明的方法做了點簡單的改變：要證明一個東西是不是被拿來當作資訊來源最有力的方法，就是以一種讓你能夠預測誤差的方式操控資訊，之後看那些誤差是不是符合你的預測。

由光偏振樣式提供的空中羅盤能夠告訴螞蟻它們轉的方向，但卻無法告訴它們離家有多遠。螞蟻解決這道距離謎題的方法可能有很多種。有個想法認爲螞蟻會以花了多少力氣來測量距離遠近。就跟我們沒有兩樣，螞蟻會因爲感到疲累，而知道自己已經走了很長一段路。魏納的團隊爲了測試螞蟻，便在它們外出覓食的去程中，以（重於螞蟻本身四倍的）重量加在它們背上。如果螞蟻眞的是以花了多少力氣來測量距離，那麼在去程中負重所多花的力氣，就會讓螞蟻在（無負重的）回程中錯估距離。而魏納證實了負重並沒有對螞蟻的距離估計能力造成影響。⑤

另一種可能是螞蟻利用光流來估算距離。就像飛機駕駛員能夠利用光流判斷到地面的距離一樣，螞蟻也可能是利用光流來計算它們已經走了多遠。這個實驗在蜜蜂身上證實光流是估計所行距離的有力根據，但是在螞蟻身上卻不是那麼肯定。在一個實驗中，螞蟻被訓練通過狹窄的走道以取得食物。在螞蟻通過的狹長走道中，標示了能夠製造好的光流樣式的黑白條紋。等它們取到食物，便被移到一條鄰近的通道，一樣有著條紋，只是寬度不同。當它們被放到第二條通道時，便試圖跑回巢穴。若它們的確是利用光流，那麼在條紋寬度上動手腳，就能夠讓它們犯下錯誤。回程上比較細的條紋應該會使它們過早停下腳步，而比較粗的條紋則會應該讓它們走過頭。

儘管結果如魏納預期，但故事卻還沒有結束。眼睛下方漆上了黑色，以至於看不到腳下路徑的螞蟻，仍舊找到通往巢穴正確的路。看起來好像光流能夠影響螞蟻對距離的感知，但是即使看不見光流，它們也能夠計算出距離遠近。在某種程度上來說，這是有道理的：在它們的自然環境裡，在沙漠中越過鹽田，地面上可能有的視覺梯度很少，因此光流資訊可能就不那麼重要了。

第三種可能性是螞蟻會計算自己的步伐數。魏納測試了「螞蟻里程表」(ant odometer) 假設，在螞蟻腳上黏上小型高蹺 (假如你想知道的話，那是用豬毛做成的)，或者用，呃，剪刀把它們的腳剪短！那些腳的長度被調整過的螞蟻在回程上犯下預測的錯誤，可見這些小生物確實是使用步伐數來找到回家的路。

如果螞蟻計算步伐數，它們用的是聰明的方法。在另外一個實驗中，魏納讓螞蟻爬上斜丘才能夠到達食物來源。在回程的路上，小丘已經被移開。假如螞蟻只是計算步伐，那麼我們能夠預測它們會在回程上走過頭，但事實卻不是這樣。不知怎麼地，螞蟻能夠改正在高度上的變化，走過正確的距離，安全地回到巢穴。螞蟻在穿越丘陵的時候，到底是怎麼記錄陸地距離的呢？魯迪格・魏納的回答是，這是個「答案尙待揭曉」的謎。⑥

在開始考慮路徑整合能力不如螞蟻的生物之前，我們必須了解螞蟻在路徑整合上的準確性。當螞蟻結束了覓食並急著返家時，會有多準確？一趟典型的覓食之旅會將一隻螞蟻帶到離家約莫兩百公尺遠的地方。它彎曲著走了至少兩倍距離才找到食物。這時候，它開始轉向回家的方向，踏上一條橫越來時路徑的路途，但大部分的時候，這隻螞蟻行經的地方都是去程沒有走過的。儘管這條路徑並不筆直，但這隻螞蟻在直到離家約莫一公尺的範圍內，才會暫停下來找尋巢穴入口。若寬鬆地以一公分爲螞蟻身長標準的話，就代表螞蟻的路徑整合能力能夠估算到離家至少是自己身長兩萬倍的距離。若以人類的規格來說，以一般人一點八米的身高爲基準，就等於是進行距離約莫三十六公里準確的路徑整合，只比跑馬拉松還短一些。試著想像以彎曲路徑並隨機改變方向的方式走上七十公里的距離（走快一點的話，可能需要花上你十小時的時間，還不包括療養起水泡的腳的時間在內），或許在路上還要應付四百公尺的崎嶇山路。在旅程到了尾聲的時候，不使用可見的地標和看不到你的出發點，想像你能夠以精確度小於十度的能力踏上回程。若要比得上螞蟻的技能，你應該要有能力在離家約莫兩百公尺的範圍內估算出距離。

到目前爲止，我們知道沒有其他動物能夠比得上沙漠蟻類的路徑整合能力。看看這些吃苦耐勞的生物的生活方式，就一點也不令人驚訝了。這些螞蟻住在貧瘠的環境中，缺乏地標爲它們導航，而氣候條件更可能使它們因爲錯估而致命。要比較我們和其他動物的路徑整合能力，不如在生命物種體系裡找比較接近我們的動物。幸運的是，我們並不乏有關哺乳動物路徑整合能力的研究。

第一個研究哺乳動物路徑整合能力的實驗，是由夫妻檔心理學家，霍斯特和瑪麗—路易絲・米特爾施泰特（Horst and Marie-Luise Mittelstaedt）主導的。米特爾施泰特夫婦以母蒙古沙鼠爲實驗對象，並充分利用它們的母性。當幼鼠走失了，它們會費盡心血找尋。找到時它們會輕柔地從頸背將它們叼起，然後帶它們回到巢穴。即使是在黑暗中，和幼鼠分開的母鼠也能夠靠著幼鼠小而尖銳的吱叫聲重新找到它們。米特爾施泰特夫婦設計了一個圓形廣場，並在外圍裝了一個可以放置母鼠和幼鼠的容器。在黑暗中，其中一隻幼鼠從容器中被抓起放到廣場中央。母鼠會本能地立刻開始尋找它的孩子。跟沙漠蟻類一樣，母鼠也是以有點彎曲的路徑尋找，一旦找到幼鼠之後，就立刻以最短路線回到巢穴，就和螞蟻在沙漠中覓食一樣。

爲了測試沙鼠是不是利用路徑整合，米特爾施泰特夫婦在廣場中央加了一個能夠以不同速度旋轉的小平台。再從巢穴中拿一隻幼鼠移到平台上。當母鼠嘴裡銜著幼鼠站在平台上時，試驗者便轉動平台。如果他們相當緩慢地轉動平台，以至於母鼠未曾發現，母鼠就會走向錯誤的方向。我們能夠簡單地從平台轉動的強度來預測母鼠返家的途徑。和魏納的螞蟻一樣，這證實了米特爾施泰特夫婦的沙鼠也是利用路徑整合，來追蹤它們和巢穴之間的空間位置。⑦

在其他動物身上所做的類似實驗的結果顯示，路徑整合的本質都很類似。⑧倉鼠在黑暗中穿過一片廣大的空間，跟隨如傳說中搖晃著的紅蘿蔔那樣的一塊食物，在品嘗之後，會立刻轉身跑向藏身之處。在狗的面前放一塊餅乾，然後替它蒙上眼罩及戴上耳機，並以彎曲的行走方式將它帶離，它在被放開之後，仍能以相當的準確度找到食物所在的位置。雖然狗、沙鼠和倉鼠的路徑整合能力令人印象深刻，但沒有任何一種做過和螞蟻一樣的空間比例測試。就某種程度上來說，這樣的比較並不公平。由於螞蟻能夠感知光偏振，它們擁有能夠估定方向的能力。其他大部分的動物都沒有這種精確的羅盤，必須依靠它們的前庭系統追蹤行經路徑。要知道爲何這是個缺點，我們得往上看看天際。

那是火箭科學！

在離非洲沙漠蟻類地盤很遠的另外一片沙漠，羅伯特・戈達德（Robert Goddard）爲了一圓男孩時代想要將火箭送上外太空的夢想，在新墨西哥州羅斯韋爾（Roswell）的酷熱之中辛苦研究，替火星任務揭開序幕。戈達德從二十世紀初開始追尋夢想，當時他還只是個十七歲的男孩，他坐在一棵櫻桃樹的樹枝上往下看著地面，想像從火星看的景觀。他夢想著一架不只能脫離地球大氣層，更能利用導航系統航向目標的火箭。戈達德之後成爲新墨西哥州沙漠的一名火箭科學家，並以迴轉儀（gyroscope）爲基礎——三百年前由法國科學家萊昂・傅科（Léon Foucault）所發明，設計了一套導航系統。⑨

戈達德堅固的火箭推進器和傅科的迴轉儀結合，塑造出二十世紀世界政治的最佳造形之一：彈導飛彈（ballistic missile）。彈導飛彈的導航問題和母沙鼠在黑暗中找尋回家的路，並沒有什麼太大的不同。在這兩種情況下，知道自己身在何處就意味著清楚自己去過什麼地方。在火箭力學

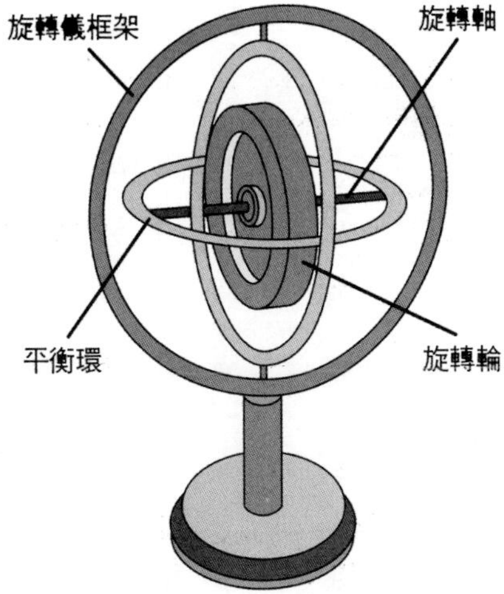

圖三：迴轉儀的旋轉翼提供方向資訊

中，已經靠著加速規（accelerometers）和迴轉儀的聰明結合，解決了這個問題。

加速規的基本型態不過是由一個質量主體、一個彈簧和一個尺規組成。當質量主體受到加速，便會對彈簧施加壓力而使彈簧開始收縮。尺規測量出收縮的程度，由這個測量歸結出加速（acceleration）的程度。

如圖三所示，迴轉儀通常是由一串稱爲平衡環的旋轉圓環構成。當迴轉儀開始在空間轉動，平衡環也跟著轉動。測量轉動的規模便能夠產生航向（heading）或方向（direction）改變的資訊。

迴轉儀和加速規都是依據一些描述含有質量的物體如何運動的基本物理原則。任何有質量的東西都具有慣性，可以想成是對運動的阻抗。由於迴轉儀和加速規的運作都仰賴慣性，因此被稱爲「慣性導航」（inertial navigation）儀器。只要算術可以計算出的話，這些儀器結合在一起就提供了計算位置的所有資訊。

慣性導航在長時間下很難運作良好。只要正確知道**什麼時候**會發生變化，一輛攜有加速規和迴轉儀的運輸載具的路徑，可以由每一個航向和速率的**變化**的整體紀錄重建。但是這裡有一個問題：沒有任何一種慣性制導系統（inertial guidance system）具備完美的精確度。就此而言，沒有任何機器有完美的精確度。每一個加速或方位改變的測量都可能有誤差，而這些誤差會像拖延繳納所得稅而必須繳納利息那般無情地累加。這樣的不精確被稱為整合漂移（integration drift），會隨著時間日漸加劇。有兩種能夠抵銷這種誤差的主要方法。一種是使用不依賴慣性制導系統測量速率的方法；另外一種則是讓制導系統休息。當機器的系統停止運作，速率就會歸零，整合漂移也不再發生。這兩種用來矯正誤差的機制各有其功效，但第二種顯然只有在地球表面才有用處，因為機器得靠著地球表面的摩擦力和地心引力才能停止運作。對於火箭導航來說，要停下運作中的機制並不是件容易的事，所以並不十分理想。

儘管我們中耳裡的迴轉儀和加速規和火箭及導彈裡的看起來明顯不同，但所牽涉的原理卻完全相同，而哺乳動物的前庭系統也同樣受整合漂移所苦。若一隻動物使用前庭系統作為導航，就很容易受到累加誤差的影響。每次它一轉身或者向前行進，這一個動作的誤差就會累加到之前所有動作的誤差上。儘管螞蟻也同樣受這樣的累加誤差所苦，但因為陽光光流比前庭系統更能做出準確估計，因此螞蟻估計大小的固有誤差總比哺乳動物來得小。

有鑑於這一切，我們會認為在哺乳動物身上基於慣性制導所做的路徑整合，會比在螞蟻身上來得不準確。到目前為止，每一個如此預期的例子都獲得確認。但路徑整合還有其他面向。

當毛皮動物在一項無光線的心理實驗中試著導航時，它們會像人類在停電的黑暗房子內摸索那般迷失方向。它們可能會花比較多的時間摸索，但在反覆曲折之後，整合漂移遲早會造成影響。儘管只是一道閃光，像臥房窗外的一道閃電那樣，也能讓我們恢復位置感（sense of position），整合漂移則同時歸零。路徑整合在黑暗中如何進行的細節，以及短暫的視覺「修復」（fixes）如何將整合漂移所累加的誤差歸零，都在倉鼠的實驗上得到解答（它們將食物塞在雙頰頰囊內帶回家貯藏的好習慣，使它們成爲這個問題的最佳實驗對象）。這些研究的主要發現是，假如視覺修復和慣性制導系統對指引我們方向並沒有太大差異，一眼就能掃除所有黑暗，並讓整合漂移再次歸零。假設視覺修復的結果驚人，那麼它可能會被忽視。⑩

舉例來說，假設你在深夜回到住所，需要找到電源開關好打開燈。你大概知道從大門走進屋裡的路，因此將手伸在身前向前進，慢慢穿越黑暗。一輛汽車開過附近的道路，照進窗內的燈光讓你短暫恢復視覺。假設因此你知道自己正朝向目標，你便會校準自己的路線。但假設閃光讓你知道自己走向完全相反的方向——朝著大門的方向而非遠方牆上的電燈開關——你可能不會相信自己看到的，懷疑那道微弱的光讓你產生幻覺。

對鵝好的事未必對我們有利

在一個典型的動物導航研究中，耳舒拉・馮聖保羅（Ursula von St. Paul）帶了一票馴養的鵝群坐上小篷車下鄉兜風。這趟旅程從家裡出發，一路上經過了各種不同的地形以及複雜的蜿蜒小路。在旅途中，馮聖保羅會在某些時候將車子用毛毯覆蓋起來，好讓鵝群什麼都看不見。其他時候，車子沒有覆蓋任何東西，鵝群可以看見沿路的風光。在這趟旅程結束的時候，馮聖保羅將鵝群帶下車並放了它們。它們有辦法找到路回家嗎？

這個實驗的關鍵發現在於，鵝群在返家路上挑選的路只有它們看到的那些。在車上的時候，因爲它們是以如此違反自然的運送方式搭乘篷車，它們的前庭系統無法正常運作，因此也不會有所謂的慣性制導功能。但這個發現最有趣的地方在於，這些鵝顯然能夠利用在車子未被覆蓋時的視覺流動，進行路徑整合，而這和慣性制導的前庭感知是完全不同的路徑整合模式。⑪

雖然這個實驗清楚地顯示出，路徑整合搭配視覺感知能夠運作良好，但這項資訊運用的精確度可以達到什麼程度，相關研究卻少得可憐，尤其是哺乳動物。不過仍然有一些有趣的建議，認爲鵝群並不是唯一能夠以這種方式進行路徑整合的動物。

在許多空間導航的實驗研究中，動物都從棲身地被移到另外一個放有測試設備的房間裡。許多研究者都發現，像鼠類這種動物其實能夠在被帶到實驗室的通道上，記錄下它們對事物的定位。有些實驗會設法完全阻斷動物和實驗室外一切事物的空間連結，好讓實驗者能夠完全掌握並確保動物的行爲是靠著屋內所給的線索而反應的。但要讓動物完全脫離空間連結其實相當困難。在我的實驗室（位於滑鐵盧大學）裡的研究中，動物有時候會在送往實驗室的途中，先移到放在轉盤上的無光線容器內。如果不這樣做，動物將會暴露在它們原本住的房間及實驗的房間之間，仍保持著方向感和距離感，據推測是結合光流和慣性制導來記錄路徑。

像這樣的發現顯示，這些動物利用記憶保持力（tenacity）掌握地方感。採取嚴厲措施的失向程序（disorientation procedure），包括監禁於黑盒中以及轉盤上，會影響某些任務的表現，但即使是這樣，仍有個特別之處，就是動物並不會依靠不受程序影響的其他資訊（例如地標），有時候反而會像被剝奪了和地球原有的連結一樣，無法適當運用其他的導航指標。

人類會利用同樣強烈的方向感來解決導航問題嗎？愛德華·雅堅遜在南極暴風雪中的經歷，人們在荒野中迷路的軼事，以及我們連在相對簡單的環境裡，如購物中心和辦公大樓，都會迷路等，都在在顯示出我們的不同。現在我們得看看科學研究怎麼說。

實驗人員領著一位年輕女士進入一間心理實驗室，並要求她戴上一副不透光的護目鏡和一副耳機，以阻隔視線和覆蓋周遭的聲音。她利用一副小型的耳塞式對講機和實驗者溝通。這位女士在他們的帶領下到房間各處的不同目標，並且可以用手碰觸它們。在這個學習階段過後，她被帶到一個起始位置，接受指示要走到某個特定目標。除了處在一個完全不熟悉的環境當中，這位女士所面臨的處境，就像那個不幸的屋主在房子裡摸索電燈開關那般，又或者是像一個母親在黑暗的臥房內聽見嬰兒哭聲拚命要找到路出去一樣。在心理實驗室中，我們能夠精確地測量出，人們在這樣的狀況下能夠找到出路的程度，至少可以說，結果非常有趣。

在我的實驗室裡進行的第一批這樣的研究當中，我們讓參與測試者站在一個標準壁球場的一邊，好好看過周遭一次之後，就戴上不透光護目鏡，由我們帶領他們走過每一個地方。我們帶他們到一系列不同的目標物旁，一次一個，然後帶他們回到起始位置，讓他們自己出發去找那些目標。我們一開始注意到許多不尋常的地方，像是儘管受試者都已經好好看過房間的大小和形狀了，甚至很多時候最近的障礙物離他們都至少還有五公尺遠，他們仍舊會把手舉在身體前方，以避免撞上牆壁。在參與測試者受測的過程中以及結束後和參與測試者討論，才知道其實他們根本不太知道自己身在何處。對這些測試他們對於自己所在位置的簡單任務，我們的正式評量顯示，他們的表現只比恰好猜到好一些。在這些初步研究中，我們不打算要讓他們失去方向——並沒有無光的篷車或轉盤來誤導他們。人類和其他動物行爲上的差異性已經夠顯著了。⑫

經過幾年的經驗，我們學會了許多可從實驗測試者身上蒐集合理成果的技巧，但在實驗室的動物以及自願參與測試者的實驗結果之間，還是有相當大的差距。以動物來說，最大的挑戰通常是要找到一個能讓它們忘記在實驗室中的大型迷宮，以便我們確實掌握動物對於空間的運用。而對人來說，挑戰之處則在於提供他們充分的支援，好讓他們能走過這間矩形房間而不至於撞得滿頭包。爲什麼會存在著這樣的差異呢？儘管我們還有很多不解之處，但卻有一些重要的線索。

在非常簡單的情況下，我們能以合理的準確度找到目標。舉例來說，想像一個任務，在裡面你可以注視你前方地上的目標物很久——假設大約十公尺。然後你被要求閉上眼睛走向目標。倘若你能夠獲准在閉上眼後馬上前進，那麼你應該能夠在距離目標幾公分的範圍內停下來。當你在讀這段話的時候，你可能會懷疑，你是否有辦法在這樣的「盲走」（blindwalking）任務中表現良好。如果有機會的話，可以試試看（最理想的地點是在像運動場那樣廣大、平坦的戶外場地）。你一定會對自己的準確度感到驚訝。

當行走任務比這個再稍微複雜一些，人類的表現就不是那麼好了。在一個三角完成（triangle-completion）任務的測驗中，被蒙著眼的參與測試者走上第一條只有幾公尺的通道，然後在轉向之後，他們被引導走上第二條通道。他們的任務是要走回起始點完成三角形。在盲走和三角完成的任務中，有兩個主要差異，可能都很重要。首先，三角完成的任務並沒有讓參與測試者先詳細看過目標，或者停點（三角形的頂點），我們必須完全依靠行走時身體接收的資訊為基礎來規劃路徑（前庭資訊、行走時肌肉的反應等等）。再者，三角完成的任務包含了所走距離以及行走角度的測量——絕對比只是估計所見距離要來得複雜許多。這兩項差異充分降低了我們在這項任務上的表現，如果是螞蟻的話，我們勢必會在烈陽下挨餓、曬乾。在一項典型的研究中，在走了規模僅二至六公尺的短三角形之後，在回到起點途中，角度轉向上的平均誤差高於二十度，而在所走的距離上的誤差，其規模大約是百分之五十。⑬

除非是在停電的屋內，或者想在黑暗的房間中移動而不至於吵醒家人，我們人類很少會有機會在完全看不見的情況下尋覓方向。不過，我們在剝奪視覺修復的情況下，會馬上失去方向感的事實，有個更深層的意義。我們無法靠著身體感知記錄位置可能是個生理上的缺點，一個祖先所擁有的能力，但因不常使用而進入休眠狀態的損失，或者，我認為最有可能的，以上兩者皆是。

如果我們曾經擁有利用路徑整合來追蹤所在位置的能力，也許沒有到螞蟻，或甚至老鼠或鵝群的水準，但是是什麼原因讓我們漸漸失去對位置、地方和空間的聯繫呢？是否有其他了解空間的方式，取代了我們和地球上的地方相連的古老方法？現在有了地標，我們的路徑漸漸變得較為清晰，而有些答案其實就近在眼前。

4
全世界的地圖
領航專家怎樣憑專業的判斷力尋找行進路線

每一個立方英寸的空間都是一個奇蹟。

——瓦爾特・惠特曼（Walt Whitman）

到目前爲止，我所討論的都是簡單型態的任務；這下子講起用地圖導航，頓時轉爲複雜度更高的實際路線搜尋（wayfinding）。在搜尋路線的任務裡，不但在起始點看不見目標，而且只能透過正確的移動順序方能到達，每個移動的步驟都是依據行進順序中某一個點上所見、所聽或所感覺到的事物。你並不**需要**地圖來幫助你完成路線搜尋的任務，其實對於任何定義比我剛剛所說的還簡單的任務來說，你**當然**不需要有一張地圖。

當你看到**地圖**（map）這個字眼時，腦海中最可能湧現的，（除非你是一位數學家）應該是汽車前座置物箱裡可能會看到的摺起來的紙張。毫無疑問的，這是一張地圖，雖然是非常特別的一種。這張地圖在你車裡之所以會佔有一席之地，原因是它是一個有用的導航工具，而它之所以有用，是因爲地圖是眞實世界的一個模型。一張好的地圖包含道路、學校和購物中心這些眞實世界中,可以找得到的實用資訊的複製。地圖通常也具有其他有用的特點,例如羅經花(a compass rose)讓你能正確使用地圖辨別眞實世界的方位,以及比例尺讓你能估算兩點之間實際的距離。但是,必須具備所有這些特點,才能稱得上是一張地圖嗎?要回答這個問題,我們先退一步,以有關地圖的普遍觀點,思考它們是從哪裡來,以及是怎樣被使用的。

我有一位朋友花費大部分時間周遊列國,尋覓各種生活樂趣,包括好啤酒。由於購買好啤酒的價格,在各地貨幣兌換的計算上很不一致,我的朋友學到一種有用的技巧。他在錢包裡放了一張卡片,明列一系列美元金額和對應的當地貨幣金額。對數學家來說,這種兩組數值之間的對應關係圖,在觀念上肯定和汽車前座置物箱裡的地圖沒有兩樣。主要差別只在道路圖是二度空間,而貨幣兌換圖表是一度空間。方向不是一度空間圖的一部分,因此不需要指南針。在這兩種情況裡,都存在一個比例因子,用來把一個變數聯結到另一個變數。

對以不同的方式把一個數量對應到(mapping)另一個數量感興趣的數學家,被稱爲拓樸學家(topologists)。而正式的拓樸學(topology)定義,幾乎肯定會讓你放下這本書並且尖叫逃走,因此在這裡,我只打算提供拓樸學家做些什麼的非正式概念。① 想像你拿一片有彈性的東西,如橡膠或乳膠,並且在上面畫出你家附近的簡單地圖。接下來想出各種可以讓這片東西變形的方法,例如蓋在你的臉上拉扯,或放在地上用腳踏住一邊,並且從一個邊角用力拉,只要不撕裂,或把任何兩邊黏在一起都可以。拓樸學家感興趣的是,研究這張地圖在你胡搞之下,保留和改變了哪些特性。

對數學家來說，拓樸學的重要性難以估計。不僅因爲它聯結了代數、幾何和數學分析等主要的數學領域，而且它也導出了圖論（graph theory）這門數學領域。圖論是幫助提供許多實際事務，例如防止交通堵塞和設計電腦網路等解決方案非常重要的工具。在應用數學方面，很多問題都涉及兩點之間最直接和最有效率的路線。一個典型的例子是「巡迴推銷員問題」（traveling salesman problem），推銷員必須針對一組隨機安排的目標地點，安排拜訪每一個地點最有效率的一條路線。對巡迴推銷員問題解決方案感興趣的不只是推銷員，還有那些設計例如電路板（使生產成本減到最小）和進行重複任務的機器人裝置的人員。

在心理學方面，拓樸學幫助我們理解使用地圖導航的方法。舉例來說，想想看最近一次你畫一張簡略地圖，指引問路者從一個地方到另一個地方的情形。通常這種地圖只具最低限度的必要特點，讓問路者不致迷失方向，主要重點放在問路者需要明確做決定的地方（例如看見郵局時要轉哪個方向？）。在簡略地圖上很少會刻意標示實際比例大小。以高速公路來說，強調的重點會擺在複雜的交流道出入口，長而筆直的路線很可能被壓縮帶過。因此從表示出發地和目的地之間的聯結，及依序會經過的地方的角度來看，你的地圖是一張很好的拓樸圖（topological map），但不能稱爲一張度量圖（metric map），因爲量度和角度都不十分正確。通常，我們期望在加油站買來的地圖符合度量要求。我們期望它們的比例正確，因此它們代表的是眞實世界精確的二維模型。

在後面的章節裡，我們將再討論人爲的地圖（artifactual maps）——數千年來人類描繪空間表示法的類型——幫助我們理解人類在心智上是怎樣描述空間。現在我們先退一步，以比較寬廣的角度，檢視各種導引動物和人類在空間裡移動的各種不同類型的地圖。就如同人類其他比較初期的發展一樣，我們稍後探索動物世界時，將會發現人類和動物之間一些重大的差異。

信鴿怎樣找到回家的路

賽鴿和信鴿在長程導航上有十分卓越的歷史，它們與居住在城市裡的普通鴿子屬於相同的物種，已經協助人類通訊長達數千年之久。在十九世紀廣泛採用電報之前，信鴿是最迅速的長程通訊方法之一。古代埃及人甚至可能已經使用信鴿宣布拉美西斯二世（Ramses II）的加冕。這一種傳統或許可以追溯到成吉思汗時代，而朱利爾斯·凱撒（Julius Caesar）據說已經廣泛使用鴿子來傳送戰場資訊，特別是在他征服高盧（Gaul）的期間。路透社（Reuters）新聞服務系統是以使用電報線路，從德國傳送金融訊息到比利時起家，但是當線路出現問題，彌補的方式是最近一些權威人士所稱的無線通訊法——信鴿電報（pigeon telegraph）。人類自使用信鴿傳送遠距離訊息以來，就一直對它們可靠的路線搜尋機制感到興趣。人類研究鴿子的科學歷史，始自西元第一世紀的老普利尼（Pliny the Elder）。在他驚人的百科全書《自然史》（*Naturalis historia*）裡，就記載了德西穆斯·布魯特斯（Decimus Brutus）使用信鴿傳送摩德納（Modena）戰鬥結果的消息。②

考慮這樣的情境，把一隻信鴿從鴿樓中抓出來，放進固定在卡車後面的不透明箱子裡面，在蜿蜒的公路上行駛一百公里後，打開箱子，讓鴿子飛出箱外。一開始，信鴿的飛行方向似乎是很隨意的，但在短時間內，這隻鴿子便直接往鴿樓的方向飛去。幾小時後，它已經回到家中了。即使距離數千公里，照樣能夠順利返抵家門。我們雖然想要探究大多數動物長途遷移和返鄉導航的能力，但是了解卻不夠深入，對於鴿子也不例外。但事實似乎很明顯——鴿子要進行這樣的旅程，只需要知道兩件事情：自己身在何處以及要飛往何處。③

大自然之中存在著很多有關方向訊息的實用資源。太陽、月亮和星星可以當作指南針，讓人們知道時間的推移。而我們口袋裡的指南針倚賴的是不同的東西——地球磁場。地球磁場經常被描繪成貫穿地球中心的一條巨大的磁鐵棒，它的兩個磁極約略對應於地球的南北兩極。雖然這種圖解方式對於理解指南針運作方式很方便，但是如果因此以爲引起物理過程的地球磁場形同一塊巨型的條形磁鐵，那麼將是一項錯誤。地球磁場的眞正原因是地球物理學家所謂的發電機效應(dynamo effect)，由地球核心內部大量導電熔鐵的運動引起。這些運動導因於地球的自轉，把無數的磁力線遍布地球表面及投入圍繞著地球的太空深處。當我們手裡拿著一個小的導航指南針時，看著指針會自動調整方向指向磁極的北極，我們目睹的是手裡的金屬細桿，和腳底地球深處翻攪的巨大熔岩和金屬海之間的校準過程。

鴿子也是使用磁性指南針尋找方向嗎？研究鴿子的科學家針對這點有激烈的爭議，目前尙無定論，但是相信鴿子能使用磁場導航的人數正緩慢壯大。一些早期的研究顯示，在鴿子身上繫上細小線圈，會干擾頭部的磁場，使它們在飛行時迷失方向。雖然這好像是鴿子使用磁場導航的鐵證，但是受到影響的大部分是年幼、無經驗的鴿子，對於老手的影響卻相當有限，主要的原因現在已經比較淸楚了，我們會在稍後說明。證實鳥類使用磁場導航最大的障礙，在於難以找出它的磁性接收器。耳朵偵測聲音，鼻子聞出味道，眼睛看到影像。但是什麼感官可以察覺磁場呢？這個問題的答案似乎長久以來一直讓我們百思不得其解，可以這樣說，因爲我們一直以來都全神貫注在臉部的感受器官。雖然細節仍待研究，但跡象顯示，位於鴿子眼睛後端把光轉變成電子脈衝的受光體（photoreceptors）細胞，對磁場定位相當敏感。就如同螞蟻的眼睛能偵測極化角度一樣，鴿子眼睛好像能夠偵測磁場特性。我們無法知道鴿子是否眞的能夠「看見」（see）磁場，但是至少有很好的證據顯示，磁場方向會影響鴿子受光體的運作。不管這些影響是否喚起鴿子的意識（consciousness）（不管那可能是什麼），但它們可能足以影響鴿子的飛行方向。

鴿子具有磁感的證據，有助於解釋它們怎樣完成長程飛行，但是一個主要的謎團仍繼續困惑我們。在我先前描述的例子裡，一隻鴿子被放進箱子，帶到一個不熟悉的地區釋放，仍然能夠找到回鴿樓的路。因爲鴿子以前從未到過被釋放的地區，對於它來說，只知道方向是不夠的。它也必須知道身處何處。沒有一張地圖，我們的鴿子仍然是迷失的。

雖然鴿子可能是人類針對這類研究著力最深的類型，但是一些其他動物也具備像鴿子從未知地點找路回家的能力，這種現象顯示，即使在一個全新的地方被釋放，它們也能定位出自己在地球表面的位置。目前的想法認爲，完成這些壯舉唯一的方法就是所謂的梯度圖（gradient map）。

想像你正站在一個大的方形廣場裡面。在廣場的一側是嘈雜的道路，施工人員正在使用氣動鑽修理路面。而鄰近的一側有一輛街頭餐車的攤販正在叫賣，響亮、重複的叮噹聲震耳欲聾。閉上你的眼睛，在廣場內到處行走一下，然後依據音量估計你與道路施工人員或餐車之間的距離。知道兩段距離的長短之後，你可以用三角測量方式估計自己在廣場的位置，準確度視你的聲音區別能力而定。這個例子更有趣的地方在於，只要你對基本原則有所認識——來自兩個不同位置的聲源提供明確位置的提示信號，甚至對廣場裡面你以前從未到過的地方，你也能估算出位置。

基於這些原則的地圖是利用某種漸變的特性——視觀察者的位置、環境的一些特點，以有規律的方式變化。當我們愈接近它們時，聲音愈響亮，氣味愈強烈，燈光愈明亮。而磁場又是怎麼樣呢？證據顯示這些磁場在地球表面也有系統地產生變化。

的確，導航動物所使用的磁場特性，比起我們在一個雜亂叢林裡利用指南針朝北的特性複雜多了。地球磁場有強度和方向，因此在地表上的任何一點，可以想像存在著代表該地區地球磁場的一組看不見的射線。這些射線不僅有方向，而且有特定的長度（與強度對應），方向和長度根據個人的位置有系統地變化。從梯度圖原則的觀點，最有用的性質之一是，地球磁場的兩種特性是有些互不相干的。由於磁場方向的變化不受磁場強度影響，因此知道這兩種特性的數值就能確定個人在空間裡面的位置。除此之外，地球磁場形成的梯度圖還有許多有趣的不規則性。這些不規則性主要來自地表上具有磁性的巨大岩石，與來自地球核心的磁力線相互干擾。美妙的是，這些特性能幫助鴿子更進一步確定附近的磁場環境，並且讓它能更確切地定位出自己所在的空間位置。

談了這許多理論，鴿子是否眞的使用磁性梯度圖呢？一些有力證據顯示它們確實如此。其中一項證據是，當它們的磁性地圖辨識能力受到異常的來源干擾或本身系統被擾亂時，有經驗的鴿子也會迷失方位。最近最有趣的研究中有一項是，信鴿在紐西蘭奧克蘭磁性異常交叉口（Auckland Junction Magnetic Anomaly）附近被釋放，這是一個磁場強度和方向受到強烈和異常干擾的地區。在此地被釋放的信鴿，受制於該地異常的磁性影響，飛行軌跡雜亂無章，但是當距離拉長之後，干擾逐漸減少，它們的飛行方向變得有條理，而且開始朝著正確的回家方向飛行。④有趣的是，鴿子的磁性地圖檢測系統可能與視網膜裡發現的磁性指南針完全分開。鴿子和其他鳥類鼻孔裡的神經纖維含有特別的磁性分子——很像那些在火星發現的細菌——而這些神經纖維顯然與鴿子的磁性地圖辨識能力相關。

信鴿並不太可能是完全倚賴磁場找尋方向，雖然梯度圖可能是它們能夠從未知地點飛過遙遠距離返家的唯一解釋，但是鴿子可能也運用其他方法解決它所面臨的一些平凡的「日常」（everyday）導航問題。像很多其他動物一樣，鴿子也會使用視覺地標（包括高速公路系統等人工製物）辨識方向，並且一些有趣的證據顯示，它們可能可以在相當遠的距離運用微調嗅覺導航。有些研究人員甚至認為鴿子能以全域嗅覺為基礎，建構空間鑲嵌圖，這非常類似於它們使用磁場的方式。⑤

信鴿絕對不是唯一以梯度圖為基礎，使用磁場導航的動物。很多其他鳥類和水生動物也都有十分敏銳的磁性感應能力。甚至一些哺乳動物，例如裸鼴鼠（naked mole rat），是一種不尋常的社會性齧齒動物，生活在缺乏地標的地底，已經證明是倚賴磁場導航。

除了鴿子之外，運用磁場導航的最佳研究對象之一是海龜。綠蠵龜在巴西海岸附近生活和覓食，但是大多數的綠蠵龜會游到大西洋南方的阿森松島（Ascension Island）海灘上產卵。這座小島地點適中，位於南美洲和非洲海岸的中途，很早以來就被當作海員中途停留站，以及從十九世紀政府突襲奴隸船到一九八二年福克蘭群島（Falkland Islands）衝突的軍事行動集結待命區。綠蠵龜不幸的成為海員們取得新鮮蛋白質的便利來源，有一段時間海員們的行為十分野蠻，他們將這些捕獲的巨大動物倒綁在甲板上，作爲一種活生生的食品儲藏室。綠蠵龜很能吃苦，在這些條件下可以倖存數週，直到被船員宰殺煮成湯。因爲綠蠵龜湯在歐洲被視爲是珍饈佳餚，因此，捕獲的綠蠵龜偶爾會被活著帶回船籍港後，送交富人和名人，以資炫耀。對於這樣捕獲的綠蠵龜來說，被烙印或貼上接受者的名字標籤是很普遍的。舉例來說，一隻名爲威靈頓公爵（Duke of Wellington）的綠蠵龜——注定要登上王室餐桌的烏龜——它的生病和死亡重要到足以記載在航海日誌上面。

一八六五年，凱爾·康那理惟士（Carl Cornelius）在敘述一段經歷時，描述了綠蠵龜最特別的一個特點，有隻綠蠵龜在阿森松島附近被捕獲經過烙印後，在英吉利海峽被釋放，當時它看起來病懨懨的。兩年以後，這隻相同的綠蠵龜又在阿森松島被捕獲，代表它已經從不熟悉的英吉利海域找到方向，游過數千公里回到巴西附近的覓食地，之後又回到阿森松島。⑥這只是綠蠵龜令人印象深刻的導航能力的早期紀錄中的一個，我們現在已經知道這些動物在生命週期中會數度進行長距離的遷徙。除非綠蠵龜擁有梯度圖，否則幾乎很難想像這些動物如何完成這個不可能的任務。

赤蠵龜在美國佛羅里達州東邊海岸的沙裡產卵，小赤蠵龜孵化後，依循著微弱的光線和地形輪廓，找到通往海水的方向。假設它們在衝往大海途中，能夠幸運地沒被埋伏等候的岸鳥吃掉，赤蠵龜一旦游離海灘，就會透過感覺波浪模式的方向游往深海，之後倚賴磁場引導，朝大西洋東岸前進。像許多其他的超遠距離海洋遷徙動物一樣，赤蠵龜可能是倚賴如主要的洋流方向和磁力線等簡單信號的結合，引導它們游往偏愛的海域。雖然並非不可能，但這些赤蠵龜首次橫渡大西洋的旅程，不像是使用梯度圖導航，因爲它們對於一路上的景觀是完全陌生的。除了這些長程旅行之外，赤蠵龜還有驚人的本事，它們在墨爾本附近將佛羅里達海灘產卵地點本地化。遷移實驗顯示，如果把赤蠵龜攜離原產卵地，它們會找方向回到傳統的產卵地點，倚賴的似乎是磁感。這種感應能力可能包括辨識當地因海床岩層結構和特性而產生的磁場微變化。⑦

人類擁有磁感嗎？

許多年前，我邀請父母來看我剛購買的一戶房子。我給了他們我認爲萬無一失的路線指引，從他們在（加拿大）安大略省聖凱薩琳市（St. Catharines）的家到我的新家，車程約兩小時。途中，我的父親打電話告訴我他們迷路了。我請他告訴我他們的所在處，然後告訴他一組新的方向指引。幾分鐘以後，電話再次響起。他們又迷路了，因此我提供更多的方向指引。我知道他們已經非常接近我的房子，因此我走出屋外，手裡端著一杯咖啡坐在路邊等候，並且盡力讓自己具有高能見度，就像人們熟悉的導航燈塔一般。我很高興看見他們的汽車出現在街道盡頭，然而，很快的轉爲沮喪，儘管我就站在路邊狂揮雙手，他們的車就從我身旁過去。我的父母顯然在激烈討論之中，對我視而不見。就像多數夫妻一樣，他們對行車方向經常有不同的看法，爭論誰應該爲走錯路而負責。

我們都有這種經驗，因爲不確定我們的方向，而把汽車開到十字路口並且左右張望。我們憑著瞬息的感覺，主觀直覺，或透過旅行同伴的爭論品質（或者音量），來選擇開車的方向。我們當中有一些人的方向感比其他人好——我妻子的方向感就比我好——但是我們不知道原因何在。

我們的好朋友利用他們自己對方向的熟悉感尋找路徑。身爲工程師的伊恩（Ian）問勇於嘗試的企業家白蘭蒂（Brandy），他們應該走哪條路。她大膽自信的回答他，而伊恩則採取他稱之爲萊弗里特轉換（Leverette Transform）（萊弗里特是白蘭蒂的娘家姓氏）的方式選擇方向，這表示他總是往她提出的相反方向開。雖然他偶爾必須忍受旅程中冷若冰霜的沉默，但他說這個策略的效果遠遠超過隨機的預測。

當我們迷路而全部的導航信號也不管用時，我們用猜測的。我們當中的一些人很會猜，有些人則不是，我們不太理解爲什麼會這樣。是否有可能像鴿子、烏龜、魚和鼴鼠一樣，我們與生俱來就擁有以磁場敏感度爲基礎的方向感呢？

一九八〇年代，英國研究員羅賓・貝克（Robin Baker）進行了一長系列的實驗，想要找出這個問題的答案。在這些實驗中，參與觀察者乘坐巴士深入鄉間。行車路線經過特別選擇，包括許多迂迴曲折的路徑和彎道，旨在混淆參與者的方向感，同時也讓他們很難使用任何傳統的感覺追蹤他們的位置。抵達終點時，參與者被要求指出回家的方向。貝克的實驗不但顯示參與者經常能指出正確方向，而且也顯示，如果他們在頭上戴上能產生磁場的條形磁鐵或特別的頭盔，那麼這種能力可能會受到干擾。⑧

在實驗室進行的研究中，貝克讓參與者看不見光也聽不到聲音地坐在旋轉椅上。在經過激烈旋轉之後，貝克要求他們指向北方。他的實驗數據顯示一些證據，參與者實際上能夠執行這樣的一項任務，但是當他們在頭上戴上磁鐵時，他們的回應就全靠運氣。貝克的實驗在當時吸引了許多人的注意，有幾位研究人員試著從事類似的實驗，但是成功的比例比貝克的實驗報告少。儘管有這些失敗例證，貝克仍強烈主張人類具有磁性感應能力。

現在，似乎很少人支持貝克的推測。雖然有一兩項引起注意的發現，認爲人類骨頭中含有少量的鐵，與鼻腔校準，而當人類暴露在磁場時，可能引起腦部活動模式的微細變化，但是沒有新的和斬釘截鐵的研究可以證實，人類確實具有磁感。⑨

雖然鑑定人類具有磁感的科學努力大都停擺，偶爾還是有人提及這種能力的可能性，用來解釋個人非凡的航海行動的軼事。波利尼希亞航海學會（Polynesian Voyaging Society）創始會員之一的奈露爾・湯普森（Nainoa Thompson），致力於保存波利尼希亞海員傳統的路線搜尋方法。他最令人印象深刻的冒險之一是，模仿古代波利尼希亞人，只運用傳統的導航方法和一些現代天文學知識，駕駛浮架獨木舟（outrigger canoe），從夏威夷航行四千兩百公里到大溪地。在其中一次航海報告裡，他描述了一段經歷，某個深夜，在以危險著稱的赤道無風帶（Doldrums）裡烏雲密布，風向不斷改變，他覺得自己完全迷失方向，但是獨木舟仍然以二十五海里的航速快速前進——這樣的組合是航海人最怕遇到的情況。在描述接下來所發生的事情時，湯普森說他向後斜靠到一道柵欄上，放鬆心情，不安的情緒被一陣溫暖感覺和信心克服，他知道月亮的方向。靠著這股信心，湯普森找到了他的方向。

夏威夷大學人類學榮譽退休教授班・芬尼（Ben Finney），也是一位老練的航海員和波利尼希亞航海學會的創始人，他認爲湯普森和一些其他相似的案例可以被解釋爲，有大量航海經驗的航海者可能可以喚醒深沉潛在的磁感。⑩雖然他們自己提出的這些論點不足以扭轉科學界的觀點，他們認爲在直覺、經驗和或許還有絕望等正確組合的情況下，少數人可能有機會發掘這些資源，但是對日常的導航行爲來說這是不可能的，例如一對爭吵的夫婦駕車經過不熟悉的城鎮，尋找古董商店和咖啡館。

然而對其餘的我們來說，這種能夠發掘資源的神祕能力似乎完全陌生，梯度圖的產生可能與奇異的感官比較沒有關係，反而與我們通常了解的視覺、聽覺和觸覺等具有精緻敏感度的感官系統有關。

幾年前，在一次臨時派駐澳洲的路上，我利用豐富的旅行津貼到大溪地短暫旅遊。爲了體驗一些遠離塵囂的波利尼希亞生活，我在一個小小的古老碼頭，訂了開往十八公里外海莫雷阿島（Moorea）的船票。這是一座迷人的島嶼，令人聯想到詹姆斯·米切納（James Michener）在《南太平洋故事集》（*Tales of the South Pacific*）中描述的巴厘海（Bali Hai）神話。當我從老舊船隻的休息處向下望向碼頭時，我注意到一群人向上看著我和其他乘客，並且開心地把小包錢投到地上。在我們的短程航行開航之後，小船開始在洶湧的大海裡翻騰，我想到那些人可能是在下注，賭是否可再見到船上的任何乘客。我並非以不暈船著稱，但是當坐在我旁邊的男人，一位有經驗的民航飛行員，第三次蹣跚地走向欄杆嘔吐時，我意識到我受到一些特別力量的控制。這位旅行同伴的懊惱悔恨，多半是因爲他看起來身體強壯，而且原本期望有一趟浪漫的親密之旅，而我胃裡的東西和我在旅程中得以完整倖存，只因爲我在地板中找到一小塊污垢，之後我就牢牢地望著它，在整個航程中拒絕再移動我的頭或眼睛。

登上一艘小船舶後，不用多久，你就可以知道大部分時間船隻受到洋流、湧浪和波浪的影響，你將隨時在海上翻騰，只除了不尋常的風平浪靜的情況。漫不經心的觀察者只會感受到船隻被隨機和混亂的海水波動打來打去，而敏銳的航海者能夠從這些波動中找出方向和位置。

在開放的大海上，湧浪的模式由當時的風向和洋流之間的交互作用建立，航海專家靠著對這兩種力量的詳盡知識，能夠從湧浪模式辨別方向。當幾種類型的湧浪交會時，航海者也能夠運用干擾模式獲得一些位置資訊——兩個不同方向的波浪交會的當口，建立了梯度圖所需的最低條件。在來自南太平洋普魯瓦島傳統航海者的教導下，人類學家大衛・路易斯可以分辨出一些這種模式。他的老師們以一種半開玩笑的態度表示，靠湧浪模式導航是非常「憑直覺的」工作，他們告訴他偵測湧浪模式最容易的方法是，注意睪丸受刺激時的模式，因爲，當你坐著時，睪丸是身體對船身最輕微運動最敏感的部位。⑪ 如果這是實話，這種論點展現了一種航海技能上性別差異無可辯駁的證據！

在開放的大海上，湧浪模式可以表明方向，有時候也可以表明位置。當靠近陸塊時，會確立出錯綜複雜的折射或反射模式。很明顯的，普魯瓦航海者能夠解讀這些模式。路易斯在第二章裡描述，知名航海家塔維克技藝超群的航海成就，是在陰暗的天候下進行，因此沒有機會使用任何類型的天文資訊。在這種情況下，塔維克的成功經驗最可能的解釋是，他能以分析湧浪模式的方法估算他的位置，這在某種程度上，非常類似於海龜運用海底磁場模式的微變化的方法。

人類旅行者利用雪、沙和故事建構出梯度圖

在北極苔原上，登山者很難在周遭發現可以指引方向的可靠路標或人型石堆。旅行者在廣大的中央北極荒原（Arctic Barrens）極目四望，到處是一片白色平坦冰原，幾乎看不見任何東西。在這種感覺裡，荒原旅行者的處境和波利尼希亞的海員沒有多大差別。雖然因紐特旅行者可以運用一些簡單的天體資訊導航，例如太陽或月亮的位置，但是比起較南方的旅行者，他們通常很少倚賴複雜的星相圖，有一個原因是他們大多數是在夏季旅行，那時夜間很短或甚至沒有。

幸好，因紐特人有一些其他資源幫助他們尋找路徑。因紐特旅行者對於風型的理解，等同於海上航海者對於湧浪模式的理解。即使在風勢很小的時候，它們的歷史也刻畫在被稱為雪脊（sastrugi）的雪地模式裡面。雖然通常風或雪脊的模式很少是建構梯度圖的正確條件（因為至少需要同時有兩個風向），但是雪脊可以當成一種指南針有效運用。

風或雪脊提供的指南針指向只能準確到大約十度以內，因此還必須靠其他工具來校準目標。荒原上的因紐特人利用追蹤（tracking）作為校準工具。早在你到達北極的一個目標之前，你很可能在路上遇到其他狗拉雪橇（dogsleds）隊伍走過的痕跡。有經驗的旅行者可以由痕跡辨識經過的雪橇的身分（依據滑行裝置的寬度，甚至個別雪橇狗的足跡）。這些資訊可以用來幫助達成更準確的導航。在傳統的因紐特人社會，社會網絡和地方緊密聯結，因此一方面的事實可以用來預測另一方面的事實。

在另一種完全不同氣候的沙漠游牧文化，貝都因人（The Bedouin）以尋找路徑和追蹤聞名。旅遊文學作家唐納德・柯爾（Donald Cole）描述他與一組貝都因人一起探險，在穿越中東廣闊沙漠區域的大空域（the Great Empty Quarter）期間，親身體驗這些能力的第一手經歷。他描述這個他經常重複的情節，當其他人在駱駝上打盹休息時，由他獨自負責引導一匹駱駝的方向。三不五時，他的一位同伴會醒來，稍稍看了一下環境，然後用一隻肯定但溫和的手修正柯爾的路線。除了腦海中存了類似於因紐特人和原住民旅行者擁有的詳盡路標位置資訊之外，貝都因人依靠星相位置的廣泛知識導航。的確，很多星星是由最初熱心理解夜空的中東觀察家所命名的，即使業餘天文學家也留意到許多以阿拉伯語命名的星星。⑫

如果有任何差別的話，貝都因人的追蹤技能超過他們尋找路徑的能力。過去，貝都因追蹤者在沙烏地阿拉伯的村莊裡通常隸屬於警察局。探險家威爾瑞・塞西格（Wilfred Thesiger）在他的經典旅遊著作《阿拉伯沙地》（*Arabian Sands*）裡，描述了一個經驗，貼切地說明貝都因人的跟蹤能力：

> 幾天以後，我們經過一些蹤跡。因爲風已經把它們吹亂，變得非常模糊，我甚至無法確定那是不是駱駝走過的蹤跡。蘇丹（Sultan）轉向一位以追蹤著稱的灰鬍子男士，問他這些是誰的蹤跡。那個人轉到一邊，跟著它們走了一小段距離，然後從駱駝上跳下來，仔細查看它們越過硬地上的蹤跡，之後撿起一些駱駝糞用手指掰開後，再回到駱駝隊伍。蘇丹問：「他們是誰？」那個人回答：「是阿瓦米（Awamir）人，他們有六個人，在南方海岸突襲朱努巴

（Jumuba）後，帶走了三匹駱駝。他們從沙馬（Sahma）來到這裡，在姆辛（Mughshin）加水，十天前經過這裡。」來到這裡之前，我們已經有十七天沒有遇到阿拉伯人，之後又有二十七天沒有看到半個。在回程中，我們在加巴奎拉（Jabal Qarra）附近遇見一些拜特卡迪爾（Bait Kathir）人，彼此互相交換消息。他們告訴我們，有六個阿瓦米人突襲朱努巴，殺死三個人，並且搶走三匹駱駝。我們之前唯一不知道的是他們殺了人。⑬

在這個例子裡面，多數資訊來自駱駝蹤跡的模式。一個好的追蹤者能夠依據足跡的大小、形狀和深度，鑑定駱駝的來源；由糞便得知駱駝最近餵食和飲水的時間；以及由駱駝蹄的狀況獲知行經的地形。這些知識結合對環境地形以及本地政治生態的深刻了解，能夠讓追蹤者從沙裡的一些標記整理出一個詳盡的故事。在其他情況下，追蹤者能透過檢查人的足跡建構出類似的故事。據說卓越的追蹤者能夠依據足跡，鑑定穿鞋的人的身分——即使那雙鞋是屬於另一個人的！

雖然北極和阿拉伯沙漠是截然不同的兩個地方，但是居住在那裡的人在導航技巧方面有不少相似之處。這些相似之處包括加強注意不易察覺的環境細節，利用故事把這些細節融入神話和精神文化生活，以及由外來團體帶來的社會生活和地方政治資訊來推論位置和移動的能力，即使有時可用的資訊是粗略不全的。

對任何動物來說，導航的終極目標是擁有一張精確的地圖。當動物擁有特殊的感覺系統時，可以把這樣的地圖以梯度圖的形式有效地記錄在地勢裡面。這幾乎好像是一隻動物能夠辨別漸層，能夠測量當下的座標，再與目標位置的座標比較，並且畫出路線圖。我們人類缺乏這樣的特性，有時候可以轉而將我們擁有的感覺資源做更與眾不同的運用，例如分析湧浪模式或雪脊模式來辨識自己的位置。甚至當這些梯度圖的基本形式都不管用時，對於那些生活全部取決於維持他們位置感覺能力的人，只有退回來依靠想像、記憶和故事，讓自己無視於景觀的存在。從來自地球上最有成就的人類航海者的一些證據顯示，當施壓到達能力的極限時，他們甚至可能不**知道**是如何解決困難的尋找路徑的問題。

普魯瓦、因紐特、貝都因和其他追蹤者的尋找路徑技能例證顯示，當我們身處大自然環境中，辨識位置的能力關係到我們的生死存亡時，我們可以像鴿子或綠蠵龜一樣，設法運用環境中細微的信號。雖然在某些情況下一定可以發現這樣的信號，但是現代人幾乎完全喪失這種技能。而因爲這種技能的喪失，我們所付出的一個代價是，除非在我們的環境中有強力支援，如指示標誌、引導繩、路徑和道路，不然我們就會迷失方向。我們已經看過一些這一類定位障礙的例子，而前面彎曲的路徑上還有更多的範例等著我們。這個故事往前發展下去，因喪失這種能力所引起的更沉重的代價將會出現。失去這些尋找路徑的技能，深化了一種危險的趨勢，我們與自然環境的連結已嚴重受損。這種連結如果斷裂，對每件事都有不良後果，從我們與大自然的依附關係，到我們居住的各種房屋和城市，以及它們給我們的感覺。

當解決日常找路問題時，我們經常感到諮詢的是一種心智地圖（mental map）。我們每個人都熟悉這種想法。當我們偏愛的下班回家路線因修路封閉時，我們能迅速想出一條替代路線。當一名不幸的遊客在街道上叫住我們問路時，我們的眼睛可能會望向天空一會兒，有如我們正在鳥瞰腦海中的街道景觀，指引陌生人本區最好的早餐店或城裡另一邊的雅致畫廊。似乎腦海中擁有地圖是無庸辯駁的，然而這些地圖的形狀和形式在不同類型的動物中，特別是在人類，卻蘊含了不少驚奇。

5 老鼠腦中的地圖
動物擁有的空間心理地圖

如果我們用過於精細的儀器檢查簡單的自然現象，自然可能會避不見面。

——卡爾・馮・弗里希（Karl Von Frisch）

一九一八年，愛德華・托爾曼（Edward Tolman）接受加州大學柏克萊分校（University of California at Berkeley）邀請，執教實驗心理學，此後整個職業生涯都待在那裡。①他利用老鼠進行理解心理如何處理空間的實驗，被視爲一種現代家庭工業的發端。托爾曼開始他的研究時，北美心理學仍籠罩在極端理論否認心智存在的陰影之中。行爲主義運動之父約翰・華生發表過一篇宣言，宣稱人類所有的行爲都可以用從刺激（stimuli）和反應（responses）之間學習到的一套關聯來解釋。就像巴甫洛夫（Pavlov）著名的狗群一樣，我們注定要過著或多或少自動回應鐘聲和閃燈的生活，做的只是我們學到可以帶來快樂和避免痛苦的行爲。

華生最有影響力的研究報告證實，只要使用簡單的訓練方法就可以讓幼童懼怕白老鼠，以今天心理學的道德標準來說，這個結論是很殘酷的。華生在把老鼠拿到兒童的面前，同時又在兒童腦袋後面製造驚人的巨響。毫不奇怪，兒童很快就學會了害怕老鼠，華生根據實驗結果，大膽地宣稱人類所有的恐懼都有類似的起源。

相比之下，托爾曼不願意拋棄人類腦中有心智（minds）這件東西的看法。與華生等心理學家所做的關聯研究相比，托爾曼的研究有趣得多。托爾曼不但接受人類有心智這個當時還很極端的觀點，而且他想知道他所養的老鼠是否也擁有這件東西。為了驗證自己的想法，他設計了一些實驗，評估他的老鼠對空間有多了解。

訓練老鼠執行任務並不難，可以用訓練寵物玩把戲的方法。一開始給它們一個簡單的任務（例如離開籠子），完成後就給它們食物作為獎勵。當它們變得更加熟練時，就給它們更大的挑戰，直到最後它們可以完成全部任務。首先，托爾曼把他的老鼠放在一個小方盒裡，訓練它們穿過一個中央圓室進入一個狹窄的小通道。進入小通道一會兒之後，老鼠需要經過三個直角轉彎進入最後的通道，在通道的盡頭，它們會找到可口的食物當獎勵。實驗的基本設置如圖四所示。

一旦老鼠學會了可以找到獎勵的路之後，托爾曼把迷宮形狀做了一個重要的改變。首先，他關閉原本離開中央室的通道，之後他開闢了大量的輻射狀通道，形狀有如四射的光芒（見圖五）。原來的獎勵位置維持不變。

老鼠會怎樣做呢？根據一位行為主義者的說法，托爾曼已經打破了老鼠學到的簡單行為鏈。當老鼠穿過中央室，進入平常的通道，發現路已經被封住的時候，要嘛就是困惑地猛推關上的門，不然就是沒有明確計畫，無目的地亂竄。但是托爾曼觀察到的更為有趣。大多數老鼠選擇了通往獎勵最直接的通道——請記住，原來的獎勵位置沒有移動。這種聰明的反應顯示，托爾曼的老鼠

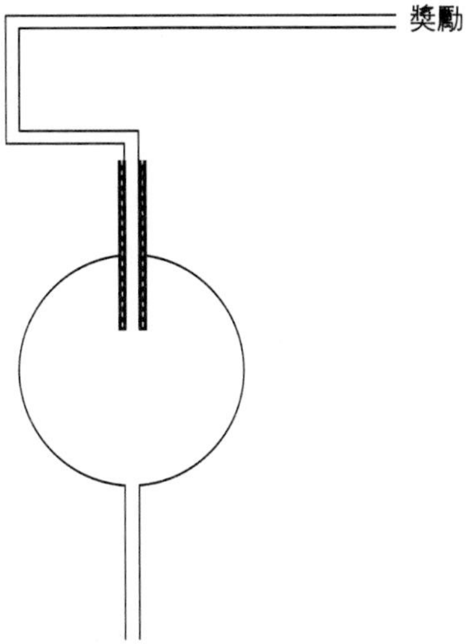

圖四：托爾曼爲老鼠設計的特殊方向迷宮

了解開始的方盒和食物獎勵之間的空間關係，因此它們能夠選擇以前從未走過的路線。的確，在托爾曼做改變之前，那條路線根本不存在。老鼠的心中好像已經有一幅從上方俯瞰的景象，它們可以從中找出最好的路線來因應出乎預料的變化。②托爾曼試圖證明刺激和反應之間的簡單關聯，並不足以解釋所有的行爲（甚至實驗室老鼠的行爲），發現這種「認知地圖」(cognitive map)，對托爾曼而言，可說是一大勝利。這個實驗的重要性在於，這個發現暗示老鼠腦海中必定具有某種類似地圖的東西，讓它們可以參考以便解決問題。

這樣的認知地圖和引導信鴿與海龜移動的梯度地圖 (gradient map) 有什麼不同呢？主要的區別在於梯度地圖是以一些相當簡單的物理量爲基礎。動物可以不斷感受到這些物理量，而且這些物理量是直接與位置有關，例如地磁力線、海浪湧動模式，或甚至氣味的定位。而認知地圖就如

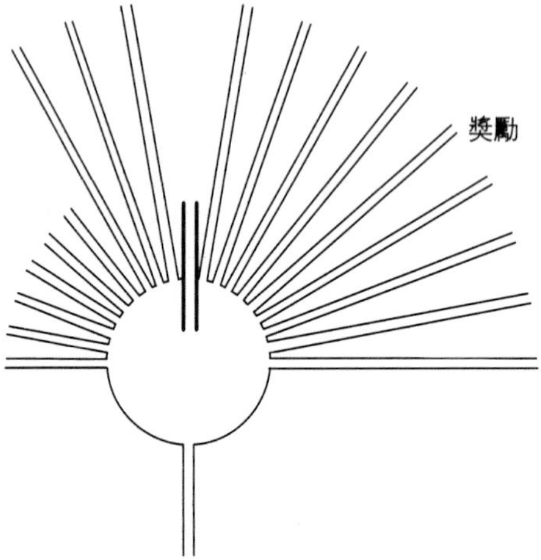

圖五：托爾曼對原本迷宮設計所做的改變

其名，是由各種片斷資訊**建構**出來，包括個別地標的識別和外觀，以及彼此相互觀察的關係。在某種程度上，只觀看場景是有可能就觀察出地標之間的空間關係，但是這樣的觀看必須發生在不同的觀察點，而要產生一個尺度地圖（metric map）（其中的方向和距離都經過準確測量），人們必須知道這些觀察點本身是如何連結的。換句話說，爲了建立一個以一組觀察爲基礎的地圖，我們必須知道在做這些觀察時我們位在哪裡。認知地圖尺度的精確性是取決於路徑整合的精確性。雖然梯度地圖可以有效地引導烏龜找到有豐富植物的海床，不過托爾曼和其他無數人構想的那種認知地圖，是一個更爲複雜且靈活的尋路機制。

並非所有人都同意托爾曼對於老鼠如何在光芒狀迷宮中找到路的結論。許多科學家不斷努力研究在老鼠心智當中可以找到什麼樣的地圖，但幾乎所有人都同意老鼠的心智含有**某種**表示空間的東西。今天，人們主要爭論的是，這種地圖可以在老鼠神經機制中的**哪個地方**找到。在其他動物方面，爭論的重點是，如果說動物腦袋裡有一份地圖，這代表什麼意思。而辯論最激烈的莫過於研究蜜蜂心理世界的領域。

嗡嗡叫的蜜蜂

一九七三年，德國科學家卡爾・馮・弗里希和另外兩位對於研究動物在其自然棲息地行爲做出重大變革的科學家康拉德・洛倫茨（Konrad Lorenz）、尼可拉斯・丁伯根，一起獲得諾貝爾獎。和丁伯根一樣，馮・弗里希認爲他對研究動物的興趣，主要是因爲年輕時無拘無束地在鄉間看萬物生長和移動。作爲一位科學家，馮・弗里希進行了一些巧妙的實驗，方法和丁伯根簡單的土蜂研究類似，研究昆蟲如何運用地標找路回家。③

馮・弗里希最引人注意的發現是有關他所稱的蜜蜂搖擺舞。這種獨特的嗡嗡叫擺動第一次是被亞里士多德（Aristotle）所發現，他推斷蜜蜂利用這些擺動引起同伴注意。④馮・弗里希則認爲裡面還大有文章。

當蜂群需要食物時，它們會先派出偵察部隊。當偵察蜂成功帶著花蜜返回蜂巢後，其他蜜蜂便離開蜂巢直接飛向花蜜來源。馮・弗里希花了很多時間彎腰觀察，看蜜蜂回巢，然後再次離開飛向田野。馮・弗里希最後做了一個令人難以置信的假設。他認爲，偵察蜂應該是用了什麼方法告訴其他蜜蜂花蜜所在。像亞里士多德一樣，馮・弗里希將焦點放在搖擺舞上。這是一套定型的動作，偵察蜂嗡嗡地走在一條直線上，接著轉圈子，之後又重複走直線，再反方向轉圈子，好像在跳一個8字形的舞蹈。其他蜜蜂在偵察蜂重複示範了幾次後，直接往食物來源的方向飛去。對搖擺舞的仔細觀察，讓馮・弗里希相信偵察蜂的各種動作是一種身體語言，代表食物來源位置的編碼。他注意到，如果偵察蜂發現食物的來源比較遠，它嗡嗡叫走直線的距離會比在較近處發現食物的蜜蜂來得長。因此，舞蹈中直線的長度正是代表食物的距離。

那麼方向呢？馮・弗里希所研究的蜜蜂依蜂巢到食物位置的方位來變化舞蹈的方向。馮・弗里希認爲，偵察蜂以相對於太陽的位置，爲其他蜜蜂指引方向。馮・弗里希研究的蜜蜂在垂直的蜂窩上跳舞。他認爲偵察蜂把方向的訊息加以轉換，譬如直線向上表示太陽的位置。還有，舞蹈的角度相對於九十度角，是要表示食物來源路線相對於太陽的角度。在馮・弗里希所描述的蜜蜂語言被接受之前，還有一個問題需要解決。

你可以想像，當這些調查結果被報導出來之後，從馮・弗里希開始研究的一九二〇年代一直到今天，各界反應從存疑到完全不相信都有。馮・弗里希的論點是，昆蟲的大腦只有針頭大小，但昆蟲能夠做到的溝通行爲，只有拘泥於細節的哲學家，才能分辨出這些行爲和眞正的語言之間有何差別。對於他的調查結果，馮・弗里希花了很多精力來排除比較簡單的解釋（例如，其他蜜蜂只是靠著食物來源散發的某種氣味來追隨線索），但是直到最近科技進步之後，研究人員才得以針對搖擺舞在蜜蜂導航中扮演的關鍵角色，提出似乎比較明確的證據。

一九八九年，丹麥歐登塞大學（University of Odense）的一組研究人員製造了一個舞蹈機器蜜蜂。儘管看起來並不完全像眞的蜜蜂（例如，機器蜂只有一隻翅膀，還是由刮鬍刀片改裝的），這個由阿克塞・米歇爾森（Ael Michelsen）領導的研究團隊證實，其他蜜蜂不但會注意機器蜜蜂跳舞，而且還會依機器蜜蜂跳舞指示的方向及距離飛出去尋找食物。⑤我們在前面已經看過很多次，經由捏造動物會接收的訊息來欺騙動物依特定的方式行動，我們得到一個非常有說服力的結論，證明這一資訊在動物日常生活中的重要性。

雖然現在已經清楚知道蜜蜂用搖擺舞交換空間資訊，但是關於蜜蜂的大腦到底有哪種空間地圖仍存有爭議。在一個廣受討論的研究裡，⑥詹姆斯．古爾德（James Gould）用一種捷徑實驗說明蜜蜂對地圖的使用。蜜蜂被訓練從蜂巢飛行到一個餵食器。一旦蜜蜂學會了從蜂巢飛到餵食器，然後再飛回，它們就被抓起來運送到一個新的釋放點。古爾德報告說，像托爾曼光芒狀迷宮實驗裡的老鼠一樣，許多蜜蜂直接從新的釋放點飛到餵食器，而不是先回到原來的蜂巢再飛到餵食器。如果這條路線眞的代表一條新的捷徑，那麼就表示蜜蜂擁有一個尺度認知地圖。

許多研究人員對古爾德的結論存疑。研究人員試圖重複古爾德的捷徑實驗，結果注意到，蜜蜂只有在不可能找到比使用地圖更簡單的策略時，才可以完成捷徑。有人認爲在古爾德最初的研究裡，某些地標無論從原來的蜂巢或新的釋放點都可以觀察到，因此，蜜蜂很可能一直在使用我在第二章所描述的某種簡單地標策略。⑦

一九九〇年代末之前，蜜蜂擁有認知地圖的假設一直不被接受，但最近的趨勢已經開始扭轉。一項突破性的發現顯示，蜜蜂根據自己的成長歷史進行各種不同的飛行任務。年輕的覓食蜜蜂首次練習飛行的時候，它們是在學習所謂的定向飛行，目的顯然是在認識蜂巢周圍的地形和地標。

魯道夫．門澤爾（Rodolfo Menzel）認爲，這些「定向練習」（orienteering）的蜜蜂在空間方面學到的訊息，可能和有經驗的蜜蜂不同。爲了檢驗他的假設，門澤爾進行了一項實驗。他首先把一個已經築好的蜂巢移到一個新的位置，以鼓勵覓食的蜜蜂進行定向飛行，之後一再更換餵食器地點，讓蜜蜂每次都需要重新學習，沒有以前那麼方便。餵食器與蜂巢保持足夠接近的距離，因此不難找到，但是因爲從來沒有連續兩次出現在同一地點，如果蜜蜂要找到回家的路，就需要密切關注周圍環境。

門澤爾的驚人發現是，這些因餵食器地點不斷改變，而得在比較不確定的環境中學習的蜜蜂，使用了一種以類似地圖的東西爲基礎、而且靈活的導航策略。這些蜜蜂被釋放後，似乎運用周遭環境計算它們的位置，並設定一條準確的「蜜蜂路線」回家。最近的研究使用專門的雷達方法，追蹤覓食蜜蜂的全程飛行軌跡，已經證實了這一看法。只經過定向飛行的蜜蜂，有能力從新的釋放點直接飛回蜂巢和飛到餵食器，其中有些飛行路線還得飛越它們從來沒有經過的地形。⑧

實在很難想像一隻蜜蜂如何從一個之前從未到過的位置，經過一條全新的路線，找到回家的路，除非它的腦袋裡面有一幅地圖。這種能力如果存在的話，那麼和我們之前探討過的所有導航方法都大不相同。如果人的神經系統裡面有一幅標示地標與它們的空間關係的地形圖，那麼各種難度的尋路挑戰，人們都可以迎刃而解，而且還能更爲靈活地解決更複雜、更有趣的「你在這裡」(you are here) 的問題。

儲食鳥

動物花大量的時間尋找食物，確保食物來源無虞，並且竭盡所能地保護自己，以對抗變幻莫測、永遠沒有保障的食物供應。對許多動物來說，這意味著在食物豐饒時認眞收集和貯存食物以應不時之需。每個孩童都聽過會打算的松鼠的故事，它們每天忙碌地收集和埋藏堅果，以期能在冬天物資缺乏時，有穩定的糧食供應，科學家已經證實，這種策略確實能夠有效抵擋飢餓的寒冬。

有些動物把食物貯存在專門設計來防禦竊盜的「儲藏所」（larders），而另一些動物（如許多種食物儲存鳥類）則採「分散囤積」策略，把食物分散儲存在大範圍的環境裡，以供日後找出食用。分散囤積者已被證明有驚人的埋藏能力和之後的找回能力，對動物如何利用空間深感興趣的科學家，也已密切注意這些能力。

多種山雀和星鴉（nutcracker）都屬於會把食物分散貯存的鳥類。其中一些鳥類已被觀察到，在一個秋季裡最多使用到八萬個不同的貯存位置。種子、去頭的昆蟲或蠕蟲的節段都儲存在各式各樣的地點，如樹根纏繞的泥土、樹皮下或中空的植物莖幹裡面。貯存位置可以在地面或高於地面，鳥類的食物可能貯存在非常接近的地方，也可能遠至一百公尺。大部分貯存的食物在幾天內就會被收回消耗掉，但是也有藏起來幾個月之後才取回的。⑨

我們如何知道這些鳥類眞的記得所有的貯存位置？不難想像它們可能是使用一些簡單的規則來找到貯存位置。例如，如果某種鳥類總是把食物藏在植物中空莖幹裡面，那麼要取回時，只要隨機搜查所有的中空莖幹就可能找到。在我家裡，我使用了類似的策略找回和重新貯存萬聖節糖果。因爲我了解，孩子們幾乎都比我矮，所以我把糖果貯存在高的架子上。但是由於記憶負荷過重，我很少記得我把糖果藏在**哪裡**。幸運的是，我並不需要花太長時間搜索，就能有甜蜜的回報。

不過，我們知道食物貯存鳥類使用的策略並不是根據這種規則，因爲田野調查人員仔細觀察過它們如何貯存種子，貯存一次之後出去，回來時又把別的種子存放在附近，那個位置看起來與原來的貯存位置幾乎一模一樣。當食物貯存鳥類重新來到貯存地點，它們對自己的位置表現出強烈的偏愛，而不是那些研究人員爲它們準備的位置。所有證據顯示，這些鳥類確實淸楚記得它們的貯存位置，即使在貯存幾天甚至幾個月之後。

這種不尋常的空間位置記憶力，讓我們有非常多的機會了解溫血動物如何處理空間問題。由於一些鳥類也可以被誘導在人工設置的實驗室裡貯存和取回食物，科學家對於儲存食物的鳥類是如何拼湊空間記憶的，已經有許多了解。

在一項實驗中，星鴉被訓練在鋸木灰覆蓋的特定位置挖掘，以找出一些藏匿的小松樹種子。隱藏的位置由一組顯著的地標可靠地標示。但是這些位置經過巧妙安排，訓練時星鴉學到目標位置與被遮住的地標之間的關係，但是眞正接近時又看不到目標位置，因此星鴉需要參考心中的地圖。星鴉能夠完成這項艱巨的任務，表示認知地圖確實存在，但是準確率低於預期，因此仍有人質疑，鳥類到底是否擁有認知地圖，或只是依靠某種簡化的技巧來找到目標。⑩但是，即使未來的研究顯示，鳥類的地圖沒有辦法達到愛德華・托爾曼和其他人對認知地圖設定的高標準，鳥類仍然有很大的靈活性，可以解決一些狡猾的實驗者提出的困難導航問題。這些動物在這個星球上展現了非凡的毅力，依靠一個又一個的備援系統，免於受到淘汰。

很難想像有人在聽說這些亂竄的老鼠、嗡嗡叫的蜜蜂或勤勞的食物儲存鳥類之後，還能懷疑這種神奇的找路功力背後是否眞有心理地圖存在，然而在某些地區爭論仍然十分激烈。爲了找到從任何一個地點到任何其他地點的路，必須要計算距離和角度。換句話說，我所描述的蜜蜂、鳥類和老鼠，只有在使用我們用來設計城市街道地圖的相同幾何時，才能正確找到路。並非所有人都同意諸如鳥類、蜜蜂和老鼠的動物擁有這種地圖。事實上，許多人認爲，對於這些動物的心中是否有這種地圖，我們在試圖找出令人信服的證據時，其實提出了錯誤的問題。他們說，不如去理解動物需要哪種空間感以維持其生活習性，然後做必要的實驗去看這種空間感是如何建構的，這樣做的收穫可能會比較多。

奇怪的是，很少有人會找理由去質疑人類的腦袋裡有份地圖。下一章我們將看到，人類腦袋裡的這種地圖非常奇特，將人類獨特的心靈與實體空間給拉近了。

6 人類內心亂成一團的地圖

心理地圖的特質，以及我們如何藉以理解空間

從太空中看到的景象沒有從摩天輪看出去來得有希望。

——E．B．懷特（E. B. White）

在某個層面上，質疑空間與時間這種擺在眼前的事實似乎滿奇怪的。如果我想知道開車去芝加哥要多久，或者是否還有時間走路上班，相關的計算很簡單易懂，使用的是人類自古以來已經相當了解的方程式。同樣的基礎數學把塞滿人的小太空艙穿越無垠的太空送上月球。當阿姆斯壯（Neil Armstrong）踏上布滿塵土的月球表面，沒有人聽說他思考這個把他和伙伴載進太空的神農五號巨型火箭是否只是自己想像出來的。他們置身太空回頭一望，所看到的美麗藍色星球可不是想像的，而是歷經漫漫長路才看到的眞實景象。對這件事情有任何懷疑似乎都是在走倒退的路子。

然而想一想我們生活周遭每天的現象。如果空間只是虛無浩瀚、無窮盡的純幾何，那麼，爲什麼我們會覺得**離家**的路往往比**回家**的路來得長？步行者衡量兩點間的距離，是根據中間轉了幾個彎，而不是已經走了多遠或走了多久。把新家具搬回家的時候，我們經常會訝異怎麼會放不下？

我們對家裡的空間大小熟悉到幾乎就像自己身體的一部分。在更早的年代，我們可能會把這種奇怪的感覺歸因於這塊土地上的神祕力量。現在我們以比較客觀的角度看待，將周遭環境視爲單純冰冷的空間，而不是住著有力神靈的特殊場域。我們轉向內心探索這個問題，從自己的心理尋找答案。

除了剛剛列舉的空間心理的奇特之處，還有我確信各位能從自己的生活中想出很多例子，我們應該要有心理準備，因爲不論我們擁有哪種心理地圖，我們的心理地圖很有可能具有某些特性是無法由鳥和蜜蜂驚人的找路技能來預期的。我們不但知道我們的認知地圖並不精確，而且這些認知地圖有時候還以十分怪異的模式，把世界轉變成違反物理定律（或至少地理原則）的模樣。儘管很怪異，這樣的地圖似乎都很有效。我們畫給訪客的略圖可能與實際的地理方位和位置出入很大，但最重要的是，這樣的地圖（心理的或者其他的）是依據目的性而設計的。只要有效，把地圖畫成與實際空間不相像，反而可能是一項優點。使用者可能更容易記住，或者可以省略可能混淆使用者的細節。我們可以空間大玩快速和鬆散的心理遊戲，這種能力甚至可能是構成我們很多驚人認知技能的基礎，特別是讓我們能夠擺脫眞實空間的束縛，悠遊於電子組成的空間。我們憑想像畫出的地圖也許可以提供很有用的記號，顯示我們本身的空間心理是如何組成的。隨手繪製一張地圖時，我們畫了哪些和省略哪些物件，都可以讓我們更了解自己內在心理空間的構圖。

人類地圖的起源

考古證據顯示，原始地圖的出現比文字和數字還早了幾千年。在某方面看來，這一點也不令人驚訝，找出讓彼此都能理解的方法來描述空間，似乎是我們內心普遍的願望。雖然兒童需要一些指導，才能知道如何使用地圖，但他們掌握圖形是與實際空間相對應的基本概念卻不是難事。這個認知上的大躍進和其他事情相比簡單多了，譬如，以文字傳達概念——在頁面上畫滿彎彎曲曲的抽象線條。兒童需要理解眞實空間的拓樸面（什麼連接什麼）和地圖拓樸之間的關聯，這種認知的構成要素出現在很小的時候，在學齡前一定會出現。使用地圖來解決度量問題（例如決定兩點之間的最短路徑）的能力，則要比較晚期才會發展出來（如果有的話）。許多證據顯示，對大多數人來說，這種運用精確度量來描述空間的能力從未充分發展。①

已知最早的地圖出現在大約四萬年前，刻畫在岩石上面描述簡單的自然事物，比較像是史前岩畫，而非地形圖。雖然其中一些看起來好像是地圖，但是我們對其功能一無所知，因此很難確定是否眞是地圖。傳統認知上，地圖應該是用來理解地理空間或是在穿越地理空間時使用的輔助工具。比方說，如果我畫一張鄰居的臉，在數學意義上這是一張她的臉「圖」（map），但與我們使用**地圖**這個字詞時想到的不同。

在歐洲和北非發現的一些早期岩畫描繪動物和一些非寫實人物的情景，這些岩畫也許是、也可能不是描繪發現動物的空間範圍。後期的岩畫看起來比較明確，而且具有兩種現代地圖常出現的特點。一個是符號系統，重複使用一個符號代表環境的某種特徵。這些符號被認爲代表住處、個別的人，有時也代表動物。這些早期岩畫另一個製圖上的特點是，有些出現了對環境探勘或俯瞰的觀點。在某些圖畫裡還混用多種透視法，因此有的人物是側面，有些則是從頭頂的角度呈現。②

如同某些現代藝術風格——例如立體派，兒童的畫也顯示這樣的混合透視法。兒童可能混合使用不同的透視角度，因爲他們無法從自己不能適應的視角組合出空間的精確映象，然而視覺藝術家使用立體派的技術，則是希望透過不尋常、不可能、或多重透視角度來表現事物。我們無從得知我們的先人爲何在畫裡運用多重視角。我們有沒有可能是在目睹，古人企圖運用多重視角來掙脫眼前所見的景象，而創造想像的空間呢？

我們可能永遠無法明瞭早期原始藝術家的繪畫技巧、認知工具或動機，但我們當然可以看到他們努力理解大型地理空間特性，並刻畫在岩石上的初期階段。史前人類對環境的勘測圖顯示，他們已經能夠採用對自己的眼睛來說不可能看見的視角。

很久以後，幾乎可以肯定早期人類是以俯瞰視角來繪畫的。其中最著名的例子就是祕魯的納斯卡線（Nazca Line）。這些線條是在兩千多年前刻畫在地表上，描繪出各種事物和動物，由於圖形巨大，必須從非常高處才能看到全貌。雖然這些畫似乎是要給神祇看的，但也有許多其他理論，例如說這些畫是巨大的日曆、灌溉渠道、甚至是外星人太空飛行器的停機坪！③這些描述不是地圖，它們是以地理空間的幾何圖形顯示不斷增加的設施。

這些早期圖形爲何難以界定到底是不是眞正的地圖，有一個原因是，我們無從得知這些圖形與繪圖當時實際的景觀有何關聯。由於年代久遠，當初被刻在岩石上的許多線條和標記，到了現代科學家發現時，可能已有所變化。即使這些圖畫眞的是用來表現實際景觀，也無法確定是否是用來協助導引方向。某些圖畫可能在繪製者的生活中具有象徵或者宗教功能。某些文化當中，繪製看起來像是農田的詳細圖形，可能是因爲某種迷信而作驅邪之用，如此有助於確保這塊農地上的作物大豐收。

雖然我們必須謹慎解讀這些圖的意義與用途，但古老的圖又提供了一個重要的線索，讓我得以一窺人類是如何開始描述空間的。先不管這些圖像有多少我們永遠無法充分解答的問題，這些圖毫無疑問地透露出人類對空間的了解有一個重要特徵，就是我們傾向於建構一套空間的心理模型。雖然這些模型可能有各種用途，但鮮少有精確的度量。現在許多研究已經投入探索爲什麼會如此。

地理課

隨堂測驗時間：

一、哪座城市的位置在更北方：西雅圖或蒙特婁？

二、哪座城市的位置在更西方：洛杉磯還是雷諾？

三、想像北美洲和南美洲的地圖。哪座北美城市與南美洲的西海岸在同一條線上：溫哥華還是芝加哥？

在我給答案之前，想一想你剛才是如何想像地理空間的。這些問題涉及的範圍太大，無法一次全部放進腦海（除非你剛好是太空人），因此你的想像會以你看過的地圖爲基礎，而不是個人經驗。在某方面，這些問題可能看起來與我們使用心理地圖找路的關聯較小，與我們如何想像簡單圖形上的空間和幾何比較有關係。或許那些圖像剛好就是地圖一點也不重要。可是，你會發現，我們想像某些圖像的方式是從我們兒時看過多次的地圖回憶而來的，這和我們試圖用自己的認知地圖來導引方向的方式有一些有趣的關聯。

現在公布答案，其中一兩個可能讓你驚訝：

一、與蒙特婁相較，西雅圖在更北方。

二、與洛杉磯相較，雷諾在更西方。

三、芝加哥，而非溫哥華，與南美洲的西海岸在同一條線上。

如果你和許多參與我們怎樣形成認知地圖研究的人一樣，那麼至少會有一個答案讓你想去查看最近的地球儀，但我敢保證你會發現這些答案都沒錯。

認知心理學家芭芭拉・特沃斯基（Barbara Tversky）於一九八〇年代在史丹佛大學進行過幾次開創性的研究。④這些關於認知地圖（cognitive mapping）的研究顯示出，心理地圖和其所描述的實際空間之間的一些主要差異。其中一項差異起因於特沃斯基所稱的對齊（alignment）。道理十分簡單。我們的心靈之窗傾向於避開對角、斜角或歪斜，比較喜歡水平和垂直。因此，當我們描繪不規則的線條或表面時，我們會有把圖拉直的傾向。這說明了我們在想像一幅地圖時，會有想把北美洲和南美洲的邊緣對齊的傾向，以至於當我們得知南美洲西部邊緣與北美洲東半部的一個城市在同一條線上時，我們會如此驚訝。

我們的印象中，不僅大規模的地理空間會受到對齊的概念影響，我們每天都會走過的許多小空間也是如此。艾利克・瓊森（Erik Jonsson）是一位對導航有終身興趣的退休工程師，他針對在美國一條州際高速公路休息站休息的司機，進行過一項非正式研究。大多數司機都知道他們從哪裡來以及要開往哪裡，但很少有人能告訴瓊森他們下高速公路時羅盤的方位。他們已經把路上所有的彎曲都拉直了。⑤

特沃斯基又進行過另一項研究，她問史丹佛學生一些校園附近地點的問題。正當我們在腦海中把所有的大陸轉過來排整齊時，這些學生也忙著用北—南和東—西方的羅盤把本地水體（body of water）排成直線。這種傾向很明顯，因此這些倒楣的學生後來都錯得很離譜，無法正確判斷他們每天經過的本地地標和社區的相對位置。

是什麼原因讓我們重新排列空間地圖，以符合只存在於想像中的整齊水平線和垂直線？特沃斯基認爲，部分原因跟我們身體的自然對稱軸有關，還有我們是直立動物，大部分醒著的時間都在調整自己適應地心引力。我們傾向於將世界排成垂直和水平，因爲和所有的空間屬性相較，最突出的基準就是地心引力與地平線。偏好垂直和水平當然是眞實的，而且這種偏好隨處可見，從空間神話、街道地圖的設計，到我們的視覺系統的基本運作。

知名地理學家段義孚（Yi-fu Tuan）描述一種根深柢固的傾向，人類根據身體軸線分類空間的主要方向。⑥大多數文化在提到身體的定向時，對「前面」與「後面」都有清楚區別。大家也相當熟知「左」和「右」的各種文化含義。在大多數文化裡，左邊的地位不如右邊。我們用右手握手；在不用餐具的文化裡，我們用右手吃飯。我們最得力的助手叫右手人（right-hand man）。在科學文獻裡，使用左手仍被視爲左撇子（sinistral），與正確（right）使用右手的（dextral）人形成對比，而現代字**邪惡的**（sinister）就是源自於一個早期對左撇子（left-handedness）的稱呼。左邊地位較低在亞洲文化中有一個有趣的例外，亞洲文化基本的主要方位是南方（例如紫禁城的大門在南邊）。面向南時，左邊是太陽升起的方向，因此被賦予特殊的地位。

在亞洲古老的風水科學裡，建築物和城市主要方位的定向，被認爲會對環境的健康和成功有重大影響。街道和建築物依這樣的方位仔細排列，人的身體也可以看作風水原則應用的一個縮影。當我們兩腿直立站起，頭同時也向上抬起以對抗地心引力，各種文化普遍認同實體高度與人類權力產生的方向息息相關。皇宮高於周遭景觀是爲了成爲軍事戰略的制高點。北京市是建在一大片平坦的地形上，然而紫禁城這座古老的權力中心被認爲是位在山峰，周遭區域有如梯田般排列於下。

建築物高度體現的權力結構不因皇宮、皇室和封建統治系統的衰敗而結束。只要一瞥曼哈頓的天際線就可以明瞭了。龐大、幾何完美的貿易和商業塔樓高聳林立於地平線，兇猛又好鬥。現代風格的世界貿易中心在二〇〇一年遭到邪惡的恐怖攻擊，不是巧合能夠解釋的。這場恐怖行動的主謀穆罕默德・阿塔（Mohammed Atta）是一位建築師，從事都市規劃的工作。有一份報告顯示，他不滿開羅部分建築西化，因此投入回教聖戰組織的懷抱。阿塔可能比其他人更理解並且憎恨這些塔樓象徵的意義。

若以更世俗的角度看我們日常生活的視覺，眾所周知我們對垂直線和水平線比對斜線敏感。使用細小格網做視力敏感度測驗結果顯示，和呈現斜角的空間相比，我們比較能夠看見垂直或水平方向的空間。這種對於排列整齊的敏感度和我們的視覺腦裡水平和垂直神經元的優勢有關。沒有人知道這種敏感度的偏見是如何產生的，但很可能跟我們身體要適應地心引力有關。

我們不但對水平線和垂直線比較敏感，而且似乎也比較喜好水平和垂直的影像。皮特・蒙德里安（Piet Mondrian）這類的視覺藝術家一定很明白這種偏好。他的畫主要由有色方格組成，完全沒有斜線。蒙德里安屬於風格派（de Stijl）的藝術團體，他們嘗試在科學基礎上建構美學。風格派有一個知名的藝術宣言，就是無論如何都要避免斜線。現代心理學的實驗已經證實這些藝術家的直覺。在一個實驗中，受試者被要求看一系列蒙德里安的作品，當中有的是依原作呈現，有的故意斜放，接著判斷這些畫給人的愉悅程度，他們的回答是比較喜歡蒙德里安的水平和垂直作品。

我們對水平和垂直對齊的偏好也時常在日常生活中突然冒出。看到別人牆上的圖歪了，誰會不想（而且也許是屈從於）去把畫扶正呢？電影導演使用希區考克（Alfred Hitchcock）開創的技術，拍攝影片時把攝影機稍微傾斜，拍出的影片會讓觀眾打從心裡不舒服。當正常應該是水平和垂直的線條被稍微推斜一邊時，看電影的人確實會坐立不安。

注意這裡正在發生什麼。我們的身體與感官的定向是影響心理活動傾向的主因，而這些傾向似乎也大大影響了我們對實際空間維度的視覺與感覺。當我們試著想像這樣的空間時，無論是透過回憶看過的圖，或是在心裡重新走一趟這個空間，我們對整齊的垂直與水平輪廓的偏好，往往會凌駕我們精確描述空間的能力。我們不是在感覺空間，而是在建構空間。

空間組塊

只要看過兒童畫圖的人就知道，我們內心有種簡化視覺圖案的傾向。眞實形式的複雜度被簡單的基本形狀取代，這些基本形狀是依照略圖（schemas）安排的，略圖是一組描述基本形狀如何接合的規則。正因爲把形狀略圖化，所以人的圖形變成一支棒子上頂著一個大圓頭，飛行中的鳥變成非寫實的彎曲線條，太陽被描繪成一個周圍有對稱光束的黃色圓盤。藝術家有一個很重要的訓練是學習畫出**眼睛所見的**，而不是內心所想的。換句話說，爲了準確畫出生活所見，藝術家必須學習拋棄略圖化的習慣。

相同的簡化過程出現在我們的空間概念裡，原因也相似。地圖若是把空間簡化、彎路拉直、甚至不按比例表示遠近，以及把不規則的土地區塊改成齊整有序的幾何形狀的地圖，這樣會比那些看似彎曲與搖晃的原始地圖更容易記得。

這種使空間有規律的傾向有個最佳例子，也是我在問題列表裡所指出的，造成地理幻象的另一個因素，就是所謂的區塊化（regionalization）。要理解區塊化是怎麼回事，試試看這個練習：此刻你正坐著，閉上眼睛並指出在同一個房間某些東西的位置——檯燈、窗戶或門，什麼都可以。當你睜開眼睛，你或許會發現你能夠相當準確地指出東西的位置。

現在試試不同的練習。想像一個東西，但是這次選擇不在這個房間的東西。如果你坐在自己家裡，你可以試著指出另一層樓某間屋裡一個物體的位置。現在試著指出你最好朋友的家在哪個位置。還有市政府或最近的水潭又在什麼位置？當你做完這個練習，你會注意到某些目標比較容易指出來，某些比較難，而且要指出某些地標，還得動不少腦筋才能完成任務。你也許還注意到其他事情。若要我們想像不在視線以內的物體位置時，我們會試著用一連串不同的步驟重建那個東西的位置。我可以輕易地指出房間那頭的燈，但如果要我指出隔了幾個房間的廚房裡烤麵包機的位置，我會試著在心中建構一條從我的所在位置到目標位置的路徑，然後在心中把全部的步驟加起來。我不是從我現在的位置去回想烤麵包機的空間圖像，而是一開始先想像我的書房門口，因爲外面就是通往廚房的走廊。然後想像自己在走廊盡頭，看著廚房。我在每一個停駐點都想像一個畫面，之後再把這些畫面拼起來，以便串聯起路徑的開頭與末端。你可以想像，加進來的畫面愈多，我們的準確性可能就愈低。

在一項心理空間區塊化的研究裡，人們被帶進一個沒有窗戶的小房間，先讓他們看看四周熟悉環境，之後要求他們閉上眼睛指出房間裡的物體，就如我剛才要各位做的那樣。受試者發現這項任務很容易，而且都做得不錯。下一步，他們被帶出房間，繞著實驗室的那棟建築物走動。在不同停駐點，他們被要求指出剛才實驗室房間裡面物體的位置。回到實驗室房間之後，他們被要求指出在外面看過的物體的位置。受試者發現後面兩項任務比較困難，很可能是因爲他們試圖照我剛才想像烤麵包機位置時所做的一樣，努力拼湊出空間的各種畫面。其他研究則是在人們已經習慣至少兩年的空間（他們的辦公室）裡面進行，實驗結果大同小異，我們對於空間連結的困難性，似乎和我們對這個空間熟悉與否沒有多大關係。⑦

我們爲什麼要把空間分成不同區塊呢？部分原因是區塊化是一種方便的方法，可以協助我們善用有限的記憶資源。若要我們記憶一長串事物，大多數人都會運用一種稱爲分塊（chunking）的策略。比方說，若要我記憶雜貨店購買清單，我會先把購買清單分成水果、蔬菜、肉類、奶品……等類別。之後，我的工作就變得比較容易，只需記憶幾種類別，每個類別包含少數幾個項目，比起努力記住一長串的購物清單容易多了。了解空間的過程也很類似。記住每個房間裡面一連串物體的位置比較容易，記住一間房屋裡不同房間的粗略布局也不難，但是要記住一堆物體的位置，並且全部放到一張大地圖上，就比較困難了。

雖然這種階層式的空間排列有助於我們處理大量的記憶，但也導致我們的空間地圖變形。在我們的心理地圖中，不同區塊兩點間的距離似乎比同一區內兩點之間的距離來得長。這個影響層面很大，不但會左右我們在閒坐和沉思時如何看待我們的生活空間，也會影響我們走路或開車時對於路線的選擇。對我們來說，一條轉來轉去的路線好像比一條筆直的路來得長。原因是每轉一個彎，眼前就出現一組新的景象，因此構成一個新區域。這些效應對於實務面的意義，已經引起許多建築物、社區，和城市設計師的注意，因爲只要巧妙地調整大小與形狀，就可能影響人們使用空間的方式。在一個都市中心，如果我們想要吸引人們下車用走的，有很多聰明的規劃技巧可以誘使他們這樣做，但其中一個策略就是謹慎安排空間位置，讓有趣的地點**看起來**好像很接近。

把空間分成區塊的傾向是我們空間心理的基礎。即使利用高度抽象的空間進行實驗，結果也顯示這種傾向具有強大效應。例如，一項研究顯示，如果要求受試者記住電腦螢幕上一群隨機出現的物件位置，他們會在心裡根據看見的物件位置，把螢幕分成一系列區塊。當他們被問到物件之間的距離時，與跨區塊的物件之間的距離相比較，在心理區塊中的距離就會縮小。⑧當我們被問到西雅圖和蒙特婁哪個比較北邊，大多數人都會想到加拿大在美國北邊，因此（錯誤的）假設蒙特婁在西雅圖北邊。同樣的，雷諾好像是在洛杉磯的東邊，因爲我們記得內華達（部分）在加州東邊。

心理地圖就像我們隨手畫圖在餐巾上，跟朋友指示城裡的路一樣，其實是不準確、變形，甚至荒謬不可能的空間。我們開始畫地圖之前，都會說點這樣的開場白：「這不是按比例畫的，不過……」我們只是含蓄地說明我們畫給別人看的地圖滿奇怪的。我們隨手草繪的地圖，除了表示地理空間的主要特徵，也和我們腦海中的空間屬性有非常密切的關係。我們的心理對於距離和方向比較無所謂，但是卻會比較明確地表示事物之間的拓樸關係（topological relationship）。雖然我們好像無法精準掌握物體之間的距離，也無法準確說出物體之間的角度（特別是跨區塊時），但是我們能夠說出空間裡面不同的事物（道路、路徑、走廊）是如何連結的。就如同拓樸地圖，像扭曲的橡膠皮一樣，可以容忍很多次變形，而仍然能夠保留一些關於空間關係的資訊，我們腦海裡面的地圖也是一樣，可以幫助我們在空間裡遊走，特別是我們爲自己建立的那些地圖。假如我們了解各區塊間是怎樣連結的，以及每個區塊裡有什麼，我們就能夠規劃到目標的路線。我們也許不會每次（或甚至經常）都選擇最有效率的路線，但是我們通常都知道哪一種空間決定會讓我們到達目的地。我可能不知道從麵包店到郵局有多遠，或哪個目標離我家比較遠，但是我知道怎樣從一個目標到另一個目標，並且知道在我到達那裡時的景象是怎樣。

這些空間拓樸地圖是一九四〇年代愛德華．托爾曼心中所想的認知地圖嗎？是六十年來動物行爲研究人員爭論不休的那種地圖嗎？不見得。老鼠能跑出射線型迷宮，蜜蜂詮釋擺動的舞步，以及鴿子運用梯度圖（gradient map）找路回到棲息處，這些都需要對保有量度特徵的地圖有所了解。只有在了解位置之間眞正的距離和角度後，新的捷徑才能起作用。除非我們是受雇於警方使用傳統方法尋找失蹤者的原住民，或是生活在得靠機智生存，而且只要轉錯一個彎就會沒命的不毛之地，否則我們是無法理解這樣的空間資訊。人類和其他動物不同之處在於，動物被緊緊固定，身體貼地，立足點固著於土地，幾乎不可能分離，而人類似乎不可思議地容易翱翔於幻想的空間，我們在心中重新塑造實際空間以符合我們的要求。雖然在某種情況下而且經過專門訓練，我們在導航上也能有驚人之舉，但是現代人比較常碰到的是，我們得依靠高度圖示的地圖，但這高度圖示的實際空間卻與眞實事物的關係薄弱。這個策略之所以能夠起作用，往往是因爲我們已經爲自己設計了一種充滿空間支援的環境，不需要依賴我們量度能力不足的大腦空間。但是當這個策略失效時，會迅速導致災難，有時甚至會賠上我們的性命。我們一生中大部分時間只要一個錯步就會導致完全的空間迷向。

作爲心理投射的空間

對人類來說，這個消息也不全然是壞的。雖然我們心理的組合方式，讓我們無法對大型空間（就像一個困難的謎題）構思出準確的地圖，但是讓我們走路去街角商店時迷路的同一種認知能力，也可能加強了我們心理某些最驚人的特徵，包括那些使我們與其他動物不同的特徵。我們能夠將自己從目前的空間背景抽離，能夠閉上眼睛想像自己在其他空間裡，不管這個空間有多麼不寫實，這種能力可能也只有人類才有。我們能夠想像自己俯瞰建築物的一個樓層，而且不但能夠想像自己身在其中，還能夠想像自己在那個**虛擬的**位置看見什麼，這種能力是任何動物都沒有的。雖然靈體投射和靈魂出竅經驗可能是幻想小說和科學小說的素材，可是我們能夠隨心所欲地從各種角度觀看是眞實也很有意義的。

吉恩・皮亞傑（Jean Piaget）是現代發展心理學的創始人之一，他想出了一項他稱爲三山問題（three mountain problem）的任務。在兒童面前放一個山水景觀的縮小模型，當中有三個看似山峰的東西。然後要求兒童從另一方的角度描述山峰的外觀。例如，一個兒童可能被要求描述坐在他對面的兒童在那個位置上能看見什麼。皮亞傑發現，在某個發展階段之前，這項任務對兒童相當困難。⑨從某種意義來說，他們只會從他們自己的角度回答。年紀較大的兒童能夠像大人一樣，採用另一方的角度。對我而言，三山問題奇妙之處不在於年幼的兒童**沒有辦法**回答，反而是大人**居然可以**。這就表示，我們的拓樸能力眞的很不可思議，我們找到了掙脫實際空間限制，讓心靈四處翺翔的方法。當我的身體坐在椅子上面對著電腦螢幕時，我的心可能已經穿過走道來到廚房，沿路來到海灘，或者從空中高處往下望。從這些有利的位置，我能約略估計要把自己遙遠的身體放在畫面的哪個位置。

我們能夠從另一種角度來描述實際空間，這是相當重要的變化，也就是說，我們能夠描繪一個裡面**沒有**我們的地方。即使我已經離開廚房，幾分鐘前我還在那兒（趁孩子放學回家前偷吃一片自家做的巧克力餅乾），但我有十足把握廚房不會跑掉。即使我有兩天沒去海灘了（嘆口氣），我知道海灘仍在那裡，也知道即使我遺漏掉，海灘也不會從宇宙邊緣消失。雖然這些事實似乎都很明顯，不過都意味深長。要不是我們能夠理解不在視線範圍內的實體世界，我們可能就成了截然不同的生物。自我意識（在這裡不是指笨拙、成群結隊、害羞的十幾歲青少年的自我意識，而是指人在世界上不受束縛的客觀意識，換句話說，身為一個可以任由想像馳騁的人類）有個必要的要素，就是把空間抽象化的能力。如果我們不能從身體以外的位置來看世界，我們就無法了解，即使我們沒有身處其中，這個現實世界也不會消逝，也無法理解我們置身其中時有什麼差別。了解我們置身其中的空間和我們視線範圍以外的空間之間有何差別，是身分識別的關鍵意義。若無法從不是以自己為中心的空間採取客觀觀點（換句話說，了解世界即使沒有我們仍繼續運行），也很難想像我們對時間的推移會有多少概念。心理層面上，時間與身體移動有密不可分的關係。地平線代表一個未來的地方，或者，如果我們回首看曾走過的路，那就是遙遠的過去。若沒有一個時間的想法，就很難想像能把自己看作一個有個人歷史的不朽生物。唯有時間才能夠把一個人的生命歷程黏合起來，成為一本凝為一體的傳記。

地圖可以依據世界上某種物理梯度，也可以藉仔細觀察地形地物以及衡量這些地貌之間的距離，在心中建構出來。鴿子、食品儲藏鳥類、蜜蜂和許多其他類動物，倚賴這兩類型地圖中的一或二種，看起來都有驚人的導航準確性。

在這一章裡面，我們探討人類的地圖建構與使用，顯示我們本身的心理空間是由一團奇異的膠狀物質組成。雖然我們大多數人每天晚上都能找到回家的路，我們卻很少以製圖的眼光去了解我們是怎樣到達的。我們的空間能力雖然搖搖欲墜、瀕臨崩潰，但是我們非常幸福，對這種危機毫無感覺，因爲建築物和現代技術提供了太豐富的找路協助。存在我們腦海裡的空間地圖，雖然完全不像物理學家或者數學家所描述的空間，但是代表了一種在必須克服空間才能生存和我們有限的記憶能力之間取得的折衷辦法。我們無法直接察覺或記得的是，我們會虛構和想像。想像這種行爲帶給人類的希望，是我們有能力以一種獨特的模式，運用我們的心靈去想像、風格化和轉換空間，把我們由困境中釋放出來。把心靈從實際空間的框框釋放出來，是人類進化過程中的一項關鍵成分，也讓我們成爲這個星球上（並且或許在宇宙裡）最獨特的生物，因爲我們可以把自己想像在另一個地方，同時也可以想像沒有我們也存在的無限的「其他地方」（elsewheres）。相同的區塊化在心靈上把我們和其他空間分離，讓我們能夠以其他動物不可能做到的方式掙脫實際空間的限制。藉由想像空間，我們把空間變成自己的。

對於空間，我們的心靈擁有奇異和令人驚嘆的能力。與鳥、蜜蜂，以及田野間和森林裡的其他動物不同，我們好像能夠製造空間，依我們的需要改變空間，並且把空間想像成幾何學不曾暗示過的模樣。這很可能是眞的，我們能夠以這種方式讓空間浮現腦海，這種能力將人類推升至一個卓越的位置，成爲地球上唯一眞正具有自我意識的生物。我們的心靈讓我們容易有利用高度發展的視覺採取複雜視野的傾向，然後根據拓樸聯結性，以奇異的混合方式把那些視野結合在一起，讓我們能夠想像和建構空間，這些成就超越了早期人類最瘋狂荒誕的想像。

讓我們能夠脫離幾何空間限制的不只是心靈的建構能力。我們駕馭能源和科技的能力不斷提升，也讓我們幾乎可以運用任何喜歡的方式建構實際的環境。與我們的空間心理關係密切，我們已經把製作工具的能力運用在設計環境，以支援和擴大我們心靈想要超越實際空間限制的傾向。從建築設計、都市規劃，到現代化的光速通訊科技，所有的一切都已經被設計來反映、支援，並且延伸我們對實際空間的控制力量。

II

在當今的世界裡
走出自己的道路

人類的思維如何塑造我們工作、生活，和玩樂的世界

7 住宅空間

心理地圖如何影響我們在家裡的行爲

當穹蒼之巔相合時，我的房子將有屋頂。

——保羅．艾呂亞（Paul Eluard）

曾經有一位像父親一般的心靈導師告訴我，有兩個數字對我們的經濟前途影響最大，那就是我們第一份工作的起薪和第一棟房子的價格。在當時，我沒有理由相信即將會有一份工作或一棟房子，因此只是禮貌性地點點頭，沒有太在意。當我終於買了一棟房子時，我對它的眞正價値沒有多少概念，在搬進去之後的數天內，對於我爲什麼會買這棟房子也毫無頭緒。那棟房子有一條小河流經地下室；地板不平，棒球放在廚房地板上會快速滾到房子的另一邊；「院子」包含了大約半英畝的典型濕地——不太適合園藝，還需要特別注意，以免孩子和狗陷入泥淖。不過，我很清楚的是，打從我一踏進這棟舊房子，我就愛上它了，即使是前任屋主的狗留下了許多飢餓跳蚤，從蟄伏的舊地毯裡跳上來攻擊我的腳踝，享用一頓新鮮美食。

幾年以後，當我出售這棟房子時，我仍然不太理解促使人們購買房屋的理由。我完全信任我的房地產經紀人，他交給我一份對潛在賣屋者充滿至理名言的錦囊妙計，上面告訴我，大多數潛在購屋者在一踏上前門的八秒內就已做出決定。因此，建議售屋者將門把擦得雪亮，讓入口處井然有序。上面還寫著，進入屋內，最受注意的地方之一是爐子上方排氣風扇的內側。我不明白爲什麼有人會探頭進入這樣骯髒的小空間，但我還是盡可能擦乾淨我的排氣風扇。不僅如此，我還養成一種新的習慣，每次去看房子，我一定會探頭檢查排氣風扇，總是想知道裡面有什麼讓我驚奇的發現。

售屋產業的新趨勢是大家所稱的美化（fluffing）或場景化（staging）。成群的專家、自吹自擂的設計大師和流行專家，突襲某人的房子，有時會移除所有的家具擺設，改以類似好萊塢電影的場景取而代之。雖然有用而且夠詳細的統計數據不容易獲得，因此也無從獲得嚴謹的專家意見，不過，房地產專業人士一致認爲，這樣的場景化可以爲賣方帶來充分的額外利潤，大概會有兩倍的成本價（一個好的美化案例，雖然價格中等，但如果賣方願意大部分自己動手做，在一筆大型房地產上做充分的審查，很容易就値得數萬美元的價格）。①

大部分美化的努力明顯與粉飾性的作爲有關，像是去除凌亂、出清閒置在起居室內的扶手椅、有時候是新刷上一層素淨色調的油漆。而有些場景化則是依據潛在買家對房屋內部空間配置的想法，刻意塑造出來的環境。藉由精心擺設一些不錯的家具，不僅能夠讓看屋者對空間大小與形狀留下強烈的印象，而且能夠操控看屋者對於空間的探索和對細節的態度。

我們準備出售或考慮購買房子的時候，很少注意到我們對住宅空間的看法和使用空間的方式，然而我們常去的住宅、辦公室和辦公大樓的空間配置，常對我們的行爲、走動的方式、我們在哪逗留，和我們的感覺，產生強而有力的影響。好的設計者能夠直覺地知道這些影響，空間認知的科學事實、我們的大腦統合一切後，我們對空間的理解和行爲模式，以及人類心理對空間認知的過失，都有助於讓這些過程更加清楚易懂。

知道自己的位置

前一陣子，我得到令人愉快的一筆現金（實際上是這本書的部分預付款），我犒賞自己一件渴望很久的東西——一張極爲舒適的眞皮閱讀椅。當椅子送來時，我立即面臨一項困難的決定——要放在哪裡呢？有些位置因爲光線不足或不方便而不考慮，其他位置似乎又不夠隱祕，我知道一定會常受到噪音或孩子們嬉戲的干擾。倒是有一個地方，位在一個小房間裡靠著一面牆，好像會很完美。我把椅子安置在那裡，旁邊擺一張可以放書和酒杯的小茶几，還買了一盞有品味的閱讀燈放在身旁。往後的六個月內，我只使用了這張椅子三次，我全部的閱讀反而都是在另一張沒有那麼舒適的椅子上。那張椅子不僅放在房子裡最大的房間的中間，應該也是孩子最常來、到處都是玩具的地方，而且因爲這個房間通向廚房，隨時可以聽到鍋子和盤子的鏗鏘作響。我現在已經把新椅子移到另一個靠近窗戶、面向大房間的位置，雖然使用的次數比較多了，但是仍然比不上那張放在大開放空間裡的舊扶手椅。

影響我們在家裡在哪休息，在哪擺放家具，以及如何消磨時間的是什麼因素？在某種程度上，我們是被單純的語用學所左右。浴室一定是用來洗澡和淋浴的，廚房一定是用來準備飯菜，床則

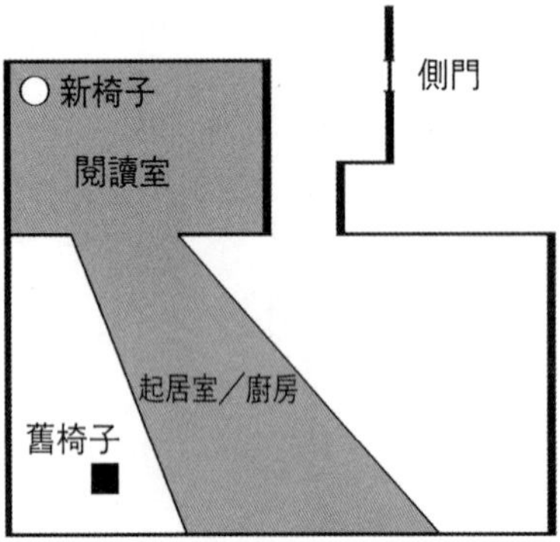

圖六：新椅子的可視範圍

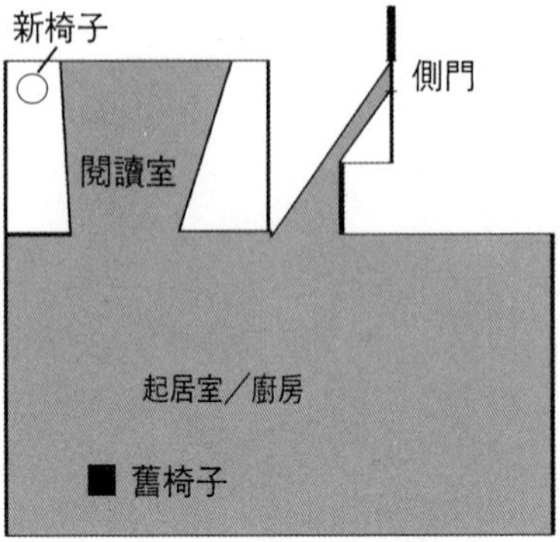

圖七：舊椅子的可視範圍

必須（根據床的定義）放在臥室裡。然而我們大部分安靜和醒著的時間是彈性的，而且是受到單純的偏好所影響。這樣的偏好是如何形成的呢？對於家裡哪些地方會吸引人們走動和逗留，我們能做科學性的預測嗎？

圖六和圖七是我家的部分平面圖，顯示那兩張椅子所在的位置——昂貴但是很少使用的新椅子在閱讀室，使用頻繁的舊椅子則在起居室／廚房。理論上，比較小的房間應該是一個安靜的閱讀空間，但是實際上裡面好像經常塞滿孩子的樂高積木和鞋子，我不知道爲什麼會這樣。在比較小的房間旁邊，通往起居室的，是一個通向側門的小走廊。

仔細想想，房間的牆壁除了阻擋視線沒有任何作用。這些障礙建立起兩種不同的輪廓。封閉輪廓是那些實體牆，通常是指那些外牆，超出外牆我們就不能移動（不走出門的話），也無法看出去（除了透過窗戶）。不管我坐在空間內的哪個地方，封閉輪廓的位置都不會改變。在另一方面，開放輪廓是由內牆的設立所間隔出來的。因此，舉例來說，把起居室和閱讀室分開的部分牆壁會形成什麼樣的視線障礙，端視我坐或站在什麼位置而定。又例如，當我在起居室裡走來走去時，我可以看到多少閱讀室內部空間也不一定。

在每張圖裡面，我已經把從椅子所在位置能夠看得見的全部區域塗成灰色。從特定地點所能夠看見的區域被稱爲可視範圍（isovists）。②正如範例中所示，可視範圍是由房子外牆圈起來的封閉輪廓，和受限於視線的開放輪廓所形成的（一個簡單的事實是，不像超人，我無法透視牆壁）。對我的扶手椅可視範圍做個簡單的分析，就可讓讀者很容易地看出，我在家裡最喜歡坐的位置有兩個主要特點。首先，起居室扶手椅的位置擁有整個房子最大的可視範圍。我可以看見整個起居室、廚房、一大部分的閱讀室，以及部分走廊。我在圖表裡沒有畫出來的，還有一排可以看到後院景觀的大窗戶，從起居室扶手椅處也可以看見一大部分的後院。相反的，閱讀室扶手椅位置的可視範圍只包含閱讀室本身，和起居室窄窄的一個楔形空間。所以不需要對可視範圍的大小和形狀做非常複雜的分析就可發現，我比較喜歡其中一張椅子，而原因可能就是可視範圍的大小。另一個原因是，這張椅子是整棟房屋裡（除了在走廊本身）最容易監視側門的位置，而人們進出最常使用的就是側門。從安全角度來看，這是我喜歡坐在舊椅子上，而不是坐在閱讀室中更舒服的椅子上的另一個合理解釋。

這個有關我家部分室內空間的簡單分析，已經透露出我自己在屋裡停留和走動的模式是如何形成的。我們早就知道，室內空間最吸引我們的特性之一是寬敞的感覺，因此也可以解釋我們爲什麼會喜歡可視範圍最大的位置。實驗顯示，我們對於尋找大的可視範圍是異常熟練。當參與研究的受測者在建築空間內被要求找出環境的中心點，或是可看到最多地方的點（或反過來說，最佳的躲藏位置），他們可以迅速準確地移往正確位置。我們可以利用視野、景觀和景色有效地解析空間。以我們在本書第一部中學到的，這是可以期待的。我們對於空間大小和形狀的了解，是以一眼所見爲基礎，但當我們必須設法整合在開放和封閉輪廓背後看不見的特性時，它就開始動搖了。

除了單純的大小之外，可視範圍還有很多其他特性。我們可以就其參差不齊的程度（與整體區域相比，邊界很長的可視範圍是比較參差不齊的）、複雜性（有很多角落的可視範圍是比較複雜的）、對稱性（所包含的對稱軸數量），以及很多其他的方式來定義可視範圍，其限制完全視研究人員的想像力而定。諸如此類的可視範圍基本特性組合起來，可以表現一個可見空間更複雜的特性，例如明顯的寬敞性、開放性（參差性和一些其他可視範圍特性的組合）、複雜性，和次序（對稱性和一些其他表現多餘特性的組合）。

這些可視範圍的特性會影響我們對空間的偏好嗎？是否記得家庭度假小屋或祖母家農舍裡的某個舒適的小角落，你會被這個小角落吸引而在此休息，是不是因爲從這裡看出去的視野很棒？從一些實驗看來這是很有可能的。當人們在大螢幕上觀看模擬獨特可視範圍的空間時，他們能夠就複雜性、愉快程度和吸引力等條件給予評等，而其中許多評等和衡量空間可視範圍之間的關係，令人印象深刻。我們發現高複雜性和對稱性的空間是最令人喜歡，開放和對稱的空間是最美麗的，而開放和複雜的空間是最有吸引力的。③

有鑑於這樣的結論，難怪我們往往會在家裡的某些特定位置上消磨比較多的時間。這樣的結論可能在某種程度上也解釋了，房屋美化業者如何成功地強調潛在購屋者感興趣的地方。這些專業人士不可能太極端地去移動牆壁，但是可以運用可視範圍把家具放在最好的位置上，如此有助於吸引參觀者靠過去，想像自己坐在舒適的扶手椅裡，面對開闊的景色，勻稱及參差不齊的可視範圍，以及複雜和吸引人的空間。我們似乎很直覺地對可視範圍如何影響感覺有深刻的理解，因此如果有一群專業設計師在沒有受過任何正式的建築理論或可視範圍分析訓練的情形下，成功地強化自己對這些影響的敏感性，就完全不令人驚訝了。場景化的大師或許都是優秀的直覺認知科學家。

舒適的演變

雖然我們對於住家空間如何安排會吸引人們開始有一些了解了，但了解這種對特定地點的依戀是從何而來，應該會很有趣。很多這類問題的思考，圍繞在人們對自然地點的依戀上，這些我們會在第十一章綠色空間裡廣泛討論。但是引導我們偏好自然界某些安排的相同心理過程，也很有可能在建築物內部有相同的作用。

傑伊·阿普爾頓（Jay Appleton）是一位訓練有素的地理學家，他嘗試在我們特別偏好的視覺景象類型，與我們的進化歷史之間找出連結。我們對特定景觀類型在美學偏好上的基礎，有可能是生物學上的因素嗎？我們喜歡看到特定的空間形狀，是否是因爲我們的進化祖先裸猿在非洲大草原上求生的過程中，發現在這樣的空間位置上的視野有利於生存呢？阿普爾頓論點的基石被稱爲瞭望和庇護的對偶性。④我們喜歡置身在既能給我們一些視覺防護（庇護）又能有空間大視野（瞭望）的位置。

雖然庇護和瞭望這樣的簡單想法，可能無法解釋與可視範圍大小、形狀和複雜性的偏好有關的全部結論，但是它們確實可能解釋了一些重要因素。在實務層面上，我偏好大房間中的椅子，可能和我希望留意我忙碌的家人以及知道誰進出側門有關。但是這不能解釋當房子空無一人或孩子們全都睡著時，我在那張相同的椅子裡所感受到的快樂和愜意。阿普爾頓的論點是，我們偏好有深遠視野的掩蔽位置（在我的情況是房間的角落），或許遠從大家都在關心哪裡能找到劍齒虎，而不是最近的星巴克咖啡在哪的年代開始，就已經寫進我們的ＤＮＡ裡了。

在這本對於房屋設計變革有深刻洞察力的書——《房屋思維》（*House Thinking*）裡，溫妮弗雷德·加拉格爾（Winnifred Gallagher）認爲，一些成功的建築師對庇護和瞭望的能力有強烈的直覺。⑤例如，法蘭克·勞艾德·萊特（Frank Lloyd Wright）喜歡在凹室中採用較低的天花板，尤其是在壁爐附近的舒適位置。就基本生存而言，壁爐附近的掩蔽位置一定被視爲是典型的庇護所，可以往外看到房子其餘空間的寬廣景觀。同樣地，克利斯托弗·亞歷山大（Christopher Alexander）在討論成功的城市、鄉鎮、鄰近地區和房屋規劃的寶典《模式語言》（*A Pattern Language*）裡建議，以不同高度的天花板作爲一項重要的設計原則，特別是需要安靜休息的區域，例如在臥室裡設計擺放床的凹室。⑥同樣的，房屋專家可能擁有一些如何吸引購屋者的直覺，好的設計師和建築師對空間美學如何設計成爲成功和舒適的住家，則有很強的敏感度。阿普爾頓這類的理論家，以科學理論來解釋原則，說明長期經驗已經證明是有效的。

在繼續思考其他方面的空間認知對我們的行爲有何影響，以及對某些類型的房屋的偏好之前，最好先回頭想想，確定一下我們了解房子到底是做什麼用的。如果使用前幾章相同的方法，我們可能會一開始就把自己的家與其他動物的家做比較。令人驚訝的是，我們的近親，其他靈長類動物，對建造家園沒有什麼作爲。那些確實會建造家園的動物是爲了最簡單和最明顯的理由，好像是——提供保護，防止惡劣氣候和其他掠食者，還有或許是提供一個養育後代的實體基地。

人類的家有多麼不同？我們爲什麼要住在房子裡？對於溫帶氣候的居民來說，例如大部分的北美洲和北歐的居民，答案好像很明顯。房子的主要功能是提供一個隔離的殼，保護我們免受周遭的侵襲，並且爲我們的財產提供一個安全的儲藏所。

界定環境心理學領域有成的人類學先驅亞摩斯·拉波波特（Amos Rapoport）極力主張，實務上的考慮只是部分答案。⑦如果我們檢視不同文化下所產生的房子類型，會發現只有薄弱的證據顯示，這個問題和氣候或可用的不同類型建築材料相關。在熱帶氣候的早期居民未必會建造有涼爽效果的簡單住處。相反的，在炎熱氣候下的人民，他們典型的住所是一些複雜不透氣的房屋。一個很好的例子是，部分南太平洋居民使用的精緻房屋，是針對男性、女性和食用的功能，建造獨立、有時封閉的屋舍。相比之下，一些寒冷地區的居民則住在簡單的小屋裡。拉波波特認爲住宅的形狀不單是爲了生存所需，至少還同樣強烈地反映了人們的信仰、價值和文化。例如，圓形房屋是非常經濟的，不僅容易建造，並且適合範圍廣泛的建築材料。但是，圓形房屋卻十分罕見。原因之一是，在大部分的文化裡，他們非常重視一棟房子裡的房間相對於較大場地及附近其他建築的方位。

這種謹慎決定建築空間方位的趨勢，在亞洲的風水習俗上達到巔峰。⑧風水有許多門派。在某些地區，風水可能被認爲是一種相當神祕和新時代的知識領域，某種程度上等同占星術和其他形式的占卜。在北美洲從事這類工作的人有時被稱爲「風水大師」（McFengshui），他們聲稱能夠經由指點一個人的床鋪和洗手間的正確方位，達到促進財富、和諧和成功婚姻的效果。然而，嚴肅的風水門派有數千年的理論根源，可以涵蓋調整一個人的住家風水以符合主要的地理力量，如磁場，以及參照房子外面的世界，來規劃完善的室內空間所需的指導原則。如果缺乏方形或者長方形的房間格局，可能就很難堅持依風水原則或者其他文化習俗，把我們的住家和外面的自然和超自然世界連結起來。

關於文化如何影響建築環境還有一個很好的例子，就是某些地區流行的四合院（courtyard homes），特別是在信奉伊斯蘭教的國家。庭院建築的好處之一是給予空間居民一些隱私，但是，在院子內，男人、婦女和家族內數代人口也可以建築各自的房舍。以這樣的方式，庭院讓比較大的家庭單位保有隱私，享有遠離公眾視線的共同社會空間，而各自獨立的房舍也讓家庭階層在一個大院子裡擁有實質的分界。

拉波波特一生的研究工作，包括努力不懈地對建造自己房子的人證明，我們居住空間的建造原則，並不是單純爲了遮蔽和防禦敵人。我們的家是我們的信仰、渴望的外在表現，也可能透露出存在於我們文化裡的深刻恐懼。

在北美洲、歐洲，或世界其他地方的現代住宅又是什麼情形呢？不像拉波波特描述的文化或年代，我們很少有人是自己動手建造自己的房子。相反的，我們是從建商或房地產經紀人提供給我們的物件中挑選房屋，而且我們對自己所居住的空間形狀可能只有很少的決定權。拉波波特發現的可笑之處是，和人類歷史上任何其他時間比起來，我們現在可使用的建築材料種類要比以前多出許多，經濟條件限制也比較少，但是我們現在的住處空間配置變化性卻更少。造成這種現象的一個原因，當然是來自建築方式的巨大轉變，我們從大多數由自己建造房屋的時代，轉到大多數住宅由專家設計和建造的時代，他們比較擔心的是他們的盈虧，而不是我們居家的舒適和享受。拉波波特發現另一個原因是，在住家建築上，高階文化限制條件的重要性縮小。只有少數人會極度擔心房子的方位如何與神聖空間配合（雖然我們可能會為了花園的關係，要求面向南方以增加日照），但與主臥室裡的床與洗手間的相對位置比起來，現在我們更關心的是有多少間浴室。

除了文化和經濟考量，設計師的注意力也從建造可居住的住宅轉移到技術的影響層面。我最近與一位對歷史有強烈興趣和看法的建築師羅伯特・培爾特（Robert Jan van Pelt）談話，他認為今天大多數的設計師和建築師著重的焦點，要不是非常大的設計——飛機場、博物館和市政廳——不然就是非常小的東西——開瓶器、檸檬榨汁機和椅子。大型、獨一無二的建築創作，像貝聿銘設計的羅浮宮金字塔，或法蘭克・蓋瑞（Frank Gehry）設計的巴爾博亞古根漢博物館（Guggenheim Museum Balboa），可以成為一座永久的實體紀念碑，供人談論其建築理念，無止境地拍照留影，並且自遠處就能看見全部景觀。小型的家居物品，有時候會被視為一座大建築物般細心雕琢精心製作，但是多數可以使用現代方法複製大量生產。這不僅是因為有利可圖，而且以不同的途徑讓設計師的想法可以深入人心，提高能見度，並且影響我們的大部分行為。

我們居住的一般住宅缺乏大型飯店或辦公大樓的魅力，以及廚房用具的凌亂，對設計者來說較不具吸引力，因此對一般生活當中的消費者來說，可挑選的種類也較少。

儘管在住宅發展千篇一律的僵化同一性當中，我們仍然有可能找出某些模式，可以和現代文化、說不定還有心理學產生關聯，但是我們必須仔細檢視才看得出來。房屋室內空間設計最重要的功能之一，不只是在規範家庭成員之間的接觸，也規範空間內的居民和外界人士之間的接觸。前面討論過四合院的功能，我們已經看出院子把外界人士隔離在門之外，同時也考慮到家庭階層社交混合的規範。北京著名的胡同與其鄰近區域是另一個著名的例子，一些壯觀的四合院仍然保持完整。對街道上的過路人來說，這些院子從外表看起來無疑是一堵平淡的磚牆，加上一扇不起眼的大門。不過，在院子裡，可能包含美麗的景觀和複雜的建築形式，對大家庭的成員來說各有其特殊功能。

在北美建築裡，從公眾空間到私人空間的轉換可以看出有趣的文化差異。雖然現在與二十年前相比，這些差異比較沒那麼明顯，基本上郊區房子的前院仍然向內退縮，在房子與街道之間隔著沒有籬笆的草坪。這種建築樣式在房子的前面建立起半私密的空間。但是在另一方面，英國和澳洲市郊的情形就有差別，一道欄柵清楚劃分前院花園和道路，外人可以明顯區別私人空間和公眾空間。雖然這些欄柵可能低得僅止於象徵性的意涵，但是它們所代表的意思仍然是清楚的。

在北美的房子裡面，我們也能看到文化變遷的證據。例如，在北美洲，傳統的房子規劃仍然經常包括一間正式的餐廳，即使這個房間（通常是位在廚房旁邊的空間）居於顯要的位置，但卻很少使用。我認識的人當中，很少有人有正式的餐廳，而且他們也不常使用，除非他們的廚房缺乏座位空間。很多人把這樣的空間轉化成其他用途，但是由於這些房間是爲了坐下用餐而設計的，它們並不見得適合其他用途。我房子裡閱讀扶手椅的位置就是一個好例子，扶手椅放置的空間最初的設計原是一間餐廳，扶手椅放在這裡看起來，並沒有像放在一間明確設計爲舒適和完善的閱讀室裡來得有用。

在過去的時代裡，住宅建築最重要的要素之一是門廳。就如溫妮弗雷德·加拉格爾在《房屋思維》一書裡指出，入口的主要功能是處理從外面世界到房子內部空間的轉變。有鑑於此，我們可以把門廳視爲一種舞台表演的起點，一齣戲劇的開場，布幕打開就揭示房屋主人詳細的內在生活。過去宏偉的房子包括炫目的華麗前廳，透露出隱藏在後面的房子特色。在現代住宅裡，門廳通常被設計爲比較非正式的空間，經常是在門旁放置外套的衣櫥。最糟的情況（像我現在擁有的房子），門廳可能完全消失。

簡單、非正式門廳的一個例外是所謂的高檔行政設計（upscale executive designs），可以在市郊某些宏偉的設計裡看見。在這樣的房屋裡面，入口門廳可以由多層空間組成，具有完整的俯視陽台和豪華的懸掛吊燈。就如加拉格爾所指出的，這樣的入口通道可能造成訪客心理負擔，當他們走過前門時，會憂慮地急忙抬頭，彷彿發現自己身在礦區的底部。諷刺的是，這樣宏偉的門廳很少使用，這些房子的主人多數都是直接駕車進入附屬的車庫，然後由簡樸的後門進入洗衣房或泥房（mud room）。門廳的主要作用往往是作爲房子給人的重要的第一印象，讓潛在購買者有強烈的購買意願，至於對屋主或者訪客，就沒有任何正面的意義。

這樣的門廳有一種很可能的影響，就是增加外在世界和內部世界之間的隔離效果。就像一個氣閘一樣，保護我們的空間心靈，以防純樸的內部空間與廣大的外在世界互相滲透融合，門廳根據可以或者不可以看見的景象，利用預設的空間心靈切割世界。這個議題我們將留在後面的章節，討論空間認知對我們與自然界的關係有何影響時再來探索。幾乎可以肯定的是，隨著現代建築和設計的許多其他發明，現代的門廳已經幫助我們切斷與自然界的關係。如果我們想要在這顆星球上找到繼續生存的方法，我們就得想辦法撫平這道巨大的裂痕。

赫曼．慕特修斯和英國房子

到現在為止，我所討論的內容顯示我們屋內的空間大小、形狀和配置，會影響我們如何感覺和如何尋求舒適、獨處或與人交談的位置。建築師和設計師利用直覺經驗法，已經揭開了隱藏在這種行為之下的一些基本原則。

許多建築師試圖應用我們對人和空間之間相互作用的深刻理解，來設計更具功能性的居住空間，在這些建築師中克利斯托弗．亞歷山大或許是最知名的。亞歷山大是一位卓越的博學之士，他是獲得哈佛大學建築博士學位的第一人，在同一段時間，他又在哈佛大學和麻省理工學院研究計算機科學、運輸理論和認知科學（他的論文以《形式綜合論》〔*Notes on the Synthesis of Form*〕名稱出版，多年來已經是計算機科學系學生的必讀書籍）。⑨ 一九六三年亞歷山大加入加州大學柏克萊分校，之後就一直留在該校。

在一套四冊，頗具雄心的命名為《秩序的本質》（*The Nature of Order*）的叢書裡，亞歷山大認為每件事物從量子力學，到起居室，到宗教頓悟都有整體的連結（integral connections）。把這些事情連結在一起的，據他所說，是一組他描述為中心（centers）的原則，它們很明顯是空間的，有助於「整體性」（wholeness）。根據亞歷山大的說法，這些規則掌控一切，從大規模的宇宙如何維持秩序，到起居室的大小與形狀如何達成平和與寧靜。⑩

根據我非常簡略的描述，你可能會認爲亞歷山大有點像是新時代的神祕主義者，但是這樣的印象是被嚴重誤導的。亞歷山大是在全然的實用層次上處理中心和整體的理念，例如他以一把做工考究的鑿刀的不同部分（它的刀身、刀柄和連接），來解釋這些部分如何有助於達成鑿刀整體精美簡單的功能性。幾乎在相同的時間裡，亞歷山大用類比的方式，說明走廊的長度和方位與其依附的安靜居住空間之間的連結，清楚解釋這兩個部分（兩個中心）如何貢獻於整體的機能調和。亞歷山大的主要目的，是要解釋空間幾何特性如何擁有「觸動人心的力量」。

雖然他討論的議題概括一切，不過他對空間影響感覺和移動的信念，與我們現在開始要討論的科學實驗非常一致。這類影響的基本原因潛伏在我們內心各部分的本質和組織裡，它們演化來與實際空間的問題相抗衡。亞歷山大可能沒有明確提及可視範圍分析，但似乎可以肯定的是，某些空間形狀影響行爲的方式，可以用我早先描述的相同分析方法解釋，並且，接著，由於我們的空間大腦的大小與形狀，這些分析在預測感覺和移動上運作得很好。

莎拉・蘇珊卡（Sarah Susanka）——一位成功的建築師和受歡迎的開創性書籍《房子不要買太大》（*The Not So Big House*）的作者，對北美地區目前把房屋面積和幸福畫上等號的趨勢，十分不以爲然。她花了超過二十年的時間，用建築、寫作和案例研究來支持一些與亞歷山大揭示的相同原則。蘇珊卡堅信，房子影響我們行爲的是它的品質，而不是它的量。我們如何被空間吸引和我們如何在自己的住處蓬勃發展，和房屋空間的配置及那些最後的修飾細節比較有關，例如凹室的設計、內置設備和光線品質，而與純粹的幾何馬力：需要多少皮尺才能測量我們的房地產的寬闊區域比較無關。亞歷山大以畢生的實踐和寫作工作設法傳播他的理念，蘇珊卡試圖在比較單純的層次落實相同的理念，讓更多人能夠了解形狀如何影響感覺。⑪

赫曼・慕特修斯（Hermann Muthesius）雖然不是家喻戶曉的人物，但建築系學生應該都知道這個名字。一八九六年，德國政府延攬慕特修斯為文化專員赴英國工作。業界不時謠傳慕特修斯的祕密角色是一名間諜（這似乎是眞的，因爲他個人是受德國皇帝派任，而他工作的一部分涵蓋詳細建立英國基礎建設檔案，包括鐵路和重工業）。然而他大部分的時間用在仔細觀察建築、家具和英國家庭的禮儀。他迅速把自己本地化，充分運用短暫的工作期間在英國四處旅行，研究英國生活的每一項細節，從午後訪客的習慣到浴缸旁肥皂盒子的擺放位置。這些努力的成果是三冊重要的著作《英國房子》（*The English House*），慕特修斯認爲，英國房子的設計和他們令人羨慕的成功生活方式之間，存在一個不可分割的連結。⑫

例如，慕特修斯對英國人不刻意炫耀的待客方式留下深刻印象。德國人一般的待客習慣是仔細安排呈現給訪客看的場景，他們會隱藏私人空間，凸顯最好、最大、最正式和令人印象深刻的房間和室內陳設。而英國人好像就是邀請訪客直接進入房子裡最私密的角落：

> 他們認爲親切是理所當然，因此對訪客沒有特別的安排。訪客被視爲家庭的一分子，就像其他家人一樣，可以依照他們的希望做或不做任何事……一切如常，訪客沒有尷尬的感覺——這最終迫使他離開——他擾亂了房子的慣常模式……眞正的禮貌在於沒有明顯的標示中

顯現。⑬

慕特修斯注意到，英國家庭成員和訪客之間沒有實體隔離，事實上是因爲空間已經經過巧妙安排。其中之一是，慕特修斯研究過，英國房屋的房間擁有他所謂的「非常好的牆面空間」。他的意思是，屋內典型的房間是從走廊進入，並且隔著一道門後，就幾乎與外界隔絕。門鉸鏈經過刻意處理，因此門總是往內打開，私人空間在他們的背後。這樣，當有人要進入房間時，在看到整個房間之前，最先看見的只是房間的一個極小裂縫。在門上安裝鉸鏈的這種模式，讓可視範圍以逐漸且井然有序的方式增加，就像慕特修斯所見的英國式生活。這種方法也讓房間裡面的任何人在訪客進入之前，得到充分的警訊，有時間可以預作準備。

慕特修斯對比他看見的英國房子在這方面的安排和同一時期的德國房子，發現德國房子的房間通常有一條門廊通往另一個房間，讓整個情況比較像是從一連串炫耀式的門廊進入生活空間，而不是一個可以讓客人與主人分享的舒適安靜的生活空間。更一般地來說，他認爲德國的居住空間是炫耀式、浪費，和僵化的設計，而英國建築相對地就比較放鬆、樸實，也較沒有誠意。

慕特修斯的那些論點十分有趣，因爲它們表明了我們設計空間的方式、這樣的空間與我們的心理結構互動的方式（例如，何種空間組織方式會製造或中斷親密關係），以及我們的文化之間存在著有趣的關係。房子空間的架構不但可以用來加強文化規範，也可以用來放大它們。慕特修斯在英國房屋組織裡看到的縮影，大多數是因爲英國經濟和社會在當時已經明顯的成功，而德國還是陷在困境之中。

就如我們已經看過的，在我們的年代裡，這樣的文化和空間的衝突可能在人類行爲上產生足夠的影響力，足以引起流血事件。穆罕默德・阿塔因爲西方建築理念出現在穆斯林街景上，而憤怒不已，最後以數千條無辜生命作爲報復。在我們之後的故事裡，當我們討論到城市空間時，我們將看見在建築空間組織以及那些他們生活中的文化價值之間的另一個正面衝突，所造成的一場大規模傷亡和破壞的例子。不過，在我們進入城市探險之前，我們必須先花一些時間討論比較大的工作和玩樂的室內空間。

8 工作空間

心靈地理如何影響我們工作和娛樂的習性

如果火車站是火車停靠的地方，那麼工作站是什麼呢？

——無名氏

聖彼得大教堂（St. Peter's Basilica）可以容納六萬人，不但是世界上最大的天主教教堂，也是一個凸顯羅馬天際線的地標。就如同艾菲爾鐵塔、大笨鐘（Big Ben），或里約熱內盧山頂的基督救世主雕像（Christ the Redeemer），聖彼得大教堂也爲不朽的城市留下了神聖的標識。

聖彼得大教堂的意義不只是一個地標而已，它是羅馬天主教教堂的象徵，教宗主持宗教活動的場所，也是知名的聖徒聖彼得（St. Peter）埋葬的地點。換句話說，這個宏偉的結構是全世界最重要的宗教建築，是一流的神聖空間。

我第一次參觀教堂是在七月豔陽下，在漫長的人龍中等待。在進入大門前，要接受梵蒂岡衛隊人員的檢查，確保沒有攜帶違禁品並穿戴合宜。不過這讓我們對於即將踏入世界建築奇蹟更感興奮。

我永遠不會忘記，一進入門廳，那一覽無遺的巨大空間帶給我無比的震撼。我感覺自己似乎快喘不過氣來，整個人愣了好一分鐘，而我的眼睛試圖理解這廣大的空間和如萬花筒般的紋理和色彩。當我終於可以繼續前進，我發現自己走得很慢，小心翼翼地，盡可能沿著建築物的兩邊行進，就好像一隻膽小的老鼠進了獅子窩。當我環顧四周，一股突如其來令人費解的感覺如鯁在喉，我注意到，其他遊客似乎也有同樣的感受，大多數人都顯得安靜和虔誠。他們小步行走，越過門檻，還有一個人，其實已經是雙腳跪地，在某種程度上，這些反應可能是由於這個地方具有神聖意義。大多數的遊客，甚至是夏季的觀光客，會了解到這個宏偉的結構代表了現代羅馬天主教的精神中心。不僅如此，這個地方還陳設了數量驚人的珍貴文物、聖物，和迷人的宗教藝術作品。有人也許會認爲單就這一點，就足以令人感動得兩腿發軟了呢！

不過，除了令人驚嘆的景致，我認爲教堂和大聖堂裡令人印象深刻的巨大空間，是刻意設計來影響我們的感覺、我們的情緒，甚至我們的行動模式。這種空間影響可能讓我們特別喜愛簡樸寓所裡的一張椅子。在擺設不同的空間裡，同樣的空間影響也可能被放大到讓人彷彿被大錘敲擊一般。這充分證明教堂屋頂下的神聖布置可以產生很強的戲劇效果，同樣的原則運用在我們日常生活中比較平凡的空間裡，也能產生很大的作用。

我們的辦公室、購物商場、政府大樓和賭場都有一些設計元素，用來掌控我們的動線、停留和歇腳處，以及我們一路上會有什麼感受。在最好的情況下，空間設計的原則可以增強建築物的功能。一棟設計良好的辦公大樓可以使我們更快樂地工作，一個設計巧妙的賭場可以刺激我們下更多的賭注。相反地，設計不良的空間對我們的目標將造成妨礙。容易讓人迷失方向的政府建築物，會讓我們產生挫折感，而機構建築物切斷我們與外部世界的聯繫，則會讓我們感到憤怒。在這一章中，我們將集中討論我所謂的工作空間（working spaces），在此我的本意是有點雙關的。雖然，我們將討論工作場所的空間設計，然而，我們比較關心的是，當我們身在大建築物裡面，空間是如何塑造我們的移動模式，並在我們身上產生「作用力」。

建築物中找路

當鮑勃・普羅普斯特（Bob Propst）於一九六五年發明行動辦公室（Action Office）概念時，無意中（後來令他震驚）帶動了工作空間組織的發展，將困在僵化蜂箱式隔間裡，不愉快和不健康的辦公室員工釋放出來。①

普羅普斯特發明的行動辦公室概念是一種模塊化的設計系統，其中的「隔板」（panels）可以配合功能，組合成許多類似砌塊的高功能性工作空間，用意在啓動辦公室設計的革命。普羅普斯特的目的，是爲了使工作空間的設計更符合一九六〇年代發生在工作世界中的革命性變化。一方面，工作人員必須處理需要複雜工作流程和通訊能力的大量資訊，這在以往是未曾見過的事。行動辦公室的設計是爲了促進這些辦公室環境的新需求，包括寬敞、舒適、美觀和符合人體工學。事實上，擁有十五億美元市場佔有率、全球最主要的辦公室家具和工作平台供應商赫曼米勒公司（Herman Miller Company），就是根據普羅普斯特的部分原始理念，持續提供行動辦公室版本的產品。

不過，一路走來，普羅普斯特的許多理念已經被破壞。行動辦公室的原意是要同時顧及個別工作人員和合作群組的需求，提供貼心整合的工作空間，但出現的卻是極糟的小隔間。由於市區房價昂貴，實質設計的考量變成以能容納最多員工爲重點，沒有充分考慮大量巢狀隔間的空間形狀，可能會影響行走、溝通或員工的一般心理狀態。與普羅普斯特行動辦公室概念相反，典型的小隔間把員工隔離在眾多相同的小工作空間中，高度分區化有力地切斷員工和同事之間的聯繫。

諷刺這類小隔間文化問題的創作也不少，從呆伯特（Dilbert）卡通到次文化電影《上班一條蟲》（*Office Space*）。這種形式的辦公室組織也帶來詞彙新意。「地鼠探望」（Gophering）一詞正如其字面上的意義——站起身來讓眼睛越過小隔間的牆面，以獲得更大視野的動作。在辦公室小隔間裡探頭眺望的行爲，就如同田鼠從地洞裡探頭出來看看有什麼事發生一般——當面臨像突發的巨響（同事或主管大聲說話）之類的某種威脅、不穩定性，或諸如不尋常的味道（希望是來自食物）等某些其他類型的刺激時，我們會渴望獲得比較多的資訊。雖然這聽起來有點滑稽，但如田鼠般起身探頭望，正是我們對有空間限制的環境的眞實反應。人們越過辦公室隔間牆往外張望，部分就是因爲辦公室的空間配置造成資訊不足。

那些不得不在小隔間工作的人可能會發現這樣的環境非常枯燥，而不需要在小隔間工作的人可能會覺得相當有趣，但重點是，我們在這種工作環境裡面的行爲反映出空間配置的重要性，空間配置不僅對我們的家重要，生活中更大的室內空間——我們工作、遊戲、受教育或娛樂的場所——也是如此。正如同選對了房屋可以讓我們有高興、貼心、興奮或有創造力的感覺，工作場所和其他更多的公共空間對我們的感覺和行爲，也會產生正、負面的重大影響。

當我們思考住宅的內部空間時，我們經常想到的是休息空間的影響。哪裡是最好的休息或思考的地方？我們要讓賓客坐在哪裡？在比較大的建築物裡面，如辦公室、學校、法院大樓、政府大樓和購物中心，我們可能會花比較多移動的時間，我們從一個位置移動到另一個位置的方式，可能會影響我們工作時的品質或效率。要了解實際空間的配置如何影響我們的活動，我們需要超越可視範圍，看看室內空間的外觀如何受活動影響。

研究人員感興趣的是空間的技術特性，以及這些特性如何因我們而改變，當我們移動時已定義新的測量法，而這些測量法與我們在上一章討論的可視範圍分析有關，其中的一個測量法是所謂的可見度圖（visibility graph）。如果要了解可見度圖的構造，就不能忘了可視範圍是從室內的單一位置，例如我家裡的大起居室／廚房，由開放和封閉的輪廓所界定，呈現出的所有看得見的位置。要界定從空間裡的單一點可以看到的所有區域，可視範圍是很好的方式，但是要了解空間形狀對移動的影響，我們就需要考慮可視範圍之間的聯繫。

我從一個房間走過時，我接收到的可視範圍也隨之變化。可見度圖利用可互見性（inter-visibility）概念，象徵性地代表了這些變化。如果一個人從空間中的某個位置可以看到另一個位置，那麼我們稱這兩個位置是可互見的。試想一個複雜的空間，例如一個不規則形狀的藝廊充滿了有次序的網格點，每個點代表一個潛在的觀察位置。在每個觀察位置，可以看到某些其他的觀察點，有些則無法看到。這個空間的可見度圖會顯示出所有的可互見點。這種類型的表示方法是很有趣的，因爲它顯示了我們走動時，我們的空間感知如何變化。就如可視範圍可以用來表徵從單一角度所看到的一個空間的大小和形狀，可見度圖可以用來做很多同類的事情，除此之外，它還反映出我們移動時空間外觀變化的方式。②

舉例來說，一個空間的「穩定性」是用來測量空間中不同地點，可互見點的數量如何變化的方法。一個沒有視覺阻礙、單調的長方形空間會是一個非常穩定的空間，例如現代郊區房屋裡面的一個大房間。一個有許多圍牆和凸出障礙，比較鋸齒形的空間安排，換言之就是尖形的空間，就比較不穩定。另一個得自可見度圖的空間測量，就是所謂的平均最短路徑長度。要計算這個長度，我們測量每一點到其他每一網格點的最短距離，然後計算它們的平均值。在很大程度上，這個平均值的大小取決於空間整體的形狀，以及在裡面移動時可能遇上的任何障礙，例如家裡的家具或工作空間裡的辦公桌。平均最短路徑長度的測量不同於可視範圍測量，因爲它不僅反映一個空間的形狀，也反映移動的可能性。在我的小房間裡，從隔牆外緣的後面可能可以看到窗戶，但如果我決定走到窗口，我就必須繞過另一排小房間。

如果可見度圖只不過是對空間有興趣的數學家的另一個很酷的玩具，那就不值得我們在這裡大費周章了，但是跡象顯示，這種有趣的圖形，和許多其他相關的空間分析工具，出人意料地可以準確預測我們如何穿過複雜的空間配置以及需要花費的時間。倫敦大學巴特利特規劃學院的空間語法實驗室（The Space Syntax Laboratory, Bartlett School of Planning at University College, London），已經以我所描述的圖形工具爲基礎，成功地預測人們如何移動穿越空間。③由於這個小組大部分的工作都關注在空間配置對較大城市環境的影響，我們將在下一章介紹城市空間時，再更廣泛地來討論，但是其中許多用來指導城市規劃的原則同樣適用於內部空間。

舉例來說，倫敦泰特美術館（Tate Gallery in London）已經運用可互見性分析和最短路徑長度值，成功地預測遊客在美術館裡聚集的地點。空間語法實驗室利用這些分析，建議館方如何有效安排展覽品，促進遊客流動和避免堵塞。這些分析最顯著的成功之處在於，即使空間內很少或沒有任何事物，分析結果仍然十分有效。空間分析可以根據原始的空間配置——它的形狀，而不是內容。

根據空間的形狀預測人們在此空間內的聚集地點，對規劃者來說會是一個有用的工具。畫廊老闆如果希望某一件特定的藝術作品能吸引最多參觀者的注意，就可以使用可見度圖，以確定最佳的擺放位置。購物商場的設計師可以規劃空間，從而操控人們行進到某些特定地點，並遠離其他地點。試圖設計有效工作空間的勞工委員會，可以利用對空間的基本了解，設計有助於同仁互動的空間，以促進特別的群體動態。有時候，這種策略可以是明確和明顯的，並且不需要任何數學測量。例如，大多數人都知道雜貨店爲了確保最大的客人流量，所採取的明顯的空間策略，例如把奶製品盡可能放在遠離入口處，讓原本只想快速買一瓶牛奶的顧客，需要行經很多原來不準備購買的貨品通道才能找到。在其他情況下，還可以使用更加微妙的方法。要更了解這些微妙之處，我們必須進一步分析空間的形狀。

預測我們將往哪裡去

除了預測人們在空間中如何移動和可能聚集的地方，空間形狀的數學分析還有助於了解我們在建築物內找路的能力。我們都知道，有些建築物在本質上似乎就比其他建築物更難辨認方向，但卻不是很清楚原因是什麼。

在我工作的安大略省滑鐵盧大學心理大樓，正如傳言所說，它的形狀設計大致類似於一個大腦。許多遊客或甚至長期在此的學生都抱怨說，因爲走廊缺乏可辨別的地標，他們很難找到自己要走的路。每個走廊的大小和形狀都相同，整個建築好像一個由相同的橙色辦公室和實驗室的門所組成的蜂巢。而造成我所在的建築物難以辨識方向的其他原因，應該與空間的連結方式有關。如果使用一種略微不同的技術就可以掌握空間之間的連結，這種技術就是空間語法。在空間語法分析中，我們嘗試使用簡單的圖形方法，描述不同區域的空間是如何互相連結的，就像在語言方面，我們可以使用語法去了解一個句子的結構。

首先，我們畫一張簡圖，其中每個房間縮小到一個點，然後用線條連接所有可以直接互通的點，得到一種「點－線條」示意圖。這些線條通常代表的是走廊，但是當兩個房間直接相鄰時，房間門口之間也可以線條代表。下面的示意圖是以我自家房子的一樓爲例。圖八顯示實際的房間布局，圖九則顯示縮小到點和線的平面圖。

如果我們以這種方式把空間形式化，再藉由計算諸如空間中任兩點之間的平均步驟次數（一個步驟是指從一個點跳到另一個連接點），我們就可以得到一些簡單的測量方法。圖八和圖九非常簡單，似乎不值得進行這些算術運算，但是對於較大建築物內更複雜的空間，這樣的分析可以揭露許多資訊。

可理解性（intelligibility）就是一種這樣的測量，這種測量的特色是，空間中任何一小部分的形狀可反映整個空間形狀的程度。我們可以把這種特性想像成整體建築空間的特徵和其中任何一

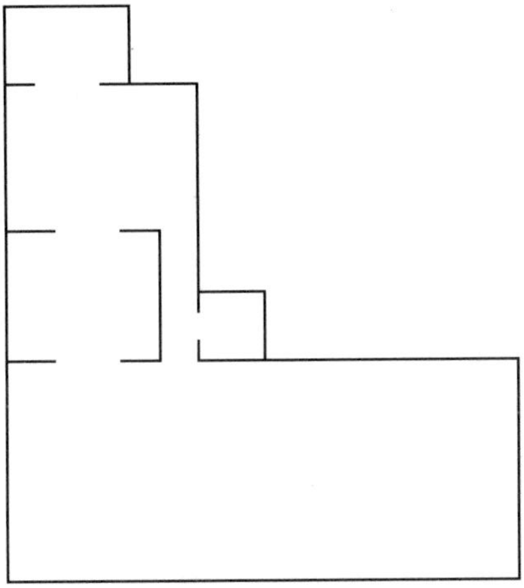

圖八：使用標準平面圖顯示我家一樓

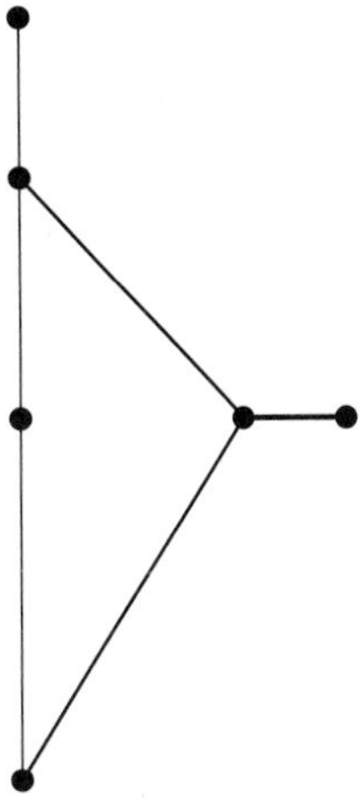

圖九：以空間語法分析顯示我家一樓

小部分空間的特徵之間的一種相關性。在可理解的建築物當中，一個人要從一個地方到另一個地方時，最常用到的走廊通常也是與其他許多走廊交會的地方。所以不難想像一個讓人摸不著頭緒的建築是：明明身在一個和許多其他走廊交會的走道，卻無法通往任何地方；或是身在一個和其他地方沒什麼連結的小區域，結果得要人帶領，才能到達建築物內的其他地方。一個有規則網格走廊的建築物也被認爲是讓人頭痛的，因爲所有的走廊看起來似乎都差不多。外觀都很類似，而且也與其他走廊互相連接。某些特定類型的空間迷宮，例如樹籬迷宮，往往就是要設計成讓人猜不透。如同可見度圖的情形，在這種形式意義上，可理解性不可思議之處在於，它和行爲有很好的關聯性。與可理解的空間相比，人們比較常在難以理解的空間裡迷路。

空間結構與人類心靈狀況

一開始似乎頗爲奇怪，這些簡單的空間示意圖把形狀和體積縮減到只用點和線條表示，卻能相當成功地預測我們在建築物內的行動。空間語法的成功與我們的頭腦處理空間和導航的方式有關，這一部分我們在本書的上半部已經討論過。一方面，許多類型的空間語法分析完全不考慮空間度量。房間和走廊的簡圖，一如圖八所示，完全不考慮房間的大小和走廊的長度，以點代表房間，線段代表走廊，但是仍然可以非常準確地預測人們如何探索空間以及如何確認自己的位置。這種公然無視大小和形狀的做法，應該會讓你聯想起一些芭芭拉·特沃斯基有關空間圖式化的調查結果。藉由研究參與者對一系列簡單的地理問題的回答結果，特沃斯基能夠證明，我們會把曲線拉直，幾何圖形簡化，並且用一系列簡單的點和線來概括複雜的空間。正如我們的思維，用一種無維度的拓樸結構來表示空間，正式的拓樸模型具有驚人的準確性，可以預測我們在空間裡的行動。

我們在找路時顯然不理會距離，不過和這相比更令人訝異的是，我們在建築物內的行爲可以用「代理」(agents)——根據少數幾項規則所設計而成的簡單的電腦代碼位元，其中最重要的依循準則就是「始終往最『開放』的方向移動」——進行高準確度的模擬。如果用一台電腦模擬接近眞正的建築布局，裡面縱使有幾個這樣的模擬代理失控，如電動遊戲裡的小精靈(Pac-Men)一樣，只依照一些簡單的規則吧噠吧噠地使勁吃掉走廊，這些代理會出現問題的地方，也正是我們在實際建築物內會迷路和花最多時間的地方。④這個發現牽起一條線，直接從內建空間語法的點—線條表示方式，中間穿過我們對空間可視範圍的大小和形狀快速識別的能力，一直連結到我們專門的腦，也就是極度傾向於視覺和布局、景觀和視野，可是一旦要理解看得到和看不到的區域之間的關聯時，就不太靈光的腦。

除了形式上的可理解度之外，一個建築物是否容易找路也受其他因素影響。從找路的角度來看，其中最複雜的建築設計之一，是包含以斜角相交的側廳或走廊的建築物。請記住，由於我們的心智一直都在尋找簡化空間思維模型的方法，我們傾向將不同區域對齊、曲線拉直，和鋸齒狀邊緣整平。

如果你從我工作的大腦形狀建築往下看，你會看到一圈由辦公室和實驗室組成的一個類似甜甜圈的結構，圍繞著中央庭院。除了建築物較大的象徵作用之外，在某些方面，這是一個可愛的建築構想。一方面，它盡量讓每個辦公室都有窗戶，幫助大樓住戶與外界聯結。不過，對於找路的人來說，內部走廊確實形成一些難以摸索的曲線。當我第一次進駐時，慢慢學會了如何從我的辦公室走到周圍環圈上任何地點，但是在我的空間心智上，主中央走廊好像是由一條直線構成，而不是繞行建築物的環狀走廊。使用一個簡單、以路徑為基礎的策略，我學到從我辦公室的門出去，有些地方需要左轉，有些則需要右轉（雖然事實上因為走廊是一個環形，任何一個方向最終都可以讓我到達任何目的地）。有一次，我跟同事從我的辦公室到他的實驗室，但是當他走出門時，卻轉「錯」了方向。我叫住糾正他，他回頭看了看我，眼神一閃眉毛一拱，示意我跟著他走。當我來到他的實驗室時，因為違背我的路徑習慣，感覺什麼都不對勁。我有點迷失方向，好像是穿過時空結構中一個特殊的蟲洞來到他的實驗室。

雖然許多建築師都知道要在建築物內順利找路的基本原則，但是這些原則有時候必須退居其他建築考量之後，例如經濟或甚至美學的議題。許多城市尋求建築師來設計特色鮮明的建築，以創造可供辨識的地標，甚至吸引好奇的遊客，當此之際，設計人們不易迷失方向的實用建築就變成一個次要的考慮因素。事實上，近年來一些最引人注目的建築創作充滿了蜿蜒的官能性曲線或大角度的傾斜，以及透明的形式，儘管他們對城市風光做出獨特的貢獻，但是卻沒有易於找路的特質。在這種情況下，設立精心設計的標誌和輔助圖形，例如「現在位置」（you are here）的地圖等補救措施，往往有助於引導住戶找路。這些種類的地標和空間支柱，可以有效地彌補空間配置設計不當所造成的心理缺陷，而且有一些公司專精於爲建築物建立這種導航支援系統，特別是在衛生醫療部門，病人或訪客在此發生迷路的情況，可能造成壓力或甚至危及生命安全。

了解空間認知如何影響我們的行動和我們的休息地點，常常可用來進行社會控制。在商業大樓可以看到很多使用這種空間設計原則的例子，如超級市場、百貨公司和購物商場。⑤在百貨公司裡，不同的部門可以布置成猶如上演一齣故事的舞台，讓購物者有當主角的感受。化妝品被細心地放在珠寶、女用皮包之類的裝飾品附近。男士運動服區則很知趣地遠離婦女參加豪華派對時所穿的細小的黑色禮服區。

美食廣場的位置和設計也經過精心規劃，企圖制約顧客的行爲。不同於百貨公司，商場業主希望客人能帶著錢包盡量久留，美食廣場的設計則是希望客人吃完就走，不要佔位子。這些地區通常是非常開放的。有牆壁包圍，提供庇護，避免在座位區外安排寬敞的環繞走道，以吸引人們前往服務櫃台。美食廣場燈火通明，而且往往有天窗和高天花板。桌椅經過特別安排，不鼓勵兩人以上的團體聚餐。這種效果，很像是試圖在市郊豪宅內裝飾過頭的門廳中間吃午餐一樣，經由巧妙的設計讓人們付錢、狼吞虎嚥之後，再回頭繼續投身購物戰場。⑥或許一個更恰當的比喻是想像原始智人爲了一頓不錯的午餐，在廣大開放的草原中間坐下來。他無疑冒了自己**變成**午餐的風險，而不是**吃**午餐，因此不大可能爲了甜點而逗留。

藉由巧妙操控空間，可以迫使購物者離開美食廣場，而進入高檔的珠寶區，但在其他場合，明確運用空間的大小和形狀來對我們的行爲發揮社會約制的方式，則更爲極端。在拉斯維加斯或蒙地卡羅巨大的賭博宮殿，精明的設計師了解每一個走廊、擲骰子台，或吃角子老虎機的位置，都可以影響賭場的收入金額。

目前，要如何讓旅客更快地把藏在錢包裡的錢掏出來，對此賭場內部空間組織方式有兩種主要的理論。賭場長期顧問比爾・弗里德曼（Bill Friedman）進行了一系列具有影響力的研究，強調讓賭場收益最大化的最好方法，是讓遊客的注意力集中在賭博設備上面，特別是吃角子老虎。爲了強化這種聚光焦點，弗里德曼建議使用低天花板，狹窄通道，以及狹小的空間，讓遊客被各方閃爍的燈光和吃角子老虎機的響聲所圍繞。此外，弗里德曼建議採用明顯違反方便找路規則的空間設計——在這個情況下，令人費解的空間可視爲企業的資產。一般來說，弗里德曼的哲學似乎是極盡所能地設法迫使遊客花更多的時間在賭博機器上，並且盡可能讓他們難以離開建築物。⑦因爲我們已經了解人們使用空間的方式，所以這種方法可能有助於掏空賭客的口袋，也就不足爲奇，但它並不一定是度過一個下午、晚上或週末最愉快的方式。

另一個以遊樂場概念爲基礎的賭場設計模式，是由大衛・克雷恩司（David Kranes）所倡導。弗里德曼的方法彷彿是爲了讓旅客落入陷阱，就像蜘蛛引誘蒼蠅進入蜘蛛網，不同於弗里德曼的方法，克雷恩司的設計理念是，賭場不應該只是人們來找樂子的地方，還應該是他們希望一次又一次再回來的場所。克雷恩司認爲，除了所有的賭博工具之外，賭場應該呈現大型、拱形空間，擁有美麗的紋理和物件。撇開令人興奮的遊戲和其所涉及的風險，我們應該感到處在一個誘人、讓人容易理解、甚至可以恢復元氣的空間。就如克雷恩司所說：「賭博是一種奇特的活動。我們想要放鬆——同時我們也想要熱血沸騰……我們既要完全**掌控**又想完全**失控**——沒有矛盾。」⑧

那麼，科學家對賭場空間不同的社會控制手段有什麼說法呢？在這方面最好的研究工作是由卡倫・芬萊（Karen Finlay）在圭爾夫大學（University of Guelph）的研究小組所進行的。這個小組由安大略省問題賭博研究中心（Ontario Problem Gambling Research Centre）所支持，其中一個主要目標，是要了解情境效應如何促使一些人在賭場上的花費超過他們能夠負擔的金額。難道賭博空間的形狀會鼓動我們放棄下個月的房屋貸款嗎？芬利的研究工作證明，確是如此。他們將自願參與者放到虛擬實物模型的部分賭場，甚至只展示賭場內部的照片或錄影帶，芬利試圖藉此複製實際的賭博情境。她和她的團隊針對這些材料對觀眾進行心理測試，評估他們的感受、情緒、興奮程度或恢復意識。芬利的研究顯示，來自克雷恩司或弗里德曼所創造的賭場設計有明顯不同的影響。但她也發現，有證據顯示，對某些個性類型的人，情境環境可能會使他們的賭博行爲更傾向於超出其極限。具體來說，遊樂場式的賭場似乎比較有可能激起風險性的賭博行爲，尤其是對那些在一般情況下情緒比較難以被挑動的人。⑨

芬利及其同事這類的研究結果顯示，空間安排對我們行爲的影響，有時可能會強烈到使我們從事危害自己和家人生命的活動。有鑑於此類問題賭博所產生的巨大社會成本，這些議題值得我們密切關注。

讓工作空間起作用

除了花時間在大型建築物中購物、娛樂，或者與政府人員互動之外，大多數人是因爲我們的職業關係，才會花許多時間在這種大型的室內空間裡面。影響工作人員的行爲、生產力和工作滿意度的空間設計和配置方式，有很多是迷人且複雜的。

在基本層面上，空間組織可以用來控制接觸和規範工作空間內的隱私。許多辦公大樓可以找到這麼一個簡單的例子，一位主管人員在權力階層中的等級與其空間位置有關。幾乎從定義看來就知道，接待員放在對建築物不熟的訪客很容易發現的位置，只有這樣安排才是有用的。主管人員可能希望他的辦公室位在不容易接觸、與其他空間整合度較低的角落。許多衛生醫療設施，如醫院、療養院和長期照護場所，可以看到利用空間來管制隱私更爲微妙的例子。公共空間和專供工作人員使用的空間可以用明確的標誌和上鎖的門來區別，但是也可能使用點—線條空間分析或電腦模擬代理的方式，來設計人們通過建築物的路徑。建築物可以被設計成減少混亂，阻止公共訪客和工作人員接觸，以及保持訪客有秩序地在場內流動通過。想想你上一次拜訪醫院的情景，這類建築物充滿了豐富的區域組合，有許多公眾可以進入的區域，也有許多禁止進入的區塊，例如檢驗室、手術房、醫生休息室和辦公室。雖然有時候敏感地區是利用鎖和鑰匙（或代碼和觸控板）將訪客隔離，令人驚訝的是，通常這些私人領域沒有上鎖而基本上也不會受到干擾。不過通常這並不是偶然的，而是空間經過精心設計的結果。

撇開隱私不談，巧妙的（或科學的）工作空間設計可以促進理想的工作流程模式，加強特定群組雇員之間的接觸，或套句現代設計師的行話，鼓勵建立自發性的「第三空間」（thirdspaces），那些人們偶爾聚在一起討論昨天晚上電視節目，以及最好還可以交流意見的空間，像是「飲水機」。

經濟考量永遠是工作空間設計的一個重要決定因素。當辦公室設置在寸土寸金的昂貴市區地段，在一個小型的空間裡盡可能塞入更多的辦公桌已成趨勢。在傳統的小隔間安排裡，工作人員有時候被安排在類似曼哈頓街區一樣的格子裡，排成直線，走廊狹窄，基本上像一個冷漠的幾何網格。雖然，這可能會讓辦公室空間的人口密度達到最高，並可能有助於減少工作人員之間的距離（這似乎是一種磁帶效益），但是將導致空間的低可理解度。在這樣的環境中，員工不僅覺得這個地方沒有意義（空間形狀若無法表示意義，新員工將很容易迷失，在學會工作流程如何在辦公室組成方面，也可能會有罕見的困難），也可能會妨礙意見和資訊應有的交流。

如今，這種典型的蜂巢式小隔間受歡迎的程度正在消退，先進的公司，特別是西方世界日益增加的知識產業，正努力尋求最可能保留員工的方法。基本的小隔間設計仍然經常作爲主體，但是隔牆以何種方式鼓勵或阻礙互動性，以及小隔間安排對工作流程管理的影響，已經受到比以往更多的關注。然而，要了解如何利用空間來提高生產力、經濟和工作滿意度，仍需要更多的努力。

一些辦公室試圖走向完全開放的設計，員工沒有專屬的工作空間，但他們可以使用開放式的桌椅和行動科技來組織他們自己的空間，可能還有一些圍起來的專用區域，提供需要隱私的小型面對面會議使用。雖然這種開放規劃可能非常適合某些類型的活動，尤其是非常小的公司，但它不太可能符合規模較大的機構的需求，除非這些機構可以在很大程度上依賴行動通信，並願意鼓勵遠程辦公（telecommuting）。思科系統公司（Cisco Systems）和惠普公司（Hewlett-Packard）已經採取這種工作空間規劃，鼓勵員工盡可能在家（或星巴克）工作，當需要他們現身辦公室時，就只要到建築物內任何需要他們的地方。根據這些公司報告，他們已經認知到，無論是工作人員的互動還是經濟利益，其效率都是來自規模較小的辦公室平台。⑩

不過，開放、無疆域的辦公室規劃不一定是小隔間設計通用的解藥。這種設計有個眾所周知的失敗案例，就是辦公室設在洛杉磯和紐約的佳德（Chiat-Day）廣告公司。爲了增進協同合作，佳德廣告公司取消專用工作空間，鼓勵員工自由走動，並根據自己的任務性質利用不同的空間。這項全新安排實施之後，達成了一個既定目標，員工確實反映能夠增進工作同仁之間的溝通，但是他們也抱怨缺乏隱私、注意力難以集中，並且因爲不容易找到特定的人，而造成時間損失。最後，佳德廣告公司回復到比較傳統的設計。⑪行動科技過去十年來的發展，提供無疆域辦公室設計更好的支援，因此無疆域辦公室可能將更爲有效益，但是目前還不清楚這種新科技是否能夠減少我們天生對面對面互動的偏好。

較大的公司要採用這種自由流動的空間系統比較不可能，而半開放的規劃，其中勞動力分爲較小的單位，每個單位使用一個開放的工作空間，可以讓工作人員在組織內產生強烈的地方歸屬滿足感，但前提是空間必須先經過深思熟慮的規劃。一方面，空間的安排也應便利不相關的工作單位成員之間隨時的聯繫。許多大公司員工都有一個共同經驗，最具創新性和令人興奮的想法，可能是職能不太相關的工作單位成員偶然會面時激發出來的。利用空間語法來產生良好的社交或第三空間，或甚至多個工作單位共享繁忙走廊，可以規範員工在這種寶貴的公共交流區域所花的時間。大多數社交互動的情況不會發生在設計好的會面區域，例如咖啡室或休息區，除非這些場所是在整合良好的路徑上面。就如朱迪思·黑爾瓦根（Judith Heerwagen）和她的同事在一次審查實際空間和辦公室工作之間的關係時所說的：「路途似乎比目的地重要。」⑫

在一個辦公室環境裡面，即使是單純的鄰近也可以對我們的互動模式產生重大影響。在一項研究中，一個大型組織有兩個相距六十公里的實驗室，研究人員檢視同仁之間的互動與工作位置之間的關係。所有的互動幾乎都是發生在同一樓層的同事之間，這並不足爲奇。不過令人吃驚的是，不同樓層的同事之間的互動頻率，竟然和分開的兩個實驗室的同事之間不相上下。⑬早期在該領域的研究中的一個經驗法則顯示，相隔距離大於三十公尺的辦公室之間，幾乎從未發生自發性的會面。如果辦公室環境包含了許多複雜和不可理解的路線，那麼連如此小區域的互動性都會更加縮減。⑭

工作空間的組織可以提高生產力和滿足感，還有一個令人信服的研究案例，就是意念形式（ThoughtForm）創意公司重新設計辦公室的影響。位於匹茲堡的意念形式創意設計公司已經從一個大樓搬遷到另一個大樓，它的業務範圍涉及設計、溝通和行銷。圖十和圖十一顯示了舊辦公室和新辦公室的布局，展現了它們之間的一些顯著分歧。特別是，舊的辦公室幾乎完全由小隔間

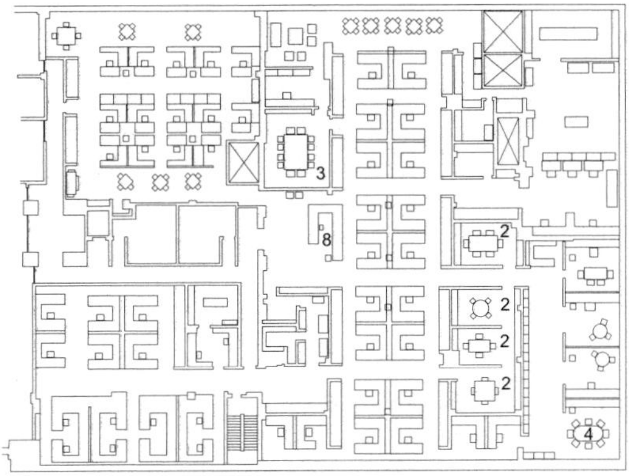

圖十：原始辦公室布局

1.主要廣場
2.專題研習室
3.大會議室
4.會議室
5.研討室
6.圖書館／休息室
7.儲藏室／集線器
8.接待室

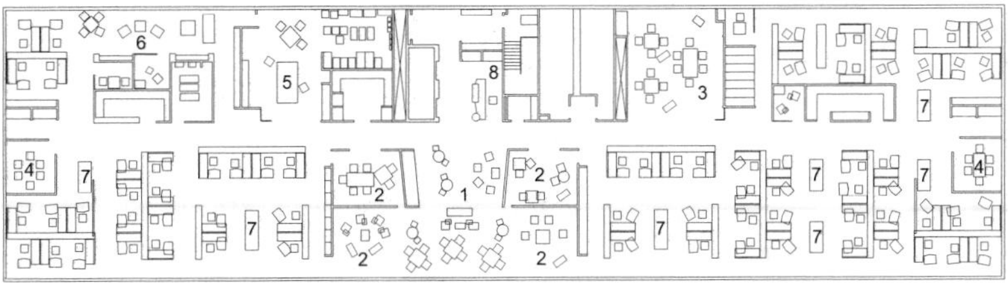

圖十一：重新設計的辦公室布局

組成，工作人員聲稱有時候會有「幽閉恐懼症」(claustrophobic)的感覺，而且明顯的缺乏悠閒的第三空間，對一家產品涉及創新內容的公司來說，擁有一個不在規劃內的社交互動空間特別重要。實際上，明確設計給小組開會使用的空間顯然只有正式的研討室和會議室，而這兩個空間都遠離主要的工作區域。

相較之下，新的設計有一條很長的中央走廊或「主街」(main street)，不僅增進整個辦公室空間的可理解性，也增加了在走廊上不期而遇的可能性。而且，「主要廣場」(main square) 位於整個布局的中心位置和接待室的正對面，被設計爲一個明確的第三空間，可使用於休息時間、PowerPoint簡報的任何事情上。⑮

意念形式創意公司的員工發現，新的辦公室設計提供比較多的隱私和社交互動的機會，而且沒有任何先前環境的幽閉感覺（新的辦公室比舊的辦公室還小兩千平方英尺，這一點尤其顯著）。

雖然知識產業的生產力難以衡量，尤其是那些具有高創造性成分的公司，但是有明顯跡象顯示，新辦公室的設計增進了該公司的功能性。計費工時紀錄顯示，自從公司遷入新居後，特定層面的計劃項目在比較短的時間內完成，這證明透過提高社交互動的機會和工作人員的滿意度，新的辦公室設計提高了公司的生產力。

朱迪思．黑爾瓦根呼籲，對於捨棄小隔間設計，完全採用開放或半開放式設計的一般趨勢應該有所限制。她認爲，我們面臨的挑戰是，需要在協同合作和安靜的私人工作空間之間取得適當的平衡。雖然許多研究發現，從增加互動而來的效益逐漸增加，但是個人工作品質很可能因爲開放式環境中的噪音和干擾而下降。黑爾瓦根建議可以製造她所謂的「認知繭」（cognitive cocoon），把員工工作所需的工具環繞在他們四周，但是不會阻斷他們與周圍環境的聯結。

如何在隱私和互動之間取得平衡，還必須把組織所生產的具體產品納入考量。如果要使實際空間適當地配合公司的需要，還必須審愼考慮個人角色以及時間掌握工作過程中相對於群組的互動關係。

公司爲了其他目的，而改造原始的空間設計，往往得到最有趣和最有效的工作空間規劃，原因爲何並不是很淸楚。其中一個原因可能是在傳統的辦公大樓中，每一樓層都使用標準化的平台，限制了人們思考如何才是最好的組織空間和工作流程。改造空間可能比較需要深入思考，如何增加原本是爲了其他目的而設計的房間大小和形狀，而且解決這種問題的結果，還很可能是一個具有創意和令人滿意的工作空間設計。這樣的改造範例中，我所看過最成功的例子，是搬進一家舊紡織廠的滑鐵盧大學的建築學院（School of Architecture）。因爲工廠是在室內照明還不普遍的時代建造的，而紡織作業需要的是光線與色彩，因此原有的建築設計有巨大的窗戶和天窗。建築學院利用了這些特點，重新使用現代材料裝修，並改裝原來用來移動大量紡織品的廣闊走廊，創造了一個充滿活力、令人興奮、多效能、又兼具動態的工作和學習第三空間。

無論大小、位置或目標爲何，任何工作組織都需要有某種形式的實際工作空間，而這個空間的安排方式會影響員工的工作態度、互動和感覺。這種空間對行爲的影響和我們在住宅內的行爲是依循相同的原則，而這些原則又是源於我們與實際空間連結的心理性質。從本質上講，我們是有些奇怪的生物，我們把空間拆解成簡單的拓樸結構，爲了了解我們身處何處，我們常常跟自己說些故事，或讓自己融入更大的故事中。對螞蟻、蝴蝶或蜜蜂來說，這些可能都沒有多大意義，但它是一套由我們獨特的大腦所產生的系統，從我們到哪裡尋求安慰和庇護，到我們如何賺取工資收入，都是其影響範圍。

無論是郊區的單一家庭住宅，還是大型城市中心的龐大建築遺址，建築物是不會孤立存在的。它們是結構的集合體，產生更大的街道、鄰里或城市的建築環境。在某些方面，我們在這些較大的領域裡如何行爲所依循的原則，只不過是我們在建構空間和心靈結構的介面間所運用的那套原則的放大版。在其他方面，更大範圍的街道和城市讓我們對空間產生一套全新的想法。

9 城市空間

了解（或不了解）所在場所如何影響著我們的都市生活

人們需要空間、光和秩序，
就像需要食物和居所一樣。

——勒．柯比意（Le Corbusier）

二〇〇五年秋天，巴黎郊區克利希蘇布瓦鎮（Clichy-sous-Bois），兩名北非裔青少年齊亞德·本納（Zyed Benna）和布納·特拉奧雷（Bouna Traore）藏身在變電所裡，他們當時正在躲警察。但其實這兩名青少年並沒犯什麼錯，他們只是在和朋友踢足球時，看見巡邏車停在馬路對面，想到警察可能扣留他們、要求搜身和出示證件，還可能要被拘留在警察局好幾個小時，所以他們逃跑了。爲了躲警察，布納和齊亞德帶著一名朋友擠在一個大變電箱後面。但是布納和齊亞德誤觸裸露的電線，雙雙觸電身亡。

這則新聞在巴黎傳開，警察擾民的謠言也不脛而走。很快地，愈來愈多的年輕人和巴黎郊區的貧民走上街頭抗爭。他們來自巴黎郊區，這裡蓋滿了單調的水泥磚塊建築，居民絕大多數是經濟不佳的法國少數民族——大都是北非穆斯林（North African Muslims）和吉普賽人。抗爭後三星期，暴民破壞建築物，燒毀超過八千輛車，結果近三千人被捕。這場抗爭的損失超過兩億歐元。

這場抗爭怒火受激於新聞報導，法國強硬派內政部長尼可拉・薩爾科齊（Nicolas Sarkozy），他提出解決問題的方法，是把「外國人」（foreigners）從問題街道驅離。由於移民第一代典型的經濟困境，加上警察的歧視，以及法國右派政府某些部門對少數民族系統化的欺壓，很容易想像，爲何這些人對兩名青少年的死亡反應如此劇烈。然而有一點大家比較沒注意，就是參與暴力民眾的居住環境——建築物甚至社區（neighborhoods）如何塑造群體或個人行爲。

動亂期間，克利希蘇布瓦鎮被近三萬人佔領，其中有些是全法國最貧窮的階層。這塊區域不但因缺乏大眾運輸而與巴黎其他地區隔絕，而且街道上充滿著又高又長的混凝土建築。十分缺乏街道交叉口，影響行人在街上的動線，也讓人缺乏隱私或歸屬感。法國郊區的街道結構，迥異於大多數這些居民來自的傳統穆斯林國家的城市。在穆斯林市中心，房子正面遠離公共道路，還有優雅的庭園造景。穆斯林建築強調隱私與家庭長幼輩分，還會清楚劃分公共區域和私人區域。

在令人動容的照片影像中，尼科・歐維德（Nico Oved）的攝影展「邊緣生活」（L'Habitat marginalisé），描繪出暴民和他們家庭生活周遭環繞的灰暗混凝土牆有多麼地漫長。歐維德指出，街道的形狀和外觀可能是造成街頭戰火的原因。①二十世紀中期，法國知名建築設計師勒・柯比意推動了一場建築和城市設計的改革運動，可是結果卻造成很大的傷害；而這些郊區便是這場運動的餘害。②

柯比意以爲城市必須在狹小的土地上容納大批的民眾，在這樣的想法誤導下，他想出來的解決方法是把住宅當作機器。避開建築修飾原則，依人體大小和形狀以數學原則計算需要的空間，最後柯比意構思出大群蜂巢式的摩天樓。裡面的居住單位容量雖大，但卻極爲單調。這些居住空間架在梁柱上，底下保留不受干擾的牧場綠地空間；摩天樓之間有大型快速道路，能快速和不費力地將居民很快從都市一端送到另外一端。柯比意的想法源於一九二〇年代，當時汽車才剛要蓬勃發展，柯比意從中看出都市發展的主要問題之一——人的移動。爲了在大都市裡有效提供動態整合，居民必須盡其可能接觸到城市的各項服務，所以一定要有辦法在都市中快速運送大批居民。然而眼光獨到的珍・雅各（Jane Jacobs）首先指出，問題在於若用汽車解決運送問題，柯比意計算出的空間便會不夠。③他心目中的摩天大樓下方的綠地空間，全都得變成無止境的灰色停車場。柯比意曾向巴黎行政單位愼重提出，政府應該拆毀巴黎大型社區，改建他設計的摩天樓，還好巴黎官方不是很想採用柯比意的提案，所以巴黎市民可免於劇烈改變。但柯比意還是影響了巴黎某些比較小型的地區，也影響了法國以外的很多國家。

都市建設應該避免的事情

近年來很多社區的失敗案例，都是因爲依柯比意的理念去做設計。雖然他的想法並未在巴黎充分落實，但北美的大型都市住宅計劃卻採用了柯比意的許多設計想法。這主要是因爲柯比意的設計是以汽車功能爲重，而且新大陸的城市都是在汽車發明後出現，所以有時北美的都市計劃過度傾向容納這種現代主義者、機械式的設計因素。然而歐洲都市已發展了幾百年或幾千年，以往的交通方式都是步行，最多也只是坐馬車，所以歐洲人比較免於這種以汽車爲中心、大刀闊斧的都市空間設計。

雖然現代主義者都市計劃失敗在過度依賴汽車，認爲汽車能夠解決城市規模問題，但更重要的是對都市居民心理的影響。都市空間很像建築內部空間，對我們的主要影響有兩方面。首先，空間的結構和外觀對我們如何感覺有直接和相當的效應；其次，城市空間的組織會影響我們移動的方式，要去哪裡，以及有多少人願意置身於都市方格之中櫛比鱗次的街道和公共空間。相較於前一章提過的建築物這種比較小的空間，都市最大的差別在於城市形狀會影響人的行爲，居民間的互動幾乎像是陌生人。了解住宅的設計怎樣強化家族之間長幼輩分的階級或性別關係是一回事，但理解都市設計怎樣影響每天在馬路上交會的數以千計、甚至幾百萬人（或可能畢生只這麼一次）之間的互動，可又是另外一檔事。

沒有人比珍・雅各更了解這個差別的重要性。雅各對都市規劃洞見深入，是個行動主義者。她同時也是位作家，花了許多心血批鬥想改造紐約市的現代主義者，後來雅各的想法深深影響了她現在居住的城市多倫多。雅各寫了一本劃時代的著作《偉大城市的誕生與衰亡》（*The Death and Life of Great American Cities*）——這本書自首次出版迄今已逾四十年，其中的描述仍歷歷如新。雅各在書中鄭重控訴現代主義者的都市規劃，但這本書最大的貢獻，是介紹了全世界幾個規劃良好的社區，這些社區適宜人居、安全、且生氣蓬勃。雅各的中心思想是她不斷強調的「人氣吸引人氣」（life attracts life）。都市要有活力，就必須要有能聚集人潮的公共空間。部分來說，公共空間，尤其是人行道，必須提供工作與休閒娛樂的機能，這也表示設計都市必須容納這些用途。人行道要蓋得夠寬，不只是讓行人通行，還能讓行人停留休息；街道間隔要夠小，鼓勵行人在街區巷道間過往。總而言之，這些設計都是爲了帶來人來人往的交通流量，雅各稱之爲「街上的眼睛」（eyes on the street），然而這些設計還能有更多益處。藉由讓部分目標重疊的陌生人聚在一起，鼓勵人們對公共空間產生分享的歸屬感。這樣一來，大家都會發現空間的價值，也會重視與他人接觸、互動等。因爲人與人之間有組織的網絡，讓大家彼此信任和了解，街上就能像家中一樣安全。

一些公共空間的失敗案例，更凸顯了分享空間的重要性。舉例來說，美國許多名聲不佳的公共住宅計劃是依現代主義者路線規劃，用低成本建設供應補助房屋給急需居住空間的人士，但是這些建案顯示出糟糕的空間安排會破壞社交網絡，讓居民的生活品質變得很差。建築師奧斯卡・紐曼（Oscar Newman）是社區設計分析學院（the Institute for Community Design Analysis）的校長，他任職到二〇〇四年去世爲止。紐曼曾在設計糟糕的建築中生活，那是在聖路易（St. Louis）的布魯特伊果（Pruitt-Igoe）公共住宅計劃。當地以類似柯比意的設計方案建造，摩天高樓建在綠草坪和樹木上方，但居住率從未超過百分之六十。走廊和樓梯間成了垃圾場，摩天樓下的綠地也成了「塞滿玻璃和垃圾的下水道」。④結果是，布魯特伊果公共住宅建成十年後就被廢棄了。

紐曼畢生都在努力復興這些建築計劃，防止類似的公共住宅或老舊社區變成貧民窟。最後紐曼發現，這種公共住宅設計失敗的關鍵是：居民無法擁有公共空間。紐曼提出的革新方案，包括將部分公共空間交到少數人手上，而不是所有的居民。他指出若空間是大家共有的，我們反而會覺得沒有公共空間，讓建造公共空間的理念無法實行。紐曼像雅各一樣了解眼睛的力量，若要維持空間安全，就需要大家的視線來保護空間。雅各相信若要街道上充滿「視線」，就要給人們走到街上的理由。紐曼用了不一樣的手段，他讓居民擁有公共空間，這樣居民就會感到自尊和所有權，而且會覺得自己應該照顧自家門檻外的公共空間。以上例子顯示出兩位的眞知灼見，不僅如此，心理學家已發現人們在認識空間幾何時，視野（views）和視界（vistas）影響很大。更重要的是他們了解到，我們人類傾向於從一組連結的視野來認識空間的一些方式，而不是平整的幾何格子。這些方式可以用來促進聚集、親密感和安全感。

感受都市

住在都市的人（就是幾乎我們全體）可能總會注意到安全和防衛的議題。大都市街上的聰明人都知道，即使在非常適合居住的城市，如紐約、墨爾本或多倫多，居民在街上的自由度有限。除非想惹上麻煩，我們不會在清晨四點逗留在市中心的小巷裡。但是雖然我們時時掛心安全問題，好的一面是，多數人決定要花時間待在哪裡不是受身體安全的掛慮左右，簡單的偏好對於我們的行動和決定方面，也扮演相當重要的角色。

克里斯卿・諾爾德（Christian Nold）是位科班出身的藝術家，他設計了一套美輪美奐的多媒體系統，用來展示人們對都市環境的地方偏好，他稱之爲生物地圖（bio-maps）。諾爾德在市中心舉辦展示會，邀請自願者戴著一組電子設備走在街上。這組電子設備主要有兩個裝置，全球衛星定位裝置（global positioning device）用來不斷記錄使用者的位置，另一台小機器用來偵測皮膚的觸電激勵反應（GSR, galvanic skin response）。GSR會在手指間放出低強度的直流電，再偵測電流的順暢度（這聽起來好像會弄痛人，但其實電流強度很小，不會有感覺）。長久以來，心理學實驗已顯示GSR讀數與情感激發（arousal）相關，原則就像使用在「測謊機」的波動掃描器。在某種程度上，像是我們把心臟裝在袖套上，或至少是手指上，讓GSR偵測我們對世界的感覺。

諾爾德的受測者戴著設備在都市裡走動，他們可以自己決定要去哪裡。受測者回來後，諾爾德從設備獲得他們全面的旅行紀錄，知道他們去過哪裡，也能看出他們走動和停留的時間次數，最令人感興趣的是，還能知道他們在路上的情緒變化。雖然諾爾德的生物地圖剛開始只是爲了表演，不是爲了科學目的，但他的研究成果有科學價值，可以說明人如何與都市空間互動。藉由谷歌地球（Google Earth）的都市衛星照片，生物地圖能用圖表表示我們如何感覺都市。通常受測者的情感激發狀態在有壓力的地區最高（例如人潮洶湧的十字路口），但若受測者看到喜歡的建築景觀、忙碌的市集，或有趣的商店，他的情感激發狀態也會變高；至於低情感激發狀態則會發生在開放的大型空間，或是在無趣的場所。其實我們都知道，在都市行動會讓情感激發狀態如此變化，而情感激發狀態變化會讓我們傾向走哪條路、去哪間商店等，但通常很難將這些情感激發狀態數值化，也極少人會嘗試這麼做。⑤ 環境心理學家常用的研究方法，是要受測者排出對景觀照片的喜好，再指出人對建築景觀、街道結構或地形的偏好。雖然這些研究發現有趣的結論，解析人對環境的認知，但很少有證據證明，我們在都市或景觀中的行動方式，跟對照片的評等有關。

住過都市的人都知道，不同區域會給人明顯不同的「感覺」（feel）。即使我們有明顯的目的地，還是會避免走過某些區域，這些區域可能讓人有壓力或不舒服（像是交通擁擠的街道，或是偏僻到危險的地方)，我們也會尋找令人舒適的區域（像是人來人往的行人廣場，都市公園的有趣小徑等）。其實都市有自己的個性。我發現多倫多是個誠摯的都市，就像小弟弟想做什麼事來證明自己長大了；溫哥華是個自由閃亮的濱海樂園，這座都市不想證明什麼，只想吸引人忘掉煩惱，在公園裡奔馳；紐約則有壯麗的天際線，每個角落都看得見令人屏息的建築地標，寬廣的街道上充滿計程車和行人，配著喇叭聲和嘈雜聲，讓整座都市就像纖細迷人的遠親，有著難以置信的柔順與精緻，但又有著堅定且溫暖的心，迎接每個人的到來。這些印象是怎麼來的？很難想像能用看圖片，解讀皮膚導電度，或掃描大腦來說明一切。

彼得·艾克洛德（Peter Ackroyd）寫了一部長篇作品《倫敦記》（*London: The Biography*），在書中他盡其可能地描寫這座大古城，在迷宮般的街道和小巷中尋找歷史。艾克洛德說：「歷史的篇章有如約翰·班揚（John Bunyan）的小鬧門」，承諾帶領我們「從狹窄小徑尋找都市經驗，尋找歷史中沒有，也難以被理性地分析的高度和深度」。艾克洛德實現他的承諾，寫了近八百頁歷史，這是圍繞著不同空間和地方的歷史。

書中有一章提到菲特爾路（Fetter Lane），這是一條引領路人離開繁忙的軍艦街（Fleet Street）的路。艾克洛德描寫了一千年來的菲特爾路，記錄了這塊空間的多種用途。雖然現今的菲特爾路看不出十九世紀的光景，但仍保存了一些共通線索。菲特爾路以往是當作邊界，一六六六年的倫敦大火就燒到這裡為止。菲特爾路曾經滿是妓院、酒館、流動攤販等。這條路曾是邊緣人的家，部分居民是罪犯，為了躲避死刑逃到邊境。雖然現在菲特爾路多是辦公室和三明治店，路上還是有古代的遺跡、路口、轉角等，這條路遠古的靈魂可能仍然默默地影響我們的感覺，努力與穩定甩動的工地大鐵球抗爭。⑥

傳統的心理地理學家多是哲學和文學界的人物，感受到感覺與空間、歷史之間的關係，並試圖加以描述；而艾克洛德則是這個傳統的現代推手。就像艾克洛德一樣，心理地理學家也有類似的感覺，深諳我們從都市、社區、街道上無意中得到的都市印象，與都市的形狀和外觀有關聯，因為這些形狀和外觀影響了都市的用途。總而言之，現今都市仍有以往混雜的空間和人類活動，影響著都市人的感覺和行為。

心理地理學的起源可以追溯到二十世紀中期，法國藝術和知識運動讓人目眩神迷、又倍感困惑的領域。當時伊凡・胥謝克勞夫（Ivan Chtcheglov）率先提出這樣初期的觀念，主張都市空間能夠喚起感覺，就像化學混合物能產生藥物效應一樣。在他的著作《新都市生活對策》（Formulary for a New Urbanism）中，胥謝克勞夫寫道，都市被由「移位的角度」（shifting angles）和「退位的觀點」（receding perspectives）組成的陰魂盤據，讓「我們能夠隱約發現空間的原始風貌」。胥謝克勞夫的方法論主要以推論（dérive）理論為中心，認為人在都市空間裡面的移動只是一種無組織的遊走，像機器人般從一地被牽引到另一地，牽引的簡單原則來自空間的外觀。雖然有些胥謝克勞夫的論點十分有趣，但是他對我們如何經歷空間的理解，卻因精神狀況逐漸惡化而無法有更多貢獻。最後胥謝克勞夫被拘留監禁，部分因為他聲稱艾菲爾鐵塔的燈光射進他的房間，使他無法入睡，而計劃炸毀鐵塔。

蓋伊・德波（Guy Debord）是一位比胥謝克勞夫頭腦清晰的思想家，他提出第一個心理地理學比較允當的定義：「地理環境的精確定律和具體效應的研究……在個人的情緒與行為上面。」

德波將心理地理學視為在一個更大的政治動力的馬克思主義（Marxist）學說下的主要基本元素，他想的不只是美化巴黎市區街道角落，而是打算重新建造。但後來德波的心理地理學運動變得晦澀難解，部分原因就如梅林·柯佛利（Merlin Coverley）對於這個運動所下的這個充滿智慧的總結，主要參與者花太多時間在定義上的內部爭論，而不是確實實踐蒐集資料所需的推論上。德波在下半生對推論理論失去信心，不相信這能呈現空間與感覺之間關聯的基本原則，寧願相信每個人與都市空間的關係是內在的、個人的，無法用傳統的科學工具解釋。⑦

都市印象

凱文·林區（Kevin Lynch）是二十世紀頂尖的美國都市規劃師，也是法蘭克·勞艾德·萊特的學生。他使用比較科學的方法研究都市在人類心理中如何呈現。林區關心的重點比較集中在都市的可理解性（intelligibility），讓人在裡面比較容易找路（wayfinding），比較少考慮都市給人的感覺，但是他也不忽視兩者之間的緊密連結。林區最知名的作品是他的開創性著作《都市印象》（*The Image of the City*）。這本書結合林區五年的調查和觀察，訪談美國三座大都市的居民——波士頓、澤西市（Jersey City）和洛杉磯。⑧林區把一種形式（form）的可印象性（imageability）定義為：這個形式是能夠讓人記（憶）得的（memorable）。高度可印象性的形式，憑藉它們的「形狀、顏色，或安排」（shape, color, or arrangement），能夠產生強烈的心理印象。對受訪者進行深度訪談，引導林區提出都市的五個主要元素：路徑（paths）、節點（nodes）、地區（regions）、界線（boundaries）和地標（landmarks）。路徑是線性的路線，人們通常用來從一地旅行到另一地。節點是人們聚集的地方，或事件發生的地方。地區是都市中的區段（蘇活〔SoHo〕、畢肯丘〔Beacon Hill〕、安尼克斯〔the Annex〕、中國城〔Chinatown〕等），在心理上視爲一塊單一的空間。界線是線性元素，但不當作路徑使用，像是河或湖的邊緣、高速公路、火車軌道等。最後是地標，就像我們先前看過的，可以是象徵其意義、用途或一個城市的某一部分的感覺的本地元素，也可以是從很多地方都能看見，能當作導航指引的大型建築（例如雪梨歌劇院〔the Sydney Opera House〕或曼哈頓的帝國大廈）。

林區提出，不同都市的主要差異在於這五大元素可印象性的程度。他也提出，都市計劃工具可以也應該用來影響這五大元素的可印象性。都市元素可印象性的主要證明中，是林區要求路上行人畫出都市的簡略地圖，那些人畫出五大元素的頻率很高。雖然林區研究的三大都市中的每一個的許多特點，確實好像都具備高度可印象性，但這些手繪的簡略地圖顯示的尺度準確性很低。這些地圖在拓樸結構上是準確的，但是距離都被扭曲。這項發現指出，人們心理上會將比較可印象性的元素加強表現。

林區的研究把我們帶離都市空間如何有效運作著重吸引景點、偏好和感覺的描述，走向考量如何讓我們解決空間問題和方便找路。林區雖然強調高度可印象性的都市空間令人印象深刻，可能讓人愉快和值得訪尋整個美感，他認爲另一個主要部分是對找路的人比較友善，較不容易迷路。旅客如果面對無法區別的街道迷境，缺乏視覺外觀，又看不見有趣景點，不僅會感到不開心，迷路的可能性也比較大；比較起來，在架構良好、高度整合又有顯著地標的城市裡，旅客比較不會迷路。

相較於強烈內省的推論路線，或分析當地居民手繪的地圖，另外還有一種截然不同的方法可以了解都市行爲，而這也是許多其他行爲科學家使用的簡單觀察法，前面幾章提過的動物行爲學家也不例外。如果我們想要了解人們在都市中做些什麼和如何感覺，或許最好的方法是採取一個位置，盡可能不凸顯，只是在旁觀察。威廉・懷特（William Whyte）率先在美國採用了這種方法。

懷特在一九三九年畢業於普林斯頓（Princeton），二次世界大戰時服役於美國海軍陸戰隊。戰後他在《財星雜誌》（*Fortune*）找到不錯的工作，很快爬升到編輯的等級。身爲編輯，懷特有機會發表他對社會細膩的觀察，描寫戰後北美的社會劇變。這些文章最後集結成非常成功的著作《組織人》（*The Organization Man*）。這本書的成功讓懷特有能力離開《財星雜誌》，完全投入都市行爲研究。一九七〇年，懷特組成街頭生活研究計劃（the Street Life Project），讓一小組人使用第一手的觀察方法，包括低調的間歇性拍攝和簡單的人頭計算，調查人們在都市中會待在哪裡，什麼時間，以及做什麼活動。⑨

懷特首先觀察到的發現中，有一件事簡單到令人難以置信的地步。紐約市有許多行人廣場。其中有幾處耗費不貲，但總是空蕩蕩的。其他的則總是變成商業用途。爲什麼呢？懷特的團隊用很直接的方法探討這個問題。他們裝設高架攝影機來拍攝人群活動，還深入人群提問，像是問他們爲什麼會來這裡？從哪裡來？爲什麼想來這裡？懷特就跟旗下最優秀、也是最成功的學生珍・雅各一樣，最後也發現人氣吸引人氣的道理。很多建築師相信，人們不會尋找城市中遠離道路、偏僻的地點，其實不然，我們彼此之間的吸引力比任何其他力量都還要強大，想要盡量接近摩肩接踵的人群。所以廣場若是接近人潮多的馬路，就有比較多的人來到廣場。而且由於正面回饋效應循環，一小群聚集的核心群眾能帶來更多人群，就像磁吸效應，讓廣場很快聚滿人潮，而另一個廣場，或許設施相同（除了人），就繼續沒人用了。

懷特的發現和其他類似的研究指出，就如房子、辦公室和建築大樓的內部空間，戶外空間的形狀也會影響人類行爲，像是影響人想往哪裡去、影響人潮聚集的方式等。路線和圍牆引導人從一個地方到另一個地方，就像設計良好的油瓶將油準確倒入盤中。

在雷蒙．克倫（Raymond Curran）的書《建築與都市經驗》（*Architecture and the Urban Experience*）中，他用同樣的類比解釋空間如何影響我們的行動。克倫指出，戶外空間可以分爲聚集點，或稱「群集空間」（cluster spaces），我們在裡面聚集或辦活動；或「線性空間」（linear spaces），引導我們到達聚集地點。我們是被眼睛帶著走，因此漂亮的輪廓、表面樣式、顏色等，會如同魔術師以精心設計的巧妙手法，吸引我們的注意。充滿水平輪廓的空間讓人視線遼闊，吸引我們前往；相反地，高樓大廈會使人視野受阻，讓我們慢下來和徘徊。[10]

克倫的例釋提出了相當具有說服力的論點，在都市設計裡面，建築之間的空間和建築本身一樣重要。丹麥建築師傑恩．蓋爾（Jan Gehl）在他的經典著作《建築之間的生活》（*Life between Buildings*）中，提出類似的看法，書中也提到哥本哈根如何大刀闊斧落實這些原則。[11]一九五〇年代，哥本哈根就像世界上許多城市，發現市中心塞滿了汽車，但公共空間卻空無一人。一九六〇年代，從設置路邊咖啡攤開始，哥本哈根的城市大老致力於推動復甦都市公共空間。在蓋爾協助下，這項運動成功地建立了一座大型徒步區——斯楚格購物街區（Str φ get），吸引了川流不息的遊客和居民，成為這座城市皇冠上的閃亮珍寶。蓋爾讓人走入市中心的策略非常成功，讓許多其他都市跟進模仿，包括最近的紐約。在某種程度上，一個新動詞「哥本哈根化」（to copenhagenize）已經進入辭典，用來描述蓋爾提出的措施。除了在一些主要通行路道禁行汽車，這些措施還包括腳踏車專用道、公共廣場，以及限制大樓高度來美化市容，和增進市中心徒步區的舒適度。

哥本哈根已成了其他企圖不再以汽車為生活中心的城市的典範，讓人們再度回到市中心，市中心可以不只是商業場所，也可以是遊憩場所。許多這些改變歸功於蓋爾的設計取向，結合了對人類心理學和社會學的深入省思與好的建築設計和都市規劃原則。

理解都市空間形構

雅各、懷特、克倫、蓋爾以及其他人的街道觀察，產生了可以有效運作的原則，正向改變了都市地方的形狀和安排。如果這些已在很多偉大城市成功實施的原則，能夠嵌入一種比較全面性的生活空間理論分析，並考量人類空間認知心理學，或許就能比較有系統地應用在我們的病入膏肓的都市。比爾・西里爾（Bill Hillier）是倫敦巴特利特規劃學院的建築師兼都市規劃師，他首先應用這種方法來理解都市空間。⑫他發現了一些有力的數學原則，能夠協助預測空間形狀如何影響人們行經的方式。就如細頸瓶子能將稀有的松露油一點點倒出，一個大型物業應能設計成引領我們以任何想要的方式穿梭其間。

西里爾把都市空間設想成串連的小珠子，每顆珠子都是二維多邊空間，而串連珠子的線就是連結不同區域的路徑。由這些路徑和節點，西里爾導出空間的組織方法，他稱之爲空間形構（space syntax）。西里爾描述的這套方法，讓我們能夠描述空間裡面的小部分（例如一段路）與整個空間場所之間的關聯。懷特或雅各是走上街頭做研究，並且以具說服力和智慧的文筆，描述曼哈頓下城活躍的街頭生活本質；而西里爾的空間形構可以讓我們用一組精確的數字描述空間之間，例如華盛頓廣場公園（Washington Square Park）與格林威治村（Greenwich Village）街景之間的關係。這些數字能夠精確預測公園哪個位置有人和有多少人。

這些數字中最有用的是西里爾所稱的整合係數（the coefficient of integration）。地圖上每一個人工空間的每一條線都能用這樣的一個係數表示，粗略地說，這個係數代表從圖上某一個地方到另一個地方需要轉彎的平均次數。要了解這套方法，最簡單的是想像你身在熟悉的臨近地區中，就從你住的那條街開始好了。現在想像你從那條街走到最近的便利商店，算算途中要經過幾個轉彎。若你再算算到其他地方要轉幾個彎，最後就能算出一個平均值，指出你到其他地區（可以是整座城市）平均需要轉多少彎。平均次數愈高，表示你的起始點被整合的程度較弱，其整合係數也較低。

如果你算出整個區域的整合係數，這些數字就能被用來很好地表示線條的濃度，進而表示出每條街的整合係數。線條最濃的地方有最高的係數，也可以說是整合性最高。圖十二是我居住的臨近地區的地圖。⑬

這些整合係數地圖最有趣的地方，以及我把這些地圖建構方式的細節留給你們的原因，是因

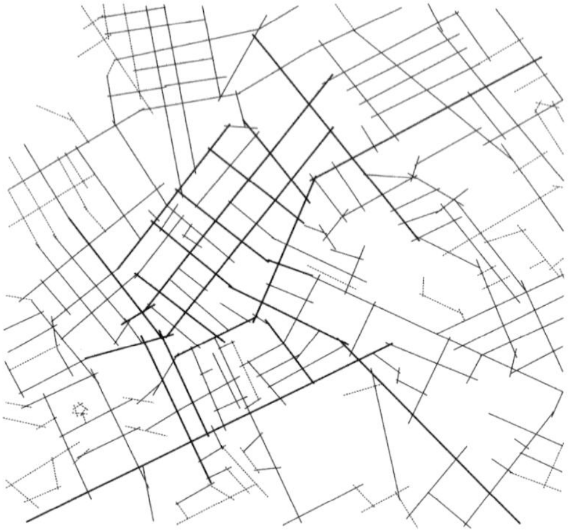

圖十二：我家臨近地區的地圖，線條愈濃表示地區係數愈高

爲它們能夠精確預測我們在空間的行爲模式。通常人（或汽車）傾向聚集在高度整合的地區。事實上，因爲這套計算方法非常成功，最後西里爾的團隊建立了私人顧問事務所，利用空間形構分析的原則，協助許多城市規劃、街道、臨近地區等，讓行人和車輛都擁有理想的交通樣式。

或許你會注意到，我在這裡描述的空間分析和可視範圍（isovists）分析有些相似之處。在兩種方法裡面，都使用簡單的空間形狀概括形式，描述和預測我們在空間中如何行爲。也注意到在兩種方法裡面，我們甚至不需要描述空間是**如何**用來預測我們會在空間的哪個點發現人群聚集。若用空間形構，人群會極度傾向聚集在整合性最高的地區；一地區與都市其他地區的連結較多，就會有較多人潮聚集。

這類的空間形構分析不只是對設計都市空間的企業有用，也連結到我們的空間心理地圖。以一個研究案作爲例證，研究員在倫敦某地區敲住戶的門，請住戶用素描畫一張臨近地區的簡略地圖。這種素描地圖想當然耳是錯誤百出，也少有比例正確的距離和角度，因爲我們心理上不是用這種方式表示大範圍的空間。然而比較手繪地圖和空間形構畫出的地圖時，兩種地圖竟然非常相似。雖然我們的心理地圖和眞實空間的相似度很低，但是與西里爾提出的實體空間表示方式有同樣的形構。空間形構打破空間形狀的精確比例，將空間變成一連串的節點和線條；就如我們在心裡組成空間時，是用簡單的視點（節點）和視點間的連結（線條）去組成空間地圖。⑭

就像可視範圍分析，這些研究最顯著的特色之一，便是發現我們在空間中移動的理由，其重要性其實遠低於單純的空間結構（空間的不同區域包圍和連結的方式）。雖然了解空間的功能性組織（哪裡有商店、廁所等），能夠增進我們預測在空間中移動的能力，但眞正重要的預測因子是空間的結構，而不是空間的功能。我這樣告訴你或許有點奇怪，當你正跳上車開往城裡，或是剛跳下公車走在市中心的街道上，我不用知道你的目的，就能藉街道的連結方式預測你會去哪裡，例如買一雙鞋。要了解這是如何做到的，想想西里爾的理論，他的理論是要解釋一大群人在都市中的集體行爲。雖然電腦只能算出都市街道的整合係數值，無法知道你需要一雙新鞋，但是只要將到城市的不同目的的行程平均起來，電腦就能滿正確地預測這樣的行程是如何組織的。

另外還有一種方式可以思考都市空間的形狀和連結，以及特定地點可能具備哪種有吸引力的景點之間有何關係。想像你是一位企業家，打算在一個都市裡面做生意，你會如何決定公司地點？不用一群心理學家或都市規劃師告訴你，你也知道零售店面要開在人潮多的地方，所以最好用威廉・懷特歷久不衰的方法——走出去觀察街道。換句話說，需要人潮的生意理當開在整合性高的地區。然而有趣的是，我們不一定要親自去看那條街，甚至不必先建好街道，就能用空間形構預測哪些地區整合性較高。這套方法之所以有效，是因爲它們映照了我們的心理反應空間特性的方式，於是從我們的心理運作方式到我們的城市形狀建立了一條直通路徑。我們都市的成功或失敗，決定於我們對心理與都市的深度連結有多了解和能處理得多好。

空間整合的心理學

初聽似乎令人奇怪，空間形構法則竟然不太考慮城市內兩點之間的距離。在我們的忙碌生活中，我們傾向找出從一地到另一地的最短路程，特別是當我們逐漸熟悉城市的時候。然而，在西里爾的空間形構法則中，決定地點的空間整合只是一些方向的改變而已。因爲西里爾的方法是設計來預測人們會在哪裡聚集，而不是解釋每趟路程中個人找路的表現，以這個方面而言，空間形構法則中缺乏距離測量一點也不成問題。而更令人驚訝的是，儘管我們盡力規劃城市內有效率的路程，我們還是經常被距離愚弄，這與空間形構法則的方法一致。

許多研究顯示，人們如果在走路或開車途中變換很多方向，他們比較可能高估旅程距離。⑮雖然我們致力於找出捷徑，但是我們的空間心理多半反映西里爾空間的節點和線條，我們搞混空間大小的方式與空間形構法則所預測的方式一樣。就像我們現在已經看到的許多時候一樣，心理空間的規則經常似乎是拓樸式的，而非尺度式的，因此，它們十分符合根據拓樸的實體空間描述。

誠如證據顯示，我們對由可視範圍給予的空間配置有一種直覺（其中一個證據是我們容易在新空間內找出可以瞭望和庇護的地點），也有跡象顯示，我們對於複雜度較高的空間配置中的高度整合地區，也有深厚的判斷潛力。

想像你抵達一個陌生的城市。你不會說他們的語言，也看不懂標誌，只能靠內在的導航感找出從一地到另一地的方向。隨著時間改變，你的移動會慢慢從基地（假定是你的飯店）擴展到其他你感興趣的地區，例如有好咖啡的地方，最佳觀察人們的人行道長凳，可以掌握最新消息的網際網路咖啡廳。通常，你會先知道主要街道的結構，然後再從這個主要街道找出愈來愈多的目的地點的方位。主要街道就好像是脊骨一樣，你靠著它建立更廣大的路程骨架。讓這個策略那麼有效的原因，是主要街道就像是高度整合的地點，有很好的連結而且也容易理解。只要你能從各個地點找到回去這條街的路，嚴重迷路的風險就降低了。而且，因爲主要街道的整合度高，即使你已經搞不清楚方向了，還是很有機會重新找到該走的路。即便你遺失了骨架，空間的形狀讓你可以隨便走一走，也可以重新找到方向。

也請注意，即使你不知道當天要找的各個地點之間有何關係，這種導航方法同樣也可適用。你可能不知道要如何從網際網路咖啡廳直接走到咖啡店，但是透過你的骨架，你知道這兩種地方相互連結，只要知道這件事，你就能輕鬆地從一個地方到另一個地方。並不是骨架幫助你知道咖啡店街口和網際網路咖啡廳之間的空間關係。只要你知道這兩個地方都連接到脊骨路程，這種關係就不重要了。就好像網際網路咖啡廳和咖啡店在兩個不同的宇宙中，但是它們用某種方式透過骨架連結。這和我在本書第一部分中所提到的空間模塊（區域）化的發現有相似之處。我們在連接城市裡看得見和看不見的地方時，會有很大的困難，就像我們在心理實驗室一組小型空間裡遇到的困難一樣。我們學習可以引導我們從一個空間到另一個空間的有用竅門，經常是使用地點之間的特質連結。我們選擇的路程以空間來說可能不是特別好或有效率，但是它們大部分時候都很可行。⑯

許多人都有這樣的經驗，即使是在很熟悉的環境中，他們可能發現經年使用的路程（到辦公室的車程，在購物中心內的路程）並不是最短的或最有效率的。有時候，我們似乎喜歡進行路程選擇的冗長爭論。和朋友約在餐廳吃晚餐的時候，經常只有哪一條是回家最好的路的爭論能與如何付款的爭論旗鼓相當。

如果深深覺得空間心理原則可以在城市的組織中運作的話，那麼可以預測我們將能分辨出反映那些原則的城市街景裡面的樣式。假如都市計劃是根據閒逛的旅者的奇想和花招所安排的話，那麼我可以想像到會發生什麼事。我們可以參考城市的空照圖，並獲悉在地球上建造街道的人的想法。然而，每個人都知道，城市並不是這樣建造的。有些城市，特別是近期新世界的產品（例如華盛頓特區），是從無到有規劃出來的。

規劃產生的城市中，我最喜歡的是澳大利亞的首都坎培拉。坎培拉的設計來自於建築比賽的得獎作品。一九一一年，美國建築師瓦爾特・柏利・葛里芬（Walter Burley Griffin）在度蜜月的時候，得知自己的設計獲選，有機會可以從無到有建造一座城市，這樣的運氣讓他無法置信。如圖十三所示，這個城市的組織給人的印象幾乎是晶體結構，一條長的中心軸連接戰爭紀念堂和國會大廈，締造完美的視線。街道計劃充滿了輻射對稱，大型的人工湖穿越中心，在原始的計劃中

圖十三：規劃出來的城市坎培拉，能輕易導航但是缺乏特色

原本是緊湊的幾何線條，但是後來爲了讓心靈放鬆而納入了流暢、有組織的湖岸線。

坎培拉是一個具有分明線條的幾何美感的城市，有非常完美的視覺組合，人們看到這個十分大膽的設計無不加速呼吸，但是在我的參觀印象中，這個空間有點枯燥乏味和不自然。我覺得自己是一個大型都市博物館的參觀者，感覺不到城市中通常會有的生命朝氣和熔爐氣息。我的拜訪目的是在大使館處理一些小的行政事務，我不禁覺得這個城市的形式和我處理的事務的形式相符。毫無困難地，我在租來的車上穿越寬大、空蕩的街道，沒有延誤地找到我要找的辦公室，而當我的事務一處理完，我找不到什麼理由繼續逗留。

當城市是經過好幾千年慢慢建造起來時，一些有趣的共通性會浮現，顯示都市空間反映出人類心靈的形狀。西里爾的團隊發現許多城市以相似的方式成長，形成他們所謂的「變形車輪」(deformed wheel) 形狀，城市中心與周圍地區透過一連串有高度整合價值的輪輻連結。這種樣式在倫敦、羅馬和東京都清楚可見，而且只要稍微仔細觀察，幾乎在所有的城市地圖中都可發現這種樣式。圖十四和圖十五顯示倫敦和東京的變形車輪結構，陰影代表個別街道的整合深度。

這種成長樣式不但是隨著城市範圍擴增，持續促進中央核心和周圍區域的連結的最佳方法，也讓大型城市可以被理解，支援好的找路機能。西里爾認為這種變形車輪結構的形成，部分是由經濟力量促成，另一部分是由我們的心理組織促成，特別有視點和視界的附加價值。西里爾將他了解城市成長的方法與根據質量和引力概念的老方法相比。老方法顯示，城市的各地以個人、團體和機構之間的吸引力系統為安排依據，城市空間的大型機構或社會團體對於個人的吸引力，就如同小行星帶 (asteroid belt) 會繞著太陽運轉一樣。相反的，西里爾的空間形構法則是「以光線為基礎，而非以質量為基礎……反映出我們看見的世界，而非距離和質量的世界」。在西里爾的方法中，驅使人們穿越空間的力量，並不是人類權力網絡那種看不到的社會力量，而是吸引人們目光的力量。⑰

空間、文化和交通流量

雖然西里爾的輪輻及車輪結構大都出現於漸進自然成長的城市之中，而非從上而下規劃出來

圖十四：倫敦的稠密度形成「變形車輪」的中心

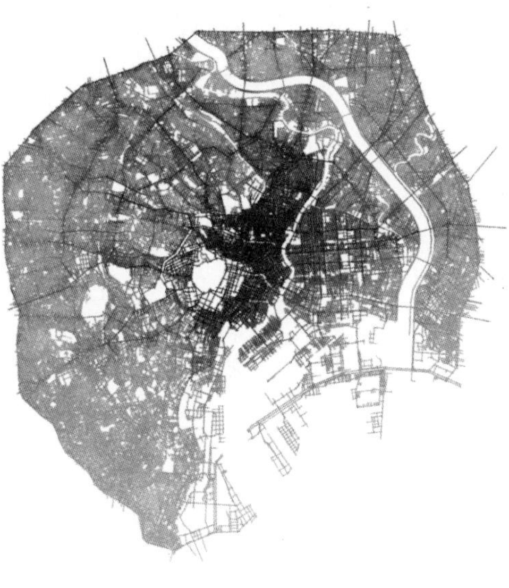

圖十五：東京出現與倫敦相同的「變形車輪」形狀

的都市，但是城市之間仍然有許多明顯的差別，許多差異性都與文化有關。對我來說，周遊世界各國的樂趣之一，就是見識到許多與我成長背景（北美線性的格狀城市）格格不入的城市結構。

最近去北京的那一趟旅程中，有天早上我出門去找一間小型的博物館。當我到達自以為是正確的地址時，我走進去開始尋覓展覽品。我遇到一名老婦人，她就站在火堆前攪拌著鍋子裡頭的食物。我拿著外語手冊試著念出中文和她溝通，但徒勞無功。我感到口乾舌燥，而且開始流汗。沒有口語溝通的能力，我四處尋覓空間的提示，以辨別我所在的房間和這棟建築物的性質。

這種開放和封閉空間的關係是我很少碰過的。我沒有空間文化的參考。我花了很大的力氣才了解到，我誤入了一間私人住宅，而不是進入一間博物館。這個小例子呈現了一般的事實。當我們處於外國文化的時候，空間建造方法的陌生感與無法了解當地語言一樣，都令人摸不著方向。在北京，有時候我會分辨不出住宅和商店，或甚至是人行道和住宅的範圍，有些住處看起來只是從人行道或是馬路上用塊布圍起來的，裡頭火堆上有鍋子的地方是廚房，在帆布外有些捲起來的棉被則是臥室。空間文化的差異不會總是那麼極端，但是它們都存在而且經常很容易察覺。

西里爾援引塞普勒斯的城市尼古西亞（Nicosia）來當作文化影響空間的例子。和許多城市一樣，尼古西亞包含了不同種族的聚居地。希臘區的格狀街道是粗略的線條，具高度整合性，與北美有些相似。土耳其區的整合度低、街道短，不容易讓人理解，是典型的回教徒城鎮規劃。[18]此種規劃的用意是將訪客帶到少數特定的公共空間並且遠離住宅區；一般而言，他們的住宅區強調隱私，不鼓勵共存。這些差別顯示我們的空間認知、空間安排對於我們行動和行為的塑造方式，和特定文化的需求之間的互動。空間組織方式對**所有**人類都造成相似的影響，我們可以用這個人類心理的概括來組織我們的行動，以符合文化價值。技巧高超的建築師和設計師可以把人群聚集起來或是隔離人群，就好像有技巧的陶藝家用同樣精確的手法，設計和製造一個每次只倒出一滴珍貴的油的容器。

隨著城市的成長，形狀的主要限制之一是居民往返各地的簡易度。變形車輪顯示提升簡易度的一個方法，就是透過網狀街道的巧妙設計，但是在現代，這種設計的用途有限。當城市人口攀升到巨大的數字時，我們發現有必要想辦法爭取時間克服空間。我們已學會更快速地移動。

毫無疑問，內燃引擎的出現對於城市形狀的影響，確實超過過去幾千年來任何一項的發展。空間認知的規則沒有改變——確實如此，空間形構法則研究顯示，我們可以用預測人類的移動同樣的精確度預測車輛的移動。幫助我們改善泰特美術館的工具，或是讓公共廣場充滿行人的工具，同樣也可以用來預測車輛在都市中移動的方式。然而車輛劇烈地改變了城市的規模。都市規劃師知道的一個基本原則是，當人們的目的地是在離家步行五分鐘的距離之內時，他們會走路。雖然確實的數字或距離（有時候被稱爲步行可及的區域）可能會有些爭議，而且也可能因步行者的人口統計和動機而異，但是有一點是十分確定的：開車可及的區域比步行可及的區域大多了。這不只是因爲車輛移動的速度比行人快，同時也因爲開車與走路相比幾乎毫不費力。如果上車很方便，街道規劃讓我們能夠用合理的速度行駛的話，我們會願意容忍住家、工作和服務地點距離提供我們快樂生活的商店變遠。雖然私家車或大眾交通系統的快速運輸，讓都市環境可以容納大量的人（全世界有超過三百個城市的人口超過百萬，而且還有幾個城市的人口超過千萬），但是城市的本質被轉換，並引發過多的難題，許多難題看起來都沒有合理的解決方法。

從空間觀點來看，快速運輸無論是哪種方式，城市都得同時運作規模大不相同的交通方式。車輛在高速公路和多線大道上飛馳，火車載滿通勤的上班族穿越地下隧道的同時，許多行人的需求在幾千年來並沒有多少改變，仍然在街道的人行道上行走。使用那麼不同的空間規模來滿足旅行者的需求，並且提供符合全體使用者需要的街景，是城市規劃者向來最感頭痛的問題。

行人使用密度高的時候，城市商業區的運作才能達到最高的績效，但是如果行人沒有辦法方便地在城市內到處行走，就顯然無法對使用密度做出貢獻。雖然快速運輸應該是這個問題的解決方法，但不是萬靈丹。首先，大多數的快速運輸系統都極爲昂貴，而且必須由公庫補助。另外，要誘使人們不開自己的車、而去搭公車或火車是非常困難的。即便使用現有的大眾運輸對我們來說比較省錢，在多數的時候還比較省力，許多人還是每天開車上班。許多人停車處離公司的距離比最靠近的大眾運輸站還要遠。

說服人類相信幾何和物理定律有多困難？都市道路強制稅的重大抗爭就是個最著名的例證。在強制稅方案中，尖峰時段進入交通阻塞嚴重的城市的特定地區時，車輛駕駛必須支付昂貴的額外費用。英國倫敦是目前爲止實施這種強制稅最大的城市，每輛在尖峰時段進入城市的交通工具須支付八英鎊。剛開始實施的時候，這個方案有很多爭議，市中心的商家聲稱他們會因此遭受巨大損失，而通勤族爭論儘管大眾運輸系統四通八達，他們還是很難準時上班。事實上，倫敦的強制稅似乎沒有那麼嚴重的影響，而且大部分是正面的。雖然市中心某些商家確實因此出現顯著的營業損失，但在任何一天裡面，進入倫敦市中心車輛的下降數量，確實超過倫敦遊客下降的總數，顯示比較多的人選擇使用大眾運輸系統。城市內車輛減少也有益人體健康。車輛排放的兩種廢氣——二氧化碳和二氧化硫的含量也顯著下降。⑲

心理對於空間和時間的扭曲，或許也可以解釋一部分這些奇怪、不理性的偏好。開車比坐公車來得主動，所以時間似乎過得比較快，因而以爲距離較短。人們還基於許多其他理由偏愛使用私家車旅行，而非選擇大眾運輸。在紐約，麥克・彭博（Michael Bloomberg）市長一直熱切提倡強制稅，即使這個想法很有道理，並且也有倫敦的經驗支持，但是他仍然面臨強大的排斥力量。支持強制稅的「紐約市伙伴關係團體」（Partnership for New York City）進行廣泛電話調查，結果顯示，許多人不選擇使用大眾運輸，是因爲他們相信這會增加旅程的時間（這個理由大多數時候都是不正確的），他們喜好控制自己的行動，而且希望能避免與其他人接觸。具諷刺意味的是：吸引人們到公共場所的相同特性（想要接近並觀察其他人），似乎確實令他們排斥大眾運輸系統。原因可能與空間的類型有關：公車或地下鐵的內部空間，與洛克斐勒廣場（Rockefeller Square）長凳上看到的空間，有很大的差別。⑳

在自己的車裡，我們覺得是在自己擁有的小型移動封閉空間內旅行。車輛提供我們從家中的私人空間一路延伸到工作場所門檻之間的連貫性。更務實一點來說，車輛提供我們更有彈性的機動性，如果我們選擇繞道回家，開車比使用大眾運輸工具來得簡單多了。

精明的都市規劃師知道，儘管大眾內心偏好開私家車旅行，其實還是有許多方法可以鼓勵人們放棄他們的車子，去選擇其他的交通工具，這完全要看能否在某種程度上，縮短私家車旅行和大眾運輸旅行之間，時空優劣勢的差距。比較狹窄的道路，限制使用高速公路，或甚至是交通號誌的時間間隔，都會影響城市裡面共同目的地間的往返時間，有很多證據顯示，這些方法會改變人們在城市內如何移動的平衡。確實，珍・雅各早期的抗爭建立了她的名聲，在一片極端瘋狂的城市建設當中，她是少數理性的聲音，她的主張和此種論點十分相關。當車輛在城市內從重要的行人區分散出去，他們並不像水流一樣找尋最快到低處的路徑方式出現在其他地區。當城市內的一個區域令車輛難以行進時，車輛就消失了，更多人選擇搭乘公車和火車，或是步行。㉑

爲什麼需要控制城市內的交通呢？主要的原因是假如車輛行駛沒有阻礙，大眾運輸也還沒完工的話，市中心的交通會嚴重阻塞，還會有伴隨而來的噪音和污染。除此之外，車輛在街道上行駛的數量，會遠遠超過城市內的停車位數量。特別是在北美，城市傾向於向外擴展，因此明顯惡化處理城市規模的問題。因爲，用總人口相對於地理區域的角度來看，城市規模傾向超過該有的大小，人口密度在土地上很稀少。這種低密度造成提供適當的大眾運輸的困難，而且也讓擴展中城市的居民很難不用私家車滿足日常生活所需。雖然這種城市擴張的趨勢在二十世紀後半期才劇烈增強，但是它的起源爲十七世紀歐洲人開始殖民北美洲的時候。

擴張的心理

哈佛・甘史特勒（Howard Kunstler）在他論述都市擴張源頭基本原因的著作《無處的地理》（*The Geography of Nowhere*）中指出，北美財產所有權的概念從一開始，就偏離歐洲一些重要的傳統。在歐洲，土地所有權被視爲一種公眾的信任。這樣的信任一部分是了解土地所有人會基於公共利益，從事適當的土地管理。美國則正好相反，土地純粹被視爲經濟資源。土地所有權的重點就是財力。因爲這種把土地視爲貨幣的傾向，忽略了區域拓樸和經濟單位的概念價值之間的關係。因此土地被細分爲有規則、易懂的幾何單位格子，在許多城市中都能輕易看到這種樣式（紐約是典型的例子，城市街區布局規則而且單調）。一如我們現在所知，此種土地細分方式不只忽視地理特性的重要性，也忽略了我們的心理拓樸對我們觀賞、理解和使用城市空間的重要貢獻。㉒

這種對土地的思考方式，也促使個人激烈防衛其對於土地使用的管轄權。如果土地是金錢的話，沒有人會願意被他人告知得怎樣使用他們的通貨。這兩個因素——土地權利的保護和分割出售的傾向，共同促成快速工業化的城市，如此一來，房地產才能帶來最多的收入。但不顧實際地理環境中的山丘、山谷、河流和小溪流，以及它們對人類心理與我們處理空間方式的影響，其後果是都市區變成糟糕的居住空間。街道充斥工廠，製造各種噪音、熱氣和有毒廢料。工人前胸貼後背的擠在壅塞的廉價公寓中，這些惡劣的房東自認爲擁有神聖的權利，可以恣意剝奪房客的實質權益。

基於都市環境的衰退，有經濟能力的人會想辦法逃離城市。北美地區隨著鐵路的發達，出現了第一批的郊區，讓富裕的人們能夠每日通勤到工作場所，但是在其他許多方面而言，這些郊區和我們在現代北美城市可見到的部分特性十分雷同。這些區域的建築以城市標準來看十分龐大（佔地一英畝或更大），馬車行走的道路寬大、蜿蜒；兩個特色都讓居民覺得擁有隱祕感，而且滿足他們住在鄉間的幻想。打從一開始，這樣的郊區就以單一功能設計。富裕的郊區居民需要的任何東西，都可以由快遞送到家門口。完全沒有集會所、聚集地點、市場或是任何形式的公共場所。

汽車的出現對郊區而言有很大的改變。首先，由於運輸工具價格平易近人，讓中產階級更容易負擔得起，使得這些區域大眾化。因爲這樣，郊區面積大幅擴張，幾乎所有大型和中型的北美城市周圍都有這類郊區。雖然我們對城市生活的看法有很大的改變，但是郊區的主要特色一點也沒有改變。這些區域充滿了可增加隱私的蜿蜒道路，但是卻阻擋行人通行。拜占庭式街頭設計，通常是以因建設而被連根拔起的樹木、植物，或被趕出家園的動物命名，在西里爾的看法中，這些設計是不可理解的。更重要的問題是沒有了公共空間，在這種單一功能的區域中沒有什麼可以做的事。郊區的房子特別設計來促進以汽車爲主的生活方式，因此，街道都沒有行人的蹤影。房子正面最顯眼的部分就是車庫門，可遙控的電動門讓通勤的屋主可以直接從辦公室的停車場開車進入他們的起居空間，一點也不需要與外界接觸。那些敢大膽的在街道上行走的人，通常會遇到一些危險，因爲行人數量非常少（更別提駕駛人在轉一個又一個的彎道時，會有盲點），可能有被輾過的危機。

幾年前，我和我太太厭倦了在都市的房子，小孩在嘰嘰嘎嘎又狹窄的樓梯上跑上跑下，所以我們決定試試看房地產仲介所稱的「郊區高級主管的住宅」（upscale executive suburban home）生活。這樣的生活對我們來說，很簡單、舒適、寧靜，但是對我們的心靈造成重大損害。可是最近一次社區會議上，情況卻出現了轉折——會議的目的是討論社區中由於駕駛人爲了節省幾秒鐘開車到附近上班的時間，超速經過我們的房子周圍，使得交通密度大增。問題嚴重到我們必須禁止小孩在屋外的角落玩耍，因爲害怕失控的車輛會開上人行道導致某人喪命。我們建議只要在受影響的地區內、且不損害居民的權益下，關閉決定性的捷徑街道，這個狀況就可以簡單且便宜地解決；可是這時，一名城市官員告訴我們這樣做會分割社區。兩邊的居民會再也無法拜訪彼此。當我們建議這些被影響的人可以走路到別人家時，交通工程師簡短地回答：「他們不會這樣做」。這個議題就結束了。幾天後，我們就開始出售房子。

二十世紀後半期，都市擴張速度驚人。亞特蘭大的都市面積從北到南的測量距離增大到一百六十公里。底特律的人口實際降低了百分之二，而它的土地面積增加了百分之四十五。不只是北美才有都市擴張的現象。布魯塞爾、法蘭克福、慕尼黑和蘇黎世在二十世紀末的人口密度都下降了。甚至哥本哈根，一個改善行人通往市中心的模範城市，人口密度最終也降低了。[23]

郊區有許多令人享受的事物。房子和建築物佔地面積通常都很大。安靜的死巷可以變成小孩的安全遊戲區，或者，假如條件適合的話，可以當成是成人的聚集場所。假如有車的話，就可以克服日常生活所需面對的長程距離，如買雜貨、看醫生、從事休閒和娛樂活動。找路可能會有挑戰性，但是因爲這些挑戰都在方向盤後面遇到，當人們迷路時並不用花太多力氣。由於缺乏公共空間，在郊區環境很難與他人接觸。因爲在街上很難巧遇鄰居，所以要建立社交網就需要敲門、明確邀請對方在家中的私人空間共度時光。在這種社區內，只有非常愛群居的人，才會有興趣或有辦法跨越門檻。

這類郊區發展的永續性之所以值得關切，有許多重要原因。郊區的擴張毀滅了城市邊緣大量的農地，並且擾亂分水嶺，破壞可飲用水的生態和供應。平行的城市擴張鼓勵車輛的使用。除了二氧化碳的排放和氣候變遷之間的關聯外，煙霧對人體健康造成有害的影響。許多主要城市針對煙霧致死相關案例的研究報告估計，每年因煙霧致死的人數比因車禍死亡的人數還要多。很多人相信便宜油價的時代將要結束。在世界各地，石油開始供不應求。這樣的末世預言直指，我們的石油生產已經超過頂峰，現在即將一路銳減，導致經濟和社會陷入難以言喻的蕭條景況；不論我們是否認同這樣的災難預言，不可否認的是，石化燃料終究會耗盡。長期看來，生活方式若是基於便宜燃料取之不盡的假設，是沒辦法一直維持下去的。㉔

聰明的成長？

有鑑於各式各樣的因素——環境日益惡化，研究顯示空氣品質愈來愈差，不但讓和我們一塊住在這個地球上的動植物活不下去，連我們自己也難以倖存，而且各界對於實體距離之經濟影響力了解漸深——使得許多地區開始考慮（有些更已著手採取）所謂的聰明成長議程（smart growth agendas），呼籲要限制擴張、強化都市，鼓勵都市核心的混合用途，以及鼓勵人們別再仰賴車子，應該徒步走上街頭。我們對於人類空間認知和找路的了解，會有助於這類議程的推動嗎？

一九七三年，奧勒崗州立下都市成長範圍規則，開創降低擴張立法的先河。這個驚人且具有前瞻性的行動，對於對抗擴張的努力已經產生影響，舉例來說，波特蘭市的人口密度增加，市中心仍然熱鬧和有趣，城市周圍的水域和農地也獲得保存。㉕然而，這不是在說明波特蘭是天堂。儘管有這些法規，波特蘭的都市範圍已慢慢向外發展，而且也有交通阻塞問題。除此之外，波特蘭鼓勵都市強化，和其他城市如溫哥華和墨爾本一樣，波特蘭的房地產價值已經呈指數性的成長。

為推動降低擴張議程，加拿大於二〇〇五年通過地方成長法案（Places to Grow Act），廣受各界好評，而其願景和先導性的地位，更在加拿大和美國獲得規劃機構頒獎肯定。㉖此法案的諸多措施之中，有一項是在安大略省人口最密集的地區，選定結合工作和住家的都市區域，設定密度目標。此法案給予各市政府和發展商很大的權利，計算可以達到多大的密度目標。在北美許多相似的法案中，也不乏採用這種方法的例子，但是有一些風險。過去的經驗顯示，如果維持一切條件，人們對空間擴張有強烈的偏好。平均的房子大小從一九五〇年的九百平方英尺，在這個世紀的初期已經增加到超過兩千四百平方英尺。然而，家庭規模卻減小了。某種程度而言，這是個自我不滅的潮流。郊區的空間設計不鼓勵行人的活動以及共用的公共空間，因此，對郊區的居民而言，家中私人空間的內部和有籬笆的院子內的空間可能變成了全世界。

若要成功推動強化都市空間的政策，而不是像過去幾十年來美國失敗的住宅建案，把居民擠在猶如沙丁魚罐頭的空間裡的話，那麼這些強化的地區必須設計來鼓勵居民擴大他們的空間範圍。必須透過方法鼓勵人們步行，不只提供他們附近有吸引力的目的地，如行人購物中心和公共集會場所，還要讓街道形狀適合行人行走。一個好的都市視界可以讓人們走出住所，來到公共空間。有易辨認的空間形構法則的街道設計可以幫助找路，增進快速且正確的心理地圖，因而讓步行的人們有輕鬆愉悅感。用建築物外觀形成明智的視覺外形設計，用樹木或其他裝飾品設計可見的街道和人行道寬度，可以讓眼睛看到想前往的方向。目光一旦被吸引，腳步就會往那裡走去。

公共空間和通行道路的大小會影響我們的去處。相同的道理，空間的大小和形狀會影響我們走路的感覺。早期心理地理學家的經驗，或是克里斯卿・諾爾德賴以了解哪種建物空間會影響街道情緒經驗的理論，雖然了解的人不多，但有些基本的原則卻很明確。大型公共空間幾乎沒有什

10 網際空間

生活在電子空間中的人類心靈

地球人就像一群精通高技能的青少年，
在沒有任何監督下，
整個夏天泡在化學實驗室裡。

——傑倫・奈勒（Jaron Lanier）

今天，我的臉有點不對勁。感覺有點太瘦，也可能是我把鬍子修得太短了。我的白色圓領衫很合身，對我來說是個不尋常的選擇，因爲我通常喜歡比較寬鬆的衣服，遮掩多出的體重。走在寬敞大街上，我發現路旁草堆裡有一個綠色的大箱子，看起來像是一些郊區看得到的大型電路箱，但是它發出一個奇怪的嘶嘶聲。因爲某些原因，我決定坐在箱子上。

我覺得這裡沒有任何危險會傷害我。我注意到一個穿著白色飄逸長裙的女人坐在附近的長凳上。我走過去想和她談話，但是又害怕靠得太近。我不想嚇到她或讓她誤解我的意圖。從前幾次造訪鎮上的經驗得知，這附近的人各式各樣，不是每個人都有高尚的意圖。我問她是否介意我坐下，她帶有口音地嘟囔了一、兩個字。長凳離我沒有目測來得近，所以我坐下時有點笨拙。當我想要和她談話的時候，她告訴我她的英文很差。之前我倒沒有發現她是日本人。這時兩個年輕男子路過，往我們的方向看來，其中一個人微笑地說我們看起來好像在等公車。他在想不知道要不要告訴我們公車不會來了。走過一段距離之後，那兩名男子停下腳步，然後走回來和女人說話，問她要不要和他們一起去「找點樂子」。他們的意圖全寫在臉上，因此當她從長凳起身，有說有笑地和他們一起離開時，我感到很驚訝。我不知道她有沒有聽懂這兩個人的話。更讓我感到訝異的是，我意識到她放棄在安全的長凳上與我友善交談，卻接受這些壞男孩嬉鬧的邀請，頓時感到被拒絕和嫉妒的痛楚。我看著他們三人的身影愈變愈小，逐漸消失在遠方，我於是飛上天空，拔升約兩百公尺，從上方觀察他們。我覺得他們沒有注意到我，他們正瘋狂地用之字形從一個地方跑到另一個地方。這一區沒有什麼好看的，所以我心靈電傳（teleport）把自己移動回家並且關機。睡覺時間到了。

我在另一個世界，不只能夠走路、坐下和說話，還能飛上天空，瞬間把自己用心靈電傳移動到新的地點；要是在十年前，這樣的故事會被認爲是科幻小說；然而許多讀者可能知道，現在只要連上網際網路，任何人都能體驗以上我所描述的情節。第二人生是霖登實驗室（Linden Labs）率先推出的嶄新事業，這座實驗室是由舊金山企業家菲力普·羅斯德（Philip Rosedale）在一九九九年創辦的。羅斯德在成長過程中，就對電腦、電子和虛擬實境（virtual reality）著迷。用科技術語來說，第二人生包括大量的伺服器，存放浩瀚無涯的虛擬空間模擬資訊。個人使用者可以申請免費帳號，在自己的電腦安裝客戶端軟體之後，使用者就可以參觀第二人生龐大矩陣空間之內的許多區域。雖然多人遊戲（有時候亦稱爲MMORPGs，爲「大型多人線上角色扮演遊戲」〔massively multiplayer online role-playing games〕的簡稱）已經出現好一陣子，第二人生卻與眾不同。公司董事宣稱，第二人生不只是個遊戲，在任何方面它都像實體空間一樣真實。在第二人生裡面，有數以百萬計的使用者參與真實的經濟活動，每月有好幾百萬霖登幣（Linden）流通。霖登幣可以兌換成眞實的「世界外」強勢貨幣。第二人生的居民都做些什麼呢？基本上他們想做什麼都行。我看過居民聊天、跳舞，還有賭博、購物，在裸體海灘四處找樂子、調情和私通。第二人生裡頭，比較嚴肅的使用者會舉辦研討會、商務會議、課程和經營商號。大型企業如國際商業機器股份有限公司（IBM）、英特爾（Intel）、戴爾（Dell）、微軟（Microsoft）、豐田汽車（Toyota）等，在第二人生、都設有商務辦事處。瑞典政府在第二人生更開設虛擬的大使館。路透社以往是以信鴿傳訊，後來成功轉型，變成是以光纖傳送新聞；他們也會從第二人生的虛擬辦公室發送新聞。

羅斯德將第二人生奇蹟似的成功，歸功於二〇〇三年做出的重要決定，當時公司羽翼未豐、前景黯淡，而且已經開始小規模裁員。爲了維持第二人生應模擬眞實世界有眞實經濟的基本理念，在第二人生裡面，人們不但可以買進和擁有虛擬土地，而且還能建造、設計和發明虛擬建築和機器。第二人生設有保護制度和商場，供持有人和有興趣購買者交易買賣這些虛擬建築和設備。①與虛擬空間世界一般受歡迎的遊戲（例如魔獸世界〔World of Warcraft〕）相比較，第二人生的創新之處爲只提供沒有內容的空間格子。整個數位星球（digital planet），或稱爲大宇宙（metaverse），都是由使用者親自設計和建設，有時候企業的「世界內」（in-world）專業設計師會幫忙創造整個建築區，供使用者用霖登幣購買。

外表看起來，除了嶄新且醒目的外觀之外，第二人生似乎與一般網際網路數位內容沒有什麼不同。一般網際網路數位內容以迷人圖像、閃亮動畫和會說話的人物造型加上豐富的內容，吸引使用者在其中上下穿梭，流連忘返。第二人生也提供這些內容，但其內部是以隱喻為出發點，模仿真實生活更豐富的特色。

使用者能夠設計自己的化身（avatar），收集喜好的動畫圖像，量身打造個人品味。身材和外型、頭髮顏色、臉部表情和穿著都可以輕易改變。通常，使用者在虛擬世界的視野是以虛擬人物後方的位置為中心，這樣可以從稍微高一點的地方和化身所在地的中心後方，觀察自己的動作，但可以輕易操控「攝影機」以取得不同的角度。使用簡單的鍵盤和滑鼠指令控制行動，化身可以在鍵盤上打字，螢幕下方會出現文字訊息，有時也可直接用語音溝通。

現在時機還不夠成熟，不足以評估第二人生和其他類似領域的使用者，覺得本身沉浸於現實世界以外形而上嶄新境界的程度；不過一些初期跡象指出，第二人生虛擬空間比起豐富的網頁瀏覽，在心理上令人更加信服。余健倫（Nick Yee）在史丹佛大學的博士論文中，針對心理學家所稱的人體距離學的影響進行研究。一九六〇年代，人類學者艾德華·霍爾（Edward Hall）研究了人們在日常生活活動中，計算自己和其他人之間的空間距離的方式，包括各種不同的社交互動。②霍爾區別了個人距離和社交距離，舉例來說，前者是和親密朋友的人際距離，相對於我們與一般點頭之交所保持的實際距離。從霍爾早期的研究開始，許多心理學家研究了其他可變因素的影響，包括性別如何影響人際距離。余健倫的研究是在第二人生裡面，對正在對話的虛擬人物進行相同的測量。他發現，在虛擬世界裡面，性別對人際距離的影響，與在實際生活中的影響大部分雷同。

和女人比起來，即使在虛擬世界裡面，男人說話的時候會站得比較遠，眼神的接觸也比較少（雖然第二人生使用的簡單圖像沒有眞正的眼神接觸，但是還是可以操作你的方向，讓你與其他人面對面或是「望」向一旁）。當男人發現自己站得太近，破壞了人體距離學的規則時，他們會減少眼神接觸的頻率以爲補救。這個發現重要之處在於，即使是在虛擬世界——在那裡，我們不會眞的以爲自己住在那個空間——數位人物的表現依然和我們本身一致，具體展現化身和我們融爲一體的概念。③

對角色扮演遊戲（如激戰〔Guild Wars〕或魔獸世界）的眾多愛好者來說，這些研究發現並不令他們感到驚訝。早期以格鬥爲主的冒險遊戲和簡單的電腦遊戲，如小蜜蜂（Pong and Space Invaders），就能夠抓住我們的注意力，一直打到尿急才肯罷手；現代的電腦遊戲都有精心製作的風景，漂亮描繪的圖像和吸引人的動畫角色，讓人們在電腦螢幕上對遊戲角色產生眞實的情感，吸引力就更不用說了。事實上，許多人對電腦遊戲上癮的可能性，表達嚴重的關切，許多玩家的家庭和工作生活都受到干擾，因爲他們對電腦或遊戲操縱百玩不厭，甚至無法適當分辨自己的眞實和虛擬的存在。

現代設計精密的電腦遊戲令人沉迷，這樣的本質和敘事結構引人入勝和視覺特效有很大的關係，然而，仔細描繪的實境人工版本，加上類似眞實生活中複雜和假以亂眞的風景和物體，無疑也讓遊戲經驗加分。一些遊戲（如激戰）中的自然風景，包括山區、森林和水景，逼眞到一點也不令人感到驚訝，在如此的虛擬場景，使用者會產生一些像在森林散步的愉悅感。在我自己的實驗室完成的一項研究發現，接觸模擬自然場景的虛擬環境，會讓受測者生理壓力的GSR測量（與克里斯卿・諾爾德生物地圖法〔bio-mapping〕研究的測量方法一樣）數據顯著的下降。

用電子連結各地

以聰明的全球資訊網（WWW, World-Wide Web，簡稱 Web）爲基礎建構出來的虛擬世界，如第二人生，在人類長期追求轉換空間的潮流中，只是近年的例子。這波趨勢首開其例的是亞歷山大・格拉漢姆・貝爾（Alexander Graham Bell），他在第一套電話的雜音中，命令他的助手湯姆士・華生（Thomas Watson）：「過來這裡」（come here）；接著古哥利爾摩・馬可尼（Guglielmo Marconi）使用摩斯電碼（Morse code），越過布里斯托爾海峽（Bristol Channel），傳送這個著名的問題：「你準備好了嗎？」（Are you ready?）更加速了以電子連結世界各地的發展；一九二九年，在潘・法恩斯沃斯（Pem Farnsworth）的模糊影像出現在全世界第一台電視機的螢幕——這是她先生斐洛（Philo）一手設計和建造的——之後，電子空間開始佔據人類意識的整個領域。

在所有這些發展之前，人類之間的溝通速度有一道難以跨越的生物極限——受限於人類跑步、鳥隻飛行，或是馬匹奔馳的速度。從稀疏的密碼和電話裡頭傳來模糊不清的語音開始，一路發展下來，我們對電子的研究已經到了以光速傳輸訊號，充滿了影像和互動。

坊間探討訊息傳輸方式的改變怎樣對我們造成深遠影響的書籍，說不定已到了汗牛充棟的地步；這是有道理的。感官訊息的即時傳輸通常是我們視覺難以立即掌握的，現在卻已徹底改變我們體認這個世界的方式，尤其是對人類在實體空間的契合影響特別顯著。

社會學家約書亞・梅羅維茨（Joshua Meyrowitz）在他《沒有地方感》（*No Sense of Place*）這本影響深遠的著作之中，針對新媒體對人類體驗的影響力進行研究；他引用建築學的隱喻，幫助讀者理解視覺媒體（如電視）怎樣影響我們的生活。④他說，想像一下所有建築物的牆壁都消失了。私人或公共空間不再存在，實體地方對我們的社交生活或是世界如何組成的認知，也將不再有任何其他影響。以往我們可將社交互動設定在特定實體地點，但這樣的選擇也已經消失。「關起門」（behind closed doors）進行的會議現在也不復可能。電視的崛起對我們的生活也有相似的影響。任何兩個地方之間透過攝影機和電視的連結雖然是單方的，但是就好像是穿透空間的蟲洞。而且，電視透過空氣（至少要再使用一陣子）傳播訊號的事實，代表空間被這些隱形電波造成的自我摺疊是完全不民主的。任何人使用適當的科技架設設備和接收訊號，在範圍內都可以獲得和觀看影像內容。先不評論電視對我們現代的生活方式是否有正面或負面的影響，電視電波中固定傳送的內容，毫無疑問已經在各個方面改變了我們。更重要的是，電視已和其他技術（如快速傳送這種可讓我們在空間中加速移動的速度）接軌。

這些人類發明結合起來，讓地方、移動和位置的自然關係出現了長足的進展。現在，我人在家中坐，便可從客廳直達地球上任何其他地點，身歷其境，即時目睹戰爭、災難、音樂會或運動比賽。「嵌入現場的」（embedded）記者在義演音樂會、戰區、世界盃足球賽以及頒獎典禮的新聞報導，讓廣大觀眾在電子暖爐之前建立單一的共同世界觀。快速運輸（特別是空中旅行）讓這個世界變小了；同樣的道理，人們也可說電視訊號的無線影像傳輸讓世界縮水了，甚至讓空間——這個我們在生活中的重要因素——完全消失。然而，就像快速運輸一樣，電子媒體對我們空間認知的影響比這還要複雜。與物理因素相比，在空間之間的連結規則中，政治、權力和喜好因素更有關聯。加拿大的媒體研究先驅思想家以及深具影響力的口號「媒介即訊息」(the medium is the message) 的作者——馬歇爾・麥克魯漢 (Marshall McLuhan)，描述新媒體的影響如同將世界變成「地球村」(global village)，他說的正是空間運用的這種轉變。村民會和他人合組聯盟、建立關係和協會，我們也是如此。但這些無遠弗屆的隱形電波，卻讓實際距離與這些連結關係的形成變得毫無關聯。

在上一個世紀，電視扭曲心靈的力量在某種層面，是和其他毀滅空間的力量同步發展的。在前面幾章中，我們看見郊區住家和社區的設計怎樣令我們打消到戶外活動的想法。單一功能的設計讓我們對目的地無所選擇，靜寂的街道產生社會孤立感，而四體不勤則進而影響身心的健康發展。我們的心靈喜愛虛擬事物，世界各地持續不斷流入的影像，爲我們開啓了一扇渴望的世界之窗。我們覺得在空間之間來往穿梭很簡單，輕而易舉就可以讓二度空間影像閃現在我們的客廳，代替眞實的生活。雖然電視這種傳播媒體原本的使命充滿烏托邦的色彩——教育大都會世代和連結人類——但並沒有確實實現這些承諾，不過這不太算是媒體本身的失敗，或許失敗反而是來自我們混合著一定程度的貪婪的想像。電視開播沒多久，商業世界就發現電視影像是十分有力的慫恿工具，儘管是大眾傳播工具，在近八十年的歷史中，購物廣告已經變成電視的主要功能。

網際網路的發展至今不到二十年，想到這點幾乎每個人都會感到驚訝。網際網路已經深入我們生活的各種層面，很難想像如果沒有網際網路，我們要如何生活。

除了在新聞群組閱讀有關網際網路未來願景的新聞之外，我第一次使用網際網路，是不想再跟太太吵下去，所以上網搜尋克里比奇牌戲（cribbage）的規則。我在當時的陽春版搜尋引擎（還有人記得高佛〔田鼠〕系統〔Gopher〕嗎？）輸入cribbage，以現在的標準來看，等了一段無法忍受的時間——足以用來下載一本完整的小說，令我驚訝的是，在我面前的電腦螢幕顯示了一份純文字文件，列出克里比奇牌戲的所有規則。搜尋引擎能從網際網路中找出這個資料已夠教我驚訝的了，更讓我驚訝的是，竟然有人會不嫌麻煩，花時間整理輸入規則供大家查詢。

我早期笨手笨腳的摸索努力，和今日深入家庭甚或工作中的維基百科（Wikipedia）、谷歌搜尋（Google searches）和影片交流網站（YouTube）形成鮮明的對比。任何可以使用網際網路入口網站的人，只要運用手指，在幾毫秒內，他們的螢幕就會出現驚人的大量文字、影像和聲音。

廣播和電視網幾乎都由財大氣粗的股東把持，觀眾該不該聽到或看到什麼內容，都由他們全權決定。至少到目前爲止，網際網路幾乎在世界各地都能使用，而且使用方式簡單，任何一般用戶都能輕易地發布內容。即使高壓政府試圖控制人民取得的內容，聰明的用戶沒多久便能找到方法另闢蹊徑（最近網路用戶將中國政府鎮壓西藏動亂的行動公之於世，就是一個例子）。網際網路內容的互動性和集體擁有性，正是它與其他大眾傳播媒體不同的地方，這些特色也很有可能會爲我們和實體空間的關係帶來改頭換面的正面影響力。

網際網路就某種方式而言，和其他形式的電子通訊一樣，都是會對空間造成壓縮的難解之謎。我們只要在鍵盤上按下一個按鈕，立刻就能透過現場攝影機，看著克魯格國家公園（Kruger National Park）的獅子在太陽下打瞌睡，而電腦、伺服器、光纖纜線、冷氣、冷卻風扇雖然會耗費龐大的能源，以及為維修損壞的線路和故障的交換器，在高速公路上奔馳的服務車隊也會耗費驚人的費用，但卻能讓我們徹底擺脫實體的距離。

事實上，透過滑鼠一連串的按鍵點擊在網站到網站之間導航的方式，與我們大腦處理空間的方式相似。網站連結的方式如同拓樸結構的節點。當我們按了一個連結點，我們通常不知道它與我們正在瀏覽的網站之間的距離有多遠或是在什麼方向，而且我們其實也不在意。我們在日常生活中導航找路時，也會將地理空間瓦解至簡單的拓樸結構，而這正是這種傾向較為極端的例子，這也可能是我們憑直覺便能輕鬆學會網頁瀏覽器點選方式的原因。我看見過我八十歲的父親和兩歲大的兒子用同樣的設備精通瀏覽器的使用，而且跟其他人一樣，忘了他們從哪裡開始和他們本來要去的地方（科技觀察者將這種行為正式命名為 WWILFing，意思是「我剛剛在找什麼？」〔What was I looking for?〕）。網站令我們被內容吞沒和「迷失」自己的能力，甚至是網頁設計者努力納入網頁的目標。賭場和購物中心建築設計師試圖建造讓我們容易進去、卻不容易離開的實體空間；基於類似的道理，網際網路的建構者利用我們心靈運算虛擬空間的方式時，也會施以同樣的社會控制（想必能獲得經濟效益）。

網際網路和其他較被動的電子媒體相比，最主要的差別在於網際網路的個人互動能力。雖然有許多網站只是提供簡單的數位版本的印刷媒體（有些報紙網站是很好的例子），其他設計則鼓勵使用者積極瀏覽網站的各個部分，即時建立整體體驗的型態。就好像我們會在畫廊內從一個房間晃到另一個房間參觀展示物品，我們在網際網路上同樣也能這樣做，選擇要看網站的什麼部分和要待多久時間。許多網站可讓我們根據比較複雜的用戶意見建立本身瀏覽體驗的結構，而不是單純用滑鼠點選連結。舉例來說，這些網站可能會請我們回答問題，並以我們提供的答案帶領我們到通往特定內容的路徑。所以，雖然電腦網路這種電子通訊型態與其他科技一樣，會對空間造成扭曲，可讓我們以光速穿梭於各地之間，但更有潛力爲用戶提供更豐富的心靈饗宴，而不是單純盯著由中央掌控、傳輸的影像。這意味著，這種科技具有眞正的發展前景，可爲人類的心靈狀態帶來正面的影響力，包括我們對空間組織的認知以及我們和世界其他地方之間的連結。在過去十年中，因爲地理編碼資料在網路上日益普及，使得這樣的發展前景更加明顯。

集成地理定位

一九九五年，美國宣布過去三十年來默默耕耘的龐大計畫終於順利完成。他們部署了二十四顆太空衛星，組成 NAVSTAR 全球定位系統（GPS, Global Positioning System），讓人類在地球表面上只要使用一種電子設備，便可計算其所在位置，誤差不到幾公尺。⑤這個系統主要發展動機設定爲軍事用途，推出的前幾年，提供給民用用途的訊號故意出錯，讓這些訊號的誤差值大約在三十公尺內。在波斯灣戰爭（Gulf War）時期，軍用的全球定位系統接收器出現短缺，促使美國軍方移除錯誤來源，使得商用全球定位系統接收器在市面上開始普及起來，買主雖然大部分都是船主或獵人，但也可應用在戰場上。從那時候開始，扭曲的錯誤訊息就沒有再啓用過，全球定位系統訊號變成空中和海上導航的主要依據。確實，雖然軍方保留阻擋全球定位系統訊號傳送到世界各地的能力，但假如眞的去阻擋可能會造成大災難。現在已經發展出非常精確的小型全球定位系統接收晶片（約小拇指的指甲般大），意味著這些訊號可以廣泛應用在各式各樣的消費產品，包括筆記型電腦、口袋電腦、手機、汽車和數位相機。全球定位系統設備的廣泛可得，加上地理軟體（對專家來說它很實用，對一般使用者來說也很好操作），使得各界對物品附加地點資訊的做法產生極大的興趣。谷歌令人驚豔的免費軟體「谷歌地球」（Google Earth），讓使用者可以看到整個地球的快照，細微到可以看市中心的街頭景觀，這項應用帶領了風潮，有些人將它稱爲「集成地理定位」（geo-everything）。

剛開始，在活動、快照、電話和部落格中附加準確的地理編碼（geo-coding）經緯度資訊，看起來好像只會令一小群科技愛好者感興趣，但是將時刻、想法和眞實生活場景和實際的岩石和磚塊地點結合起來，其實有些非常強烈的吸引力。科技有沒有可能慢慢地、但是確實地幫助我們找到巧妙的方法回到原點，將自己和實體地方再度連結呢？

大眾對地理編碼資料的迷戀，實際的理由說都說不完。度假之後，將照片製成目錄存放在電腦裡，只要打開電腦便能看到美麗的風景、重溫度假時的感受；這樣的做法著實聰明。透過電腦找到住家附近十家咖啡館的地圖，並對每家爪哇咖啡的品質列出個人化的排行榜，則是很便利的體驗。然後，在這些實用面之外，我們能夠將體驗和精密測量的**地點**結合起來（特別是，如果這是我們遲鈍的感官比較無法直接感應到的地點），似乎讓我們早已遺忘、但深切希望能夠掌握方向感的渴望，得到了滿足。

透過網路彼此連結的做法有許多有趣的發展，社交關係網絡就是其中一種。有些應用程式——最有名的大概是臉書（Facebook）——允許使用者註冊免費的帳號，並且傳送訊息到虛擬的空間，任何經過他們網站或被選爲好友的人（看用戶選擇的保密程度而定），都可以閱讀這些訊息。社交關係網網站讓用戶分享訊息、影像、語音或是任何種類的數位內容。這些社交關係網應用程式的成就在於，他們讓網路中的每一個用戶成爲某種形式的節點，並准許用戶與其他節點連結，並設定內容透明且可閱讀的程度，有的是對一般大眾公開，有的則是針對少數人。雖然社交關係網應用程式剛開始只吸引到少數族群——大部分是想要跟上快速發展的社交生活、卻不想受限於實體空間的大學生——不過受歡迎的程度也隨著日漸普及而與日俱增。這些應用程式投入更廣泛應用（像是產品宣傳）的可能性，以及量身訂作程度更高的軟體設計，以增加社交關係網網站特色的效益，現在都開始開花結果。

一些社交關係網應用提供定位服務的附加特色，通常的設計是允許使用者用行動設備張貼簡短的訊息。這些訊息可以是用手輸入地點（「現在我在廚房做晚餐」），或是由全球定位系統資料自動地理編碼。快速瀏覽這種應用程式的用途之後——像是推特（Twitter）（沒有顯示地點編碼）或是布萊特（Brightkite）（有定位）這些具有代表性的公共訊息網站——便會知道，大多數用戶張貼的訊息非常普通，都是有關日常生活小細節的訊息，沒有托爾斯泰（Tolstoy）長篇小說一般的內容。但是，假如只看現在的使用量，而對這類虛擬網路的潛力視而不見，可能就會重蹈我十五年前所犯的錯誤——當時我以爲網際網路只適用於查詢紙牌遊戲的規則。⑥

這類技術有個有意思的分支發展很快就會成真，讓人脈網絡的朋友可以根據全球定位系統的編碼訊號，持續取得你的空間位置訊息。舉例來說，這種技術可以設定鄰近位置的提醒訊息，當朋友、債權人，或甚至是舊情人靠近時，便會通知你。在這種功能的帶動下，科技產生電子鄰近性，讓我們了解地理位置的方式也會跟著改變。

某種程度而言，透過電腦建立的社交人脈網絡，可以被視爲現代版的古代跟蹤法，如貝都因人在沙漠中騎乘駱駝，或是因紐特族的獵人乘坐狗拉的雪橇橫越陸地。主要的不同之處在於，使用者所需技巧已出現了巨大的改變。古代的追蹤者可能需要學會判讀駱駝大便或狗足跡，以獲取人際往來的歷史，現代卻能直接取得這些資訊。人際往來遷移不論是現代地理編碼者，還是因紐特族的獵人，都是爲了將人類活動和實際地形結合而進行的。敍事與地理位置結合的方法是受過時間考驗的，顯著地緩和了我們和地點的連結。

普適的深綠寧靜

全球定位系統接收器只是小型運算設備的一個例子，讓我們隨時隨地都可獲得重要的資訊，了解本身跟這個世界之間的關係。感應器也可以讀取其他的環境變數，如氣壓、溫度、風速、紫外線、空氣品質和噪音。除此之外，透過無線網際網路連線，還可以遙控設備取得更複雜的變數（股市趨勢、天氣預報、道路交通模式）。所有類型的感應器和設備全都可以部署在我們環境的四周，在日常活動中，讓我們沉浸於分散式的智慧。這種將智慧嵌進我們環境的方法——科技先驅馬克·魏瑟（Mark Weiser）率先以「普適運算」（ubiquitous computing）這個名稱稱之——和虛擬實境正好相反。虛擬環境的目的，在於創造與眞實環境十分相似的模擬，將用戶所有的感官系統全都派上用場。而普適的運算法是將電腦設計者提供的智慧放進世界中，令桌上運算的背景角色更加明顯。

魏瑟和研究伙伴約翰・希利・布朗（John Seely Brown）在一場很棒的展覽會上（探討普適運算改革我們和環境的關係的潛力），說明電腦設備怎樣透過他們所稱的「寧靜科技」（calm technology），填滿了我們的生活。⑦相對於桌上型電腦或黑莓機這些備受矚目的電腦設備，寧靜科技是在背景運作，吸引我們周邊感官，溫和地通知我們用其他的方法可能不會注意到的環境狀況。寧靜科技當中，辦公室內的窗戶就是技術面比較低的例子，它讓辦公室內的辦公者和外面的世界、走過走廊的人，以及等著進門時機，窺探好幾次的預約拜訪者，建立了聯結。窗戶並沒有提供完全的焦點，所以不會激怒或打擾到人，但是它提供周遭的環境資訊來源，顯示房間外的世界所發生的事情。

魏瑟和布朗爲寧靜科技舉了另外一個極佳的例子，娜塔莉・澤瑞米堅柯（Natalie Jeremijenko）的藝術作品**擺晃弦**（Dangling String）。這件作品包括了二點五公尺高的塑膠繩，塑膠繩連結至一個小馬達上。馬達從網際網路連線接收訊號。繩子移動的力度，從溫和的波浪到瘋狂的跳舞，皆與網路活動量有關。周邊科技（Ambient Technologies）是麻省理工學院思考機器實驗室（MIT's Machines That Think laboratory）的一個分支機構，致力於普適運算計劃，研發了一些使用寧靜科技原則的產品。舉例來說，四周天體（Ambient Orb）是一種球面的光線，它會隨著網路所傳出的任何數值來變化發光顏色，例如空氣品質、花粉數量或是股票行情提示。⑧房間中放置球體可以提供我們溫和的背景監視器，這些資訊都無需我們專心一致的注意力，但卻有助於投入更廣泛的範疇，而且可能讓我們了解大環境。

我覺得魏瑟和希利・布朗的寧靜科技論點最有意思的地方在於，他們在許多方面用來描述日常生活環境中融入智慧設計方法的語言，與解釋自然環境如何吸引和有助於恢復人類心靈健康的語言，是一致的。魏瑟和布朗解釋這類設備吸引人之處在於，它們傳遞訊息的方式是從旁溫和地通知，而不是在正前方用刺眼的頭條強調，他們是這樣說的：「這些周邊設備不費力地讓我們和大量熟悉的細節相連。這種與世界的連結，我們稱爲在場（locatedness），是這些周邊設備給我們最基本的禮物。」⑨在我們日常環境中巧妙部署科技，是否可能除了幫助我們和地方建立聯繫之外，還能讓我們在長期接觸忙亂的城市環境中，注意力負荷過重的問題獲得舒緩？

眞實虛擬化，虛擬眞實化

普適運算方法的提倡者很快便和虛擬實境的世界劃清界線，但是很難想像科技未來沒有某種虛擬生活的情形。某種程度而言，當我們用手機交談，用掌上型設備輸入訊息或是聽 iPod 音樂播放機，都會讓實際地點和虛擬地點之間產生裂痕。這些結構和設備——可讓我們得知周遭廣大世界的狀態，甚至當我們進入或靠近時，可對我們個人的情緒做出反應——雖然可能會讓我們將注意力拉回此時此刻，但是我們獨特的認知結構——特別爲了僅憑單一心靈的力量跨越各大洲所設計的——則會無法完全控制。找出有效的方法結合周遭電腦智慧的實體實境和虛擬的世界，成爲混合現實的豐富型態，或許會是比較理想的做法。

最近，第二人生的虛擬實境提供者做出了另一個高風險的決策，他們決定走向「開放」

（open）。若以一般用語來說，此舉表示霖登實驗室決定讓大眾可以取得第二人生在個人電腦上運作的電腦程式碼。這可非同小可。這意味著，功力高強的程式設計師可增強第二人生的軟體，增加其他功能。開放軟體的決定一公布，各界想到的可能性就是，第二人生和第一人生（眞實的而非虛擬的那一個），透過混合的現實設計，彼此可以拉近距離，建立前所未見的近距離接觸。

若是使用者在實際世界的行爲可以透過適當的介面反映在虛擬世界會怎麼樣呢？如果使用者身上的皮膚溫度的監視器的輸出訊息可以放入虛擬世界，也許使用者的虛擬化身會臉紅。如果氣象局的風速測量可以放入第二人生，也許虛擬樹葉會在眞實的微風下搖擺，而虛擬樹枝會彎曲。

這種眞實和虛擬世界的聚合是否會影響使用者的敏感度，這個問題現在還沒有答案可言。如果我們在第二人生可以參觀模擬的地點，譬如北非的炎熱沙漠，並透過虛擬化身的眼睛直接目擊氣候過熱怎樣影響當地的事物，這會不會讓我們更加了解，乾旱、饑荒和飢餓以及我們家中冷氣設定的溫度之間有何關係呢？基於之前討論的所有原因，要做出如此的連結並不容易。乙太網路（Ethernet）的奇航旅程至今依然是好奇的體驗，只有富有的人和科技通才能辦到，這樣的技術雖然有趣、或甚至是充滿豐富的資訊，但是不算造就改變。事實上，這種瘋狂編織的電子冒險可能只會惡化我們和眞實空間的連結，我們全都處於相同的水平電子平原上，在這樣的空間內，實體距離其實就和即時通的領域一樣，對我們一點意義也沒有。

雖然在桌上型電腦的環境中，結合眞實生活和虛擬生活，提供我們許多有趣的機會，了解本身和這星球的關聯，但是我們如果刻意尋找這樣的機會，並且費工夫將所體驗到的事物理性地與現實生活結合在一塊，則會是一種負擔。比較可行的做法是，將虛擬生活的種種融入我們的生活體驗中。假如，我每天走路去上班的途中都必須經過公園裡某座實體雕像，雕像會透過改變不同的大小和形狀，用實體且直接的方式描繪剩餘的海洋冰塊量。那麼，隨著時間荏苒，遙遠環境暖化的事實會鑽進我的良知之中，並成爲我內心面貌的一部分。在最理想的周遭運算形式中，海洋冰塊顯示器在我面前並不是彰顯罪惡的信號，而是當我走在熟悉的路途上時，深刻地融入我地理體驗的背景中。

在滑鐵盧大學的沉浸式虛擬環境研究實驗室（RELIVE），我們建造了豐富且精細的建築物和地貌的虛擬實境，可與第二人生這種沉浸程度較低的環境匹敵。⑩模型是以虛擬世界主要特色地點爲骨架，然而視覺質地和光線的精密細節可以產生身歷其境的假象。我們的實驗參與者戴著接收器，上頭裝著類似筆記型電腦的小型螢幕，觀看這些模擬場景。專門的感應器記錄使用者在房間中的一舉一動，讓電腦更新螢幕上的影像，使用者就能完全沉浸在模擬場景中。虛擬實境研究人員提到一種稱爲「身歷其境」（presence）的短暫特質，他們所指的是，在某個程度中，虛擬體驗的品質會讓人相信他們置身其中。雖然沒有人會眞正忘記這些虛擬環境與實體空間不同，虛擬環境的極致會產生深刻的「身歷其境」感。有一位虛擬實際設計者創造了一台模擬汽車，眞實到讓他在開到虛擬的懸崖時怎樣都不敢開過去。我們在實驗室中可以製造一個深洞的假象，並且讓它突然出現在畫廊這樣一般場景的地板上。這個假象極爲逼眞，我們就算可以逼著自己走到深洞邊緣往下看，但即使是有經驗的老手也會如履薄冰，假如我們強迫自己「鋌而走險」跨越深洞，快速的心跳和發汗的手心會在生理監視器上顯露無遺。

在建築物之間以空間排列規則預估行動的方法，也適用於虛擬空間。更有意思的是，角度和距離這些往往讓眞實空間居民感到混淆的事物，在虛擬空間也是一樣，這個現象可以用來製造有意思的效果。在普羅維登斯市（Providence）布朗大學（Brown University）的大型虛擬實境實驗室所進行的一個研究中，研究者建造了一個大型的虛擬迷宮，迷宮裡頭有他們所稱的蟲洞。這些洞是虛擬門戶，將觀察者從迷宮的一個位置投射到另一個遠方的地點。⑪若要了解這個效果是什麼模樣，不妨想像自己走出家門後，發現自己置身於家中後門附近。模擬場景的設計讓虛擬旅客看不到蟲洞的存在。因爲他們不熟悉整個空間，每個地區看起來都很相似，要這樣安排並不困難。在探險測試中，自願者不但一點也無法察覺蟲洞的效應，他們在虛擬空間的行進路徑也顯示，他們對這些洞的安排和迷宮各部分眞實空間的關係知道的並不多。當研究人員要求他們找出迷宮內兩個地點的捷徑時，他們選擇的路徑顯示他們不知道房間的幾何概念，只用拓樸計算地點和路徑。

我們在沉浸式虛擬環境研究實驗室的許多研究，都與測試建構空間的設計原則有關，譬如房子、建築物和城市。有技巧的設計人員可對提案的建物或街景建立模型，給使用者用以衡量他們的反應。我們要求參加者回答是否喜歡所見，還監督他們的行動，觀察數位空間的哪個部分會吸引他們的目光和行動。在同時，所有的感應器記錄他們在面對體驗的事物時身體系統所做出的反應。這種系統可以有效了解人類大腦如何處理空間，也有助於解決有意思的實際問題。滑鐵盧大學建築學院的建築師湯瑪士・思巴（Thomas Seebohm）在設計過程中，率先使用這種虛擬方法，使用整個城市精細的大型虛擬場景，作爲都市計劃決策中，大眾觀察過程的基礎。雖然繪圖和桌面大小的模型，可讓人們想像建設計劃對其生活空間會帶來什麼樣的改變，但走在新建物或開發計劃內精密的虛擬模擬場景中，這種沉浸程度更高的環境則可爲未來的選擇勾勒出更周詳的遠景。

我們在實驗室中也設計了虛擬建築，建築大小和形狀會隨時間調整，根據觀看者的行動和生理狀況測量情形，反映他們的偏好和用途。這種人類使用者與虛擬空間共生的關係，應可幫助我們定義最適化住宅和辦公場所的型態，也能幫助我們了解各種空間類型可以怎樣調整，以滿足每個人的偏好。所謂的回應式建築（responsive architecture）——可以感應居住者的行動，甚至根據其生理狀態調整的建築——已引起各界的矚目；另外一位本地的建築師和藝術家菲力浦・貝斯利（Philip Beesley）同樣也對此產生興趣。[12]簡單來說，這類功能包括配合居住者的體溫調整周遭溫度，但是也可能調整空間的形狀和外觀，讓使用者感到舒適、放鬆和安全。

具有震撼力的繪圖、環繞音效以及引人入勝的故事，可讓虛擬空間的居住者遠離眞實世界，然而，這種數位世界生氣盎然的關鍵卻是其他生物的存在。在虛擬世界中，若要讓人更具身歷其境的臨場感，和他人分享這個世界是最穩當的辦法——這點也印證了珍・雅各所說「人氣吸引人氣」的這句格言。第二人生和魔獸世界之類的遊戲之所以如此成功，就是因爲這個原因。這種虛擬實境可以作爲社交的場所，只要虛擬星象正好到位的話，使用者可以上前和其他人對話、歡笑、跳舞、約會、擁抱，甚至在臥房內就能玩得不可開交。這些社交互動的機會可以吸引使用者進入虛擬世界，即便化身不過是筆記型電腦螢幕上幾百的彩色畫素，有時還是會讓他們流連忘返。現在想像一下以更強大、沉浸程度更高的方式，來體驗這種共同的身歷其境感——在虛擬實境裡頭，使用者戴著上頭裝有顯示器和耳機的接受器，徹底「沉浸」於虛擬的世界裡頭，將周遭的實體世界徹底地拋到腦後。

在滑鐵盧大學沉浸式虛擬環境研究實驗室，以及一些其他這類的機構，身處不同實體地點的兩個用戶戴著接收器，便可在虛擬的共享空間會晤。就像第二人生一樣，使用者是以數位化身的型態和彼此見面；不過這些化身的精密程度讓人嘆爲觀止，膚質、衣著和姿態都絲絲入扣。當使用者戴上其他的感應器（如特別的手套，讓電腦主機記錄手和手指的位置）時，他們的數位化身甚至可以和其他人有身體的互動。雖然眞實身體互動（如握手）的科技還需要相當時日才能開發出來，但配備具備某種回應程度的感應器卻是有可能的，共有的虛擬空間使用者不但可以「伸手去碰觸某人」，還可以讓碰人的人和被碰的人眞正感覺與虛擬動作相符的實際皮膚感覺。

如果這種科技被廣泛地運用，社交互動的發展前景將會超乎人們的想像。舉例來說，視訊會議讓一小群人可以在共享的視聽空間之中溝通，有助於提升通訊的效率。但是只要參與過這種會議的人就知道，在只以話語、停頓和語調傳遞訊息的情況下，很難跟上對話，提議明確行動方案的群體體驗就更不用說了。這樣把群體互動的複雜性貶低爲不具實質力量的語音，天底下沒有什麼事情會比這個更讓人領會團體互動的複雜性。就算加上影像連結也不會好到哪裡去，因爲這不過是把混雜的聲音加上桌子前面看起來比較有點活力的大頭照，完全沒有自然的移動、身體語言和眼神接觸。

現在，想像自己坐在一個房間裡，這裡是只有會議成員存在的共有心靈空間。你不只可以看見團體其他成員的立體化身，還可以和他們談話，看到對方的手勢、臉部表情和眼睛轉動的模式，並且有眼神接觸。雖然這種會議還有些科技障礙有待突破（箇中的最大障礙或許是網路頻寬夠不夠讓數據資料從一地即時傳輸到另外一地），但最艱困的挑戰大都已經克服了。

這種虛擬交流日漸普及的可能性，會令商業界許多做法出現革命性的改變，而且沉浸環境連結社交網絡的用途更會對人心造成震撼。想像你們可以去花俏版本的網咖，和來自世界各地的朋友齊聚一堂聊天、分享音樂或電影，甚至還可以牽手和擁抱。就某種意義來說，我所描述的情況並無新意。網路約會已經流行多年，而且許多證據在在指出，即使靠著打字用電子郵件搞網路性愛，也足以讓人離開穩定的婚姻去找尋從未碰過面的新伴侶。然而，新鮮的是，這種交流可以運用的技術，將會締造超乎人們想像的真實感受。

現在更進一步探討，請記得我們是誰以及來自何方。當我們用光纖將化身送去和朋友、商業伙伴、政治人物或潛在戀人的化身碰面時，有什麼東西可以保證我們必須傳達出真實的自我呢？每個人都認識會花言巧語、在攝影機前做愛的人，或是在某種程度而言，傳達比現實生活中誇大的自我版本。如果進行心理學家所稱的「轉變的社交互動」，使用科技來操縱栩栩如生的化身，化身說不定還有溫暖的虛擬肉體，和會跳動的虛擬心臟，那會出現多大的人際關係浩劫呢？同樣地，這不是特別新的問題。我們所有的體驗都由某種事物傳達，無論是文字、影像，或只是本身感官、認知和情緒偏見受到扭曲的管道。以虛擬實境研究人類互動的先驅吉姆・布拉斯考維奇（Jim Blascovich）對此有簡單的解釋。他說：「每件事都是虛擬的」。[13]然而，除了單純透過文字和影像之外，新的精密科技讓人們可以透過行動、身體語言、臉部表情，以及近乎肉體對肉體的接觸，將錯誤的想法植入他人的腦袋之中。這種科技一旦被廣泛使用，將會群魔亂舞，根據過往的經驗，法規制定必會困難重重，而且很可能失敗。唯有現在採取行動，針對虛擬化身的範疇和極限進行研究與了解，方能預防這類技術侵蝕人類實體互動的眞實性。

雖然在可預見的未來中，這種能和虛擬伙伴深刻互動的沉浸體驗設備，很可能限用於專門的機構之中，不過電腦繪圖的品質和速度日新月異，將會讓這種技術的成本快速下降，直到消費者都可以負擔高品質的沉浸虛擬體驗。消費者只要花大約二萬美元，就能買到這種創造數位世界的頭盔，而且還能記錄行動的基本系統；大約相當高檔家庭劇院的價格。價格更親近消費者的任天堂Wii（Nintendo Wii）——具備無線控制器——或許是消費者等級在家中運用虛擬實境的開端。這種控制器給使用者實際沉浸內容的能力，藉由握住把手，立體空間的行動會融入虛擬的網球、高爾夫球和戰鬥中。像第二人生和相似的活動一樣，我們能在短時間內適應這類技術的發展，就是因爲我們對於實體空間以背景以及視覺爲基礎的理解力具有高度的彈性。我們的心靈愉快地悠遊於各個空間之間，幾乎不會向後望，因爲心靈的建構可以吸收這個世界的衝擊，每一次短暫的一瞥，前後都沒有連結。

這樣的科技降臨在用戶家中，會構成極大的機會和風險。如果像星海爭霸（StarCraft）這樣的遊戲，會讓玩家忘記吃飯或是好幾天都不睡覺，那麼如果我們可以邀請匈奴皇帝阿提拉（Attila the Hun）到家中客廳，手上握著沉重的武器互相切磋劍術，會發生什麼事呢？至少，我們必須充分了解遊戲會讓人上癮成癡的要素。不過，實體和虛擬實境之間怎樣才能劃清界線，以免造成社交上的混亂，同樣也是我們必須正視的問題。

更深入了解人類，特別是年輕人，怎樣融入虛擬世界，這方面的認知有助於設計合理的評估體系，規範這類軟體的銷售以及教育用戶相關的潛在風險。隨著虛擬環境日漸風行，吸引力愈來愈大，我們勢將面對這些問題——譬如哪些正常的社會道德以及法律架構可以套用在虛擬的領域之中。

在霖登實驗室的第二人生中，已有人提出這些問題。在世界建立的初期，拒絕遵守行爲規範（其中也包括避免騷擾其他會員所設計的條款）的會員會被監禁在「玉米田」內，那是虛擬農田的某個黑暗角落，在那裡沒有任何活動，監禁的服刑期間有長有短。最近，一名律師控告霖登實驗室違反土地交易的慣例，第二人生裡頭的虛擬房地產也是這些有爭議的土地之一。雖然這看起來好像是宣傳花招，當我們開始把虛擬世界視爲居住空間的合法延伸，並且對虛擬生活投入時間、情感、甚至最重要的金錢時，這類的問題會更頻繁地出現。在虛擬的世界裡頭，我們彼此所見、所聽、所感受到的精確度之高，都是前所未見的，各位不妨想像一下，在這樣的虛擬領域之中，以上所說的議題會怎樣倍數的增加。

雖然有挑戰和風險，但是家用高品質的沉浸虛擬體驗前景燦爛。教育界人士大可利用小孩愛玩遊戲的本性，爲他們提供難以用其他方式取得的知識和體驗。想像一下「卡門・聖地牙哥到底在哪裡？」（Where in the World is Carmen Sandiego?）這種大受歡迎的地理探索遊戲，在立體空間建立完全的沉浸環境。在大學和大型社區中心的機構中，功能更強大的沉浸虛擬場景可以創造出栩栩如生的古羅馬，或莎士比亞的環球劇場，讓學生身歷其境，並透過與「居民」（residents）對話，參與團體活動，以及操作有實物外觀和觸感的虛擬物體。除了內容開發人員的想像力之外，沒有任何事物能夠牽制這類科技的應用。

虛擬的反面烏托邦

我們讓心靈潛入模擬空間、產生引人入勝的虛擬實境，這種技術或許從來沒有這麼接近成真的境界過，但這絕對不是什麼新的點子。這類虛擬實境最早期的版本爲摩登·赫利（Morton Heilig）的模擬器（Sensorama），這部龐大的機器成功地將人們從實體空間的注意力轉移到虛擬空間內。⑭一九八〇年代，當虛擬實境頭盔和電腦科技的技術達到可爲產業運用的基本條件時，媒體開始展現極大的興趣，想要探究虛擬實境打入主流，成爲娛樂和通訊工具的可能性。雖然模擬法現在已經普遍運用在企業界和軍事用途上，但大眾消費者搶著用這個新科技的預期並沒有成眞。箇中許多原因都與科技技術有關，眼前小型螢幕顯示的景象與眞實世界仍有一大鴻溝。虛擬實境也因過度宣傳受到阻礙。遊樂園的虛擬實境遊戲，則因爲沒有媒體大肆搶先報導時預期會有的效果，以至於大眾很快就失去興趣了。

虛擬世界提供消費者高品質沉浸體驗的諸多問題，本身會構成許多實際的限制，除此之外，另外還有特定的心理因素會造成影響，而且一直潛伏於大眾意識之中。威廉·吉卜森（William Gibson）的《神經漫遊者》（*Neuromancer*），尼爾·史帝文生（Neal Stephenson）的《雪潰》（*Snow Crash*），有名氣的華卓斯基（Wachowski）兄弟的《駭客任務》（*Matrix*）系列電影等作品中，科技的發展雖然讓人類得以建造和實體無分軒輊的虛擬空間，可是未來呈現的景象都十分黯淡。在這些作品中（還有許多其他的故事），我們窺探到的是反面的烏托邦世界，平行的虛擬世界被當成武器，產生大量的幻覺摧毀人類的思想，或是我們創造的虛擬世界變成滿足原始衝動的場所，不受正常社交行為的道德規範所限制，甚至不受實際的法律體系所管轄。虛擬實境怎樣改善我們生活的可能性，幾乎沒有什麼樂觀的遠景可言。事實上，即使在第二人生這個沉浸程度低的虛擬空間（主流媒體大肆鼓吹說這是使用虛擬化身溝通、玩樂、做生意的嶄新方式），醜惡的一面似乎正逐漸顯現。兒童必須受保護，在伺服器加裝嚴格控管以免遭到跟蹤。在達佛（Darfur）難民營的模擬中——為了喚起真實世界對於恐怖活動的意識所設計——以超級英雄自許的治安維持會成員必須組織起來保護營區，以免種族歧視的團體突如其來地破壞和塗寫充滿仇恨的塗鴉。[15]

法國哲學家保羅・威里利歐（Paul Virilio）對於透過虛擬實境快速傳送資訊，以及其他任何會令空間瓦解的通訊方式，都有尖銳的批評；但也預先警告我們，當所有的空間瓦解成單點，而且一切都同時發生的時候，人類關係以及權力政治會受到什麼樣的衝擊。[16]這類技術發展下去會造成這樣的結果（現在已經在顯現之中）——權力高低的關鍵並不在於我們身處何處，而是我們看到些什麼。

光是眼神的廝殺就可視為戰爭已經開打。只要時機適合，都可以展開空戰。佔領一個領域通常意味著可以透過衛星，或是可以瞄準郵輪的高海拔無人駕駛飛機，或是透過機載空中警報控制系統（AWACS）之類的大型偵察機，從上方俯瞰。雖然飛機仍然可能會丟炸彈，但是通常炸彈的**威脅**就足以控制領土。因為我們的雙眼可以即刻看到任何地方，所有的壁壘都瓦解了，我們的成敗全靠視覺而定。

這看起來也不全是負面的看法。軍人在泥巴和鮮血中纏鬥的戰況可由電眼所取代，但是不要忘記，那些少數控制視覺的人仍然主宰星球上眾人的生命。主要的差別在於，權力關係會立刻出現和消失（就如同天空轉瞬即逝的彩虹）。我們未來的反面烏托邦裡頭，六十億的人口困在地球大小的空間點，來自四面八方、大量強大的眼睛可在遠方且立即地控制著我們的命運，卻沒有眞正地碰到我們。

哲學家、藝術家、電影導演和作家的反面烏托邦，未必能推斷爲我們的未來必定充滿科技陰暗的現實政治，但是，無疑的是，這個章節中我所討論到的科技，以及許多其他即將上市的科技（舉兩個例子，量子電腦運算和奈米科技），都有潛力對我們的生活造成革命性的影響。這些發展許多是有可能的，不光是因爲我們這種人種具備聰明的腦袋，同時也因爲我們擁有感受和認知的結構，即使這些科技會造成空間的分裂，我們還是會找到因應的辦法。

這種種轉變對於我們在空間中的生活方式造成了什麼影響，了解這個問題的重要性，或許不下於氣候變遷挑戰的迫切程度。我們從歷史的殷鑑得知，儘管有謹慎的先知呼籲，我們**可以**做的，我們**就會**去做。這樣的重責大任就落在當今科學界、人文科學和藝術界明智的思想家的身上，大家集思廣益，並發揮影響力，爲數位建構大業創造更美好的產品。

11
綠色空間
人類大腦空間感的特點，如何影響我們與自然環境的連結，以及對自然環境的漠視

我和大自然格格不入。

——伍迪・艾倫（Woody Allen）

當我和我太太經過停車場時，我們看見有位車主搖下車窗，把速食午餐的包裝紙丟在人行道上後關上車窗。這時凱倫以一種我非常熟悉也十分贊同的姿態（雖然她的作風一直存在著害我被打得頭破血流的風險），撿起那團垃圾，敲了敲那位車主的車窗。當那人搖下車窗後，凱倫將那包垃圾遞給他，並要他收著或找個垃圾桶丟掉。車主一時之間沒有反應過來，也讓我的鼻梁完好無恙，他只是拿回那包垃圾，什麼都沒說地開車離開。我不確定他花了多少時間才回想到這一幕，也不知道他是否在下一個轉角處又把垃圾丟出車外，但這件事讓我跟凱倫思考了很久。現在我仍然會想起這件事，也跟別人提起這個故事，因爲我認爲那位車主的行爲有很大的含義。雖然我們可以很容易地說他只是個自私又無知的人，但是證據顯示我們看見的絕非個案或是前所未有的事件。

我們都看過高速公路旁或市區街道的排水溝上布滿了垃圾。或許我們可以把部分髒亂想成不小心的意外——可能是飛出車門或車窗的紙屑，也可能是風或動物弄倒了垃圾筒——然而我們知道有些垃圾是人爲故意丟棄在地上的。但那些人想過垃圾最後會去到哪裡嗎？他們大概從沒想過這個問題吧。這種行爲顯示，我們心理上將空間分爲內部空間和外部空間，並認爲這兩個空間之間的界線是堅不可摧的。若我想都不想，就把垃圾丟在人行道旁，這樣的行爲又有什麼不同？我們普遍認爲，亂丟的垃圾會被「清理掉」，反正這種事是眼不見就心不煩。

現代的西式住家，有著緊緊上了門的鐵門和密閉的窗戶，全世界也許只有少數人使用這種最新設計，但人類建造封閉、隔離，和保護自己的房屋的努力，從遠古的人類遺址就能看出端倪。雖然房子的牆壁是用來保護我們免受惡劣天氣之苦，也用來保有我們隱私的空間，但這些牆也在我們世界的內、外空間之間，築起了密不透風的心理障礙。

隨著地球急遽而來的環境危機，我們每天不斷地接收到大量的警訊，喚醒我們人類自我毀滅、並連同影響地球上多數生命一起滅亡的風險即將到來。然而提到**環境**時，大家通常會直接想到的是自然景觀——叢林、草原，和山脈。在我們心裡有道裂縫，區隔出外在的世界和我們的住家、辦公室，和工廠，而這道裂縫讓我們無法察覺我們所處環境的急迫性。就像停車場的那位車主，他可以毫不在意的把垃圾丟出車外。多數人認爲環境「問題」只發生在戶外，在我們生活環境領域內一點影響都沒有。因爲空間區隔得太好，在溫暖安全的客廳裡，我們幾乎無法想像門外公園內河裡的毒廢料跟自己有關。

我相信我們之所以無法連結不同的空間——室內和室外、城市和鄉村——基本原因是人類心理的結構，以及我們與空間互動的方式。一般人對眼前可見的空間可以完善的掌握，但對於那些空間與眼界之外廣大領域的連結，我們心理的理解充其量也只是模糊不清的。

長久以來，人類一直很關心環境狀況。我成長於一九六〇年代，記得很清楚，當時就有人提出有關空氣污染，以及北美五大湖（the Great Lakes in North America）水質污染的警訊。好像每個新聞廣播都強力傳遞著世界末日和慘澹未來的信息，讓我懷疑自己是否能活到長大，或被廢氣嗆死，然後被充滿油污的湖水沖走。類似污染偵查局（Pollution Probe）這樣的機構會提出令人驚悚的警告，如果我們不**現在**就解決問題，地球很快就會不再適合人類居住。而我清楚地記得，當時許多大人會安慰我，告訴我「科學」會找出解決這些問題的方法，最後我們會住在大玻璃罩裡，與外界完全隔絕，不用擔心過往所造成的錯誤。也就是說，解決環境破壞的最終手段，就是移動分隔內、外的界線，將有空調的客廳擴張出去，納入我們可以踢足球和野餐的漂亮公園。即使世界一夕間毀滅，但只要將牆面移動就能重新定義世界，讓我們繼續維持原本的生活習慣，也不用理會玻璃罩外所發生的事。

利用時間、空間與大自然隔絕

人類與大自然的隔離感，不只是因爲我們用封閉的圍牆建造了人工環境，也因爲人類移動的方式扭曲了我們與空間的關係，切斷心理空間和生物空間的連結。當布魯斯・洽特溫坐在急駛的車裡，聽著身旁澳洲原住民朋友唱著一首快板的歌。這首流傳了幾千年的歌曲描述一個人走過荒野時所對應的景觀。洽特溫從歌中聽到了我們移動方式與空間概念之間的整體關係出現了斷層。①雖然我們居住在大都市裡，過著快步調的生活，這種現象的發生是必然的，快速運輸工具的現代方式已完全改變了空間的意義。現在，步行不再是人類移動位置的主要方式，而是一種偶爾的活動，是從一個移動機器將我們傳送到另一個移動機器之間的小小方式。我們能適應這種移動方式，是因爲心理上能抛開制式的空間，但快速移動扭曲了人類對空間的認知，讓我們難以理解世界上不同地點的空間聯結。

我經常帶著幼兒搭飛機旅行。最近，我發現他們的飛行經驗中有一件很有趣的事，他們不懂飛機的用途，只覺得飛機是台很吵的機器，把他們關在狹小的空間裡，不能到處走動。而當他們走出飛機時，飛機已經改變了一切，氣候不一樣了，人們的外觀和腔調也不一樣了，而且我們家裡（旅館）的擺設也徹底換過了。我相信這個年紀的小孩眞的不懂發生了什麼事，因爲小孩的空間認知較少，無法想像大規模的移動，也因爲缺乏地理知識，小孩會有個簡單的結論：飛機其實一直留在原地，是周圍環境神奇地改變了，就像《星艦迷航記》（*Star Trek*）中著名的生物甲板（Holodeck）。或許我們會覺得小孩的想法眞是可愛，但實際上大人和小孩並不如我們所想的有那麼不同。

小孩子對於地理的了解可能會十分困惑，有時也相當好笑，尤其是他們根本不懂什麼是比例，然而大人有時也會有同樣的問題。當我們被動地讓運輸工具載著走了一段長距離，我們很容易失去空間感。雖然現代運輸技術讓世界變小的說法是個陳腔濫調，但這也是事實。而且不只是世界變小，世界面貌的空間分配也變得難以理解，因爲我們到不同地點所付出的努力，與它們和我們的地理關係之間，不再有可靠的關聯性。在許多有關飛行的旅途中，從家裡到機場所花的時間，可能比在空中停留的時間還要久。在理智上，我們清楚知道原因——飛機飛得非常快！然而，依據我們對於事物空間秩序內隱的理解，這樣的空間扭曲讓我們無法掌握幾何世界。

就好像空間開了個玩笑，讓世界彷彿變小了，應該可讓人們克服看不出這個世界上各地之間關聯的問題；但事實正好相反，因爲快速運輸降低了空間的理解度，我們乾脆不理會不同地區之間的聯結關係。快捷的運輸工具讓我們有機會看見這個世界更加豐富的面貌——只要有錢，我把錢存夠之後，就可以到極地親眼目睹融化的冰帽。可是我就算有本事把家和冰帽連到一塊，是不是就有能力理解這兩地之間的關聯；這一點我很懷疑。從極地回來後，我並不覺得自己跟世界其他地方有更直接的關係。

有鑑於我們心理上組織和系統化空間的方式，無可避免地，我們的內、外世界會存在有害及危險的裂痕。若我們大腦處理空間的部分強力偏好封閉的方式，如果我們結合這些方式湊出心理的拼貼空間，那麼每當工人築起一道牆，他就改變了我們對居住空間的認知。想避免這個問題，我們也不能像是赤裸裸的游牧民族一般越過森林，全面沉浸在草原跟溪流之中。雖然我們多數都無法完全與大自然融合，但這並不能解釋爲何現代人傾向逃避大自然，寧願躲在家裡享受空調的舒適。雖然我們的心靈可能傾向於擺脫現實的空間，但遠超過心理傾向的作祟，把我們從伊甸園拉往哥壇村（Gotham）（譯註：紐約市的別名）。

珍・雅各把我們隔離大自然的傾向，歸咎於源自歐洲浪漫主義運動的衝動，也許是僞裝成愛默生和梭羅（Henry David Thoreau）所提倡的新英格蘭先驗運動（New England transcendental movement），越過大西洋傳送過來。② 一開始，珍惜與大自然心靈互動的理智運動，和我們現在跟大自然關係惡劣的問題，這兩者之間或許不容易看出有什麼關聯。雅各的論點是，因爲我們把大自然神聖化，所以我們認爲城市生活跟大自然是無關的。我們渴望在森林中尋找眞理，反而造成城市與大自然漸行漸遠。不管是透過電視頻道上的自然紀錄片、市區動物園，或者如果我們有錢的話，可以去坦尙尼亞恩戈羅恩戈羅火山口（Ngorongoro Crater）有空調設備的野生動物園，我們總被教育成要珍惜大自然，但是隔著一段距離。部分原因可能是多數人其實害怕眞正的野外環境，我們把一小部分的大自然裝在箱子裡、鑲在小小的電視螢幕邊緣，或者甚至是像草皮飾品或假的室內植物的翻印塑膠複製本。或許有人會說，在城市裡最多只能做到這樣，總比什麼都沒做好；但隱藏在這種態度下的仍然是一般的概念，認爲大自然跟城市互不相容，而且只有最頑強最勇敢的旅行家到得了的遙不可及的原始荒野，「才算是」大自然。總而言之，我們愛大自然，如果它是在它應有的位置上——遠離我們的城市街道，也遠離我們的家。

有些建築風格宣示了城市與大自然的分離，十八、十九世紀時在歐洲盛行一時，在新大陸也曾重新流行過好幾回的喬治亞風格（Georgian style），時有時無的北美羅曼史氛圍就是很好的例子。在喬治亞風格建築中，封閉的牆壁淸楚地將房子與周圍環境隔開，甚至不做門廊，讓房子和院落一點連結都沒有。多數現代郊區的房子有相似的結構，將室內室外淸楚分開。從面對街道的兩、三道車庫門到壯觀的門廳，都是用來隔絕內、外的世界。即便這種四周有廣大土地環繞的房子，也都築起高度隱祕的圍籬，遮蔽視野，而後院就像個室外的大房間，有著整齊的草坪地毯和挑高的藍色天花板。夏天時，屋主通常花上整個週末的時間，汗流浹背地確認庭院裡已徹底剷除其他動物或植物的不速之客，他們會用化學藥劑殺死動物，或把植物放到堆肥箱。如果這是我們的生活方式，自然看不出自身在城市裡的行爲，和城市或鄉村環境受到破壞之間有何關聯。

我們每天與世界的經濟互動，鮮少與地方有關，這更加阻絕了我們與地理空間的關聯。想了解這個情況，逛逛雜貨店就行了。在我家附近雜貨店的農產品通道上，一年有幾週會有本地蔬果，但大部分的食物是來自幾千公里遠的農場。我們常會開玩笑說，家裡的日用品是亞洲（事實上是由亞洲的廉價勞工）做出來之後，再用低耗油的貨船運來，然而這個想法也抹去了我們對地區的認知。當任何產品和服務都能輕易地從世界各地取得時，誰會去想它的來源是在哪裡呢？

一九九六年，英屬哥倫比亞大學（the University of British Columbia）的生物生態學家芮斯（William Rees）和他的研究生威克那格（Mathis Wackernagel），出版了《生態足跡》（*Our Ecological Footprint*）這本劃時代的書，主要的論點是指出，我們人類可以計算出合理正確的平均值，我們的足跡——說明每個人維持世俗需求需要多少土地，例如食物和日用品的生產，以及存放廢棄物的土地面積。③

芮斯和威克那格計算出的數值相當驚人。他們發現，像美國或加拿大等典型西方國家，與孟加拉或越南等開發中國家，在生態足跡上的差異非常大。除此之外，若計算全球人類的平均生態足跡，結果將是有一天會沒有足夠的土地供人類居住。依照芮斯和威克那格的驗證，他們指出，身爲地球物種之一的人類應盡快改變現在的行爲，我們必須想到方法來縮小我們的平均生態足跡，否則就必須減少世界人口。

生態足跡的概念有強大影響力，讓國家或社區能快速計算出永續發展的進程，然而在我們有關空間討論的內容中最有趣的是，一個人的生態足跡和他的地理足跡之間有極大的差異。若把地理足跡當作是我們每一個人維持生活型態所需的土地**地點**，那麼對於大多數的現代人，尤其是住在先進國家的西方人來說，會覺得地理足跡的概念簡直是無稽之談。因爲我們的貨物、產品、食物和服務確實是來自四面八方，每個人的足跡都是全球規模。彷彿無處不是我們的生活地點，也就是說我們並沒有固定的生活區。

支持全球化的人士認爲，地理足跡的消失是件好事。若不同地區能專業分工，就能省去多餘的勞動力，大家的生活品質就會變好。這項論點說明，爲何製造業多集中在亞洲，而知識產業則集中在北美。芮斯認爲，全球化的問題在於沒有明確規範，因此在這股全球化的力量推拉之下，雇主若能把勞工成本壓到最低、不顧環境問題逕自運作工廠，反而能夠獲得暴利，可是不論是短期還是長期而言，人類都得爲此付出悲慘的代價。

大自然有益身心

這本書的一個主要論點是，我們總用眼睛所見去拼湊出整體空間，這深深影響了現代人的生活。便捷的交通、現代建築形式和方法所建立的城市，還有網際網路的結構，都反映出我們的心智能處理由這些東西所產生出的空間裂痕。既然這樣，還有什麼好激動擔心的？如果我們夠幸運的話，便能理解因爲現代科技而造成的世界，空間和時間被嚴重地扭曲，那也沒必要去煩惱這個問題。我們可以好好利用它，畢竟這樣的科技也是有優點的。

這是個強有力的論點，雖然環境保護論者會覺得這是個謬論，但我認爲它是有一些牽引力的。因爲我們總不能變回野人，在大草原上奔跑吧。我們一定要事先想出辦法，然而想達到這個目標，我們必須先確定我們的根源、了解爲什麼有這麼多人珍惜自然遺產，還有了解在保育環境上我們的立場爲何。我們先別管全球暖化使海水蒸發，或是累積在水、土壤、空氣中的毒素正逐漸殘害數不清的百萬人口這些災難的預警，其實我們希望能找到解決的辦法，填補我們與其他自然世界之間的裂痕，還有個更加單純的理由：親近大自然對身心有益。

像許多對於我們理解自然世界做出重大貢獻的人一樣，艾德蒙・威爾森（Edmund Wilson）年幼時常在樹林裡，把自己弄得髒兮兮的，就爲了尋找小動物。④因爲這些非正式的童年訓練，他一生都習慣近距離觀察大自然，這個習慣也成就他的事業，讓威爾森成爲世界頂尖的昆蟲學家。但威爾森能夠登上世界舞台，不是因爲努力做出螞蟻生態的研究報告，而是因爲他提出的大膽理論。威爾森指出，演化生物學的原理能解釋許多人類行爲——我們的社交生活、家庭互動，還能解釋性行爲的多種面向。威爾森與早期提倡社會生物學這門新學術領域的一些人士大膽指出，很多人類行爲與基因結構至少有部分的相關性。這些行爲包括殺人、利他主義、通姦等。簡單地說，社會生物學家（現在大都稱爲演化心理學家）試圖解釋人類爲求增加子嗣或親族後代所做出的行爲舉動。

威爾森近年的主張當中，有一項延續他對行爲演化起源的興趣，也源自他對地球上的生物多樣性加速減少的憂慮——人類的基因和大自然有著深切的關聯性，並深受大自然的吸引。威爾森稱此爲熱愛自然的天性（biophilia），超越了尋找保留足夠的空氣、水，和食物以維持生命的實用主義。這是有關心理、道德，甚至是心靈層面。威爾森認爲，人類對自然的依戀——我們喜歡觀賞的事物，吸引我們的山川美景，甚至我們所害怕的自然物（像是蛇）——是與生俱來的。威爾森指出，遠古的人類必須依附自然，因爲這樣我們的祖先才能選擇棲息地，和找到生存所需的物品。

其實並不難找到證據證明人類有熱愛自然的天性，大多數人每年去參觀動物園所花的費用，比買票去看各種運動比賽的總合還要多。動物之所以會有這樣的吸引力，或許就是因爲人類內心深處知道，大自然的充沛會滋養各式各樣的動物。那些有錢住在有景觀的懸崖或山丘上的人，特別喜歡水面盡頭拉得長長的地平線。這種地方，包括許多阿普爾敦所說的「美景和庇護」（prospect and refuge），最適合遠古人類居住，因爲他們可以看得很遠，不用擔心掠食者的突然襲擊。人類都非常喜歡接近水域，這符合適應上的道理，因爲水域不僅能阻擋掠食者，也能吸引其他動植物作爲食物的來源管道。⑤

遠在威爾森提出熱愛自然的天性假設之前，就有相當數量的科學研究指出，我們偏好自然景色，甚至跟城市景觀比起來，我們更喜歡草木稀疏的自然環境。另外還有學者更詳細調查對人類最具吸引力的景觀特色，研究員會向受測者展示自然景觀的照片，然後請他們依照喜好排序。結果幾乎所有文化背景的受試者都是打從很小的年紀開始，就普遍偏愛水域、美麗的風景、天然藏身處、錯綜複雜的景觀，以及一些有時人們會說頗具神祕色彩的地方——這個短暫的特質顯示，只要幾經探索，沒有多久便能揭開這個地形一些比較潛藏的特點。有些研究還發現，我們會偏好樹的形狀，因爲這會讓人強烈聯想起先人在草原上擁有蓬勃的生態系統。雖然這些研究沒有確切證據，證明我們天生偏愛對我們有益的自然環境，但是這種跨越年齡、種族、成長背景的共同偏好，卻在在凸顯出我們全都受到相似的自然元素吸引。

愈來愈多的證據顯示，接觸自然景觀能影響我們的身心健康。手術後的病人如果能看見窗外的自然景色，康復的速度會比其他人快；辦公室的員工若能看到窗外景觀，或者甚至是室內盆栽，會提高他們的生產力；牙醫診所的天花板上若有自然景觀做裝飾，會減輕病人的心理壓力，也會提高疼痛容忍度。有關壓力的心理學研究指出，只要在樹林裡走上幾分鐘，或是盯著康斯德柏（John Constable）的風景畫，就能讓人放鬆心情。⑦

理查・洛夫（Richard Louv）在他的暢銷書《失去山林的孩子》（*Last Child in the Woods*）中，提出有力的觀點：我們總是躲在辦公室或家中牆壁後面與自然世界隔離，這樣的生活方式其實會造成人類嚴重的損失，對孩子們來說更是如此。「大自然缺失症」（nature deficit disorder）是洛夫創造的新詞，用來描述孩童因遠離大自然而產生類似注意力不全的病症，洛夫建議，讓孩子處在自然景觀中，就能治癒這類病症，讓孩子更健康也更聰明。⑧如果這個論點有任何的價值，那麼即使我們不相信自然環境即將崩解，也有充分理由要關心與自然缺乏聯繫的問題。即使有人相信，似乎上一代的人都如此，科技能解決污染問題，只要噴射裝滿化學肥皂的巨大泡泡，就能維持人類的生命，然而這種生活反映目前人類的慘澹處境，也許一點生存的意義也沒有。

這樣的隔離狀態是怎樣發生的呢？我們很容易找到責怪的對象：便宜的能源（令人們可以輕

易地扭曲空間）、把大自然浪漫化的詩人（他們的作品神化了大自然，讓我們覺得城市和大自然是壁壘分明的）、那些無法了解財富不單單是用錢衡量的貪心人，以及我們受到笛卡兒（Descartes）或伽利略（Galileo）等科學思想家的影響，漸漸把大自然物化。以上幾點雖然都多多少少造成現在的困境，但是這種糟糕的困境起因於人心，人心把世界視爲不連續的視覺影像，讓我們遠離彼此，也遠離地球上的綠蔭大道。

在我早期的科學訓練中，有位啓蒙導師提醒我，人類的理解力受限於大腦的組合方式，所以有些既有的事實我們是永遠無法了解，例如蜜蜂能輕易看見花朵發出的紫外線訊號，然而人類卻無法察覺。基於相同的理由，所以我認爲，雖然威爾森或洛夫等專家鼓勵我們融入自然，但因爲大腦和心智構造的關係，我們永遠無法眞正與大自然融爲一體。當我們眨眼，或從某個固定物體移動視線到另外一個物體時，視覺系統會暫時關閉，好讓自己無法察覺本身感官知覺受到了干擾中斷，讓我們看見的世界彷彿天衣無縫一樣。我們沒辦法完全了解空間的大小和形狀，就像眨眼時看不見一樣。我們無法與大自然融合到這個地步，這種境界大概也只能在夢境中實現了。

生理機能的事實，是否注定了讓我們繼續在充滿骯髒的空氣、污染的毒水、無止境的滅絕循環的地球上生活？其實這些是可以避免的，只要了解我們自己的生物特性，我們能想出可行的辦法，將大自然帶回生活之中。要做到這點，必須先重視我們與地球的空間連結。我們可能很難想像，獵鷹攻擊獵物時如何計算時間和空間，但我們能利用聰明才智，或利用自己對科技的喜好，將我們的弱點轉爲優勢。

要如何找回與空間的聯繫

我們要如何將浮動的心回歸到危在旦夕的地球上？我們要如何重新定位自己對於地表的充分認識，清楚自己能像伊卡洛斯（Icarus）用蠟製的翅膀在空中翱翔，自由的在高空中俯瞰疲憊的藍色地球？就如同許多其他的事情一樣，對於未來最好的希望，就是投資在孩子身上。

我們無法把孩子變成沙漠中的螞蟻，不論我們創造多少的科技玩意或推出多少的教育訓練，都無法精確知道未來會是怎樣。然而我們也知道，現在的孩子大都生活在密集的都會中，他們對於樹木或鳥類所知有限，也不知道野外的世界有多大。艾利克・瓊森是退休工程師，他花了好幾年思索和寫作有關人類的導航能力。他指出最正式的人類導航心理研究，是在大學實驗室進行，而受測者全是學生志工。這些志工有男有女，年近二十歲，而且都是來自相當富裕，以及可能具有都市背景。⑨ 一項最新的調查發現，在加拿大某個大學裡，有過露營經驗的生物系學生不到一半。⑩ 因為如此，瓊森認為我們只能猜測人類具有搜尋路線的潛能。傳統民族像是在極地求生的因紐特人，或是訓練精良的普盧瓦海軍導航員等，他們的導航方式也許跟螞蟻、蜜蜂、信鴿相差極大，然而無可置疑的，古代人搜尋路線的技術，顯然遠遠勝過現代的都市人。當然這並非巧合，他們與大自然有強大的聯結。就如我們所看到的，地理空間、天然棲息地、花草樹木、蟲魚鳥獸等，都深植在這些了不起的族群的口述傳統、文化，和生活方式之中。

若我們不能讓孩子空降在北極大冰原，也不能把他們丟在大洋的浮筏上，我們該如何培養孩子像那些土著民族般地認識空間、歸屬大自然呢？就像洛夫提出的，若要我們的孩子到大自然裡探索空間，第一步是讓他們走出家門。一旦孩子出了家門，他們需要可以探索的地方，而這正是現代都市規劃原則讓他們極度失望之處。在郊區環境中，綠地的樣子一點也不吸引人，顯得沉悶無趣又充滿交通的嘈雜聲。當爲了廣大郊區的發展，由法律訂下了綠地的分配，然而很悲哀的是，他們總是無視於人類心理的現實考量。在郊區後院蜿蜒的狹長草地也許符合法律規章，可是無法滋養我們的心靈。乾枯的草地上和小小的水泥地遊樂區只有幾個鞦韆、一座塑膠滑梯，和一兩台電視卡通人物的騎乘玩具等，常常是空無一人或是未曾使用過。在城市中心，公園通常很小、直線，和平面的造型。縱使小孩偶爾會找到這樣的公園，但它們一定要有特殊設計，否則最後將淪爲垃圾場而且遊民充斥。悲哀的是都市計劃並沒有太注重孩子的需求，因爲沒有人充分了解他們的需求。我們不知道怎麼讓孩子遠離電視和電腦走向大自然，但顯然若只有巧妙的空間設計是沒有用的，要讓孩子脫離連線的室內空間，就需要父母、都市計劃人員，和教育家通力合作。

爲了孩子，重新設計空間

父母第一步要認清的是，也許他們提供了太誘人的居家環境，讓孩子沒有出門玩的意願。很多小孩擁有自己的電視機，還能隨時隨地連線上網，除此之外，家裡還擺滿了各種電子遊樂器、Wii、Xbox、Game Boy 等。我們並不希望全盤否定這些遊樂器的教育潛能（在前一章提到這些玩具能增強地理空間概念），但它們的存在，對於街區盡頭等待大家光臨的小小楓林而言，是個激烈的競爭。父母購買這些器材，一來是孩子的要求，再者也是認知到它們具有教育功能，然而它們同時也成了孩子戶外休閒活動的替代品。

住在郊區的父母可能會認爲戶外空蕩蕩的街道和公園太過危險，而住在城市的父母則會擔心車水馬龍的交通和陌生人帶來的風險。其實對我們大部分的人來說，這些擔心害怕都是被過度渲染的，在過去三十年來雖然人口水平急速增加，然而犯罪事件以孩童綁架爲例，並沒有大幅增加。儘管有這些撫慰人心的統計數字爲證，許多父母還是不敢讓孩子離開視線，到戶外或離開住家的保護藩籬之外玩耍。而有關孩童受害的個案，經過戲劇性的媒體報導，更惡化了這些困境。不僅如此，那些既得利益者更積極地鼓勵我們抱持這樣的恐懼心態，讓我們把孩子留在家裡，每天二十四小時看著所有螢幕上不斷播送的商業廣告。

我們有沒有什麼方法，利用這種會威脅到孩子健康和福祉的科技，轉而讓他們走出戶外，進入更廣闊的世界，而且無須擔心他們的安全？我認爲答案是有的。寫到這兒，我指使九歲的女兒步行到雜貨店去，這段路程比我平時允許她單獨外出的距離還要遠一點。雜貨店位在城內，雖然一路上多得是讓人安心的「街道之眼」，但這通常是各種病態行爲（包括像我一樣神經質的父母）的廣泛混合。所以我讓她帶著我的手機，她到雜貨店時打給我，離開時又會再打一次，萬一路上發生了什麼不尋常的事，她就會直接按下速撥鍵。

當然，年紀比較小的孩子不會使用手機，但一些有企圖心的科技公司已經設計了種種的裝置設備，例如利用全球衛星定位系統（GPS）技術，追蹤孩子的位置。做成手環的追蹤器可以在孩子走出特定範圍，或試圖移除手環時，發出警報聲響。在丹麥的樂高主題樂園（the LegoLand theme park），已與創新科技供應商 Ekahau 科技公司合作，設計出「孩童定位器」（kidspotter）系統。這套系統能裝在手環裡，發出與無線網路相同的訊號，再用三角定位法找出位置。父母只要用自己的手機撥通電話，就能知道孩子在公園何處，而且位置精確到只有一兩公尺的誤差。這種科技沒理由不能用在生活中，讓我們可以隨時追蹤孩子的位置，放心讓孩子去探索社區、公園，或其他空間。

雖然這些措施可能會打擊老大哥的監視系統（我曾和一名都市計劃員討論過這個措施，並指出類似的技術也用在追蹤特定囚犯或假釋犯上），但這種科技也能視為一種可以顛覆那些設計、讓我們忽視或「變通」自然景觀的方式。當給予孩子必要的自主權，去經歷與自然有關的重要經驗，變得更健康和更有適應力時，這些科技可以幫助我們確保他們的安全無虞。這些工具或許不適合每一個人，尤其不適用於較大的孩子，但對一部分不放心孩子到戶外玩的父母，卻能提供一點動力，讓遠離自然的孩子跨過門檻，走進綠地。

使用ＧＰＳ系統地理定位功能幫助孩子接觸大自然的可能性，特別受到矚目。我已經開始與我十二歲的女兒一起探索地理藏寶（geocaching）的世界。地理藏寶族將一些有趣的物品裝在能抵抗各種天氣和可防止動物破壞的容器中，藏在戶外，最後再把精確的經緯度放到網路上。[11]其他玩家上網找出吸引他們的寶藏座標，利用攜帶型的ＧＰＳ找出藏寶處，然後放進自己帶去的小東西，最後在網路日誌上記錄這次找到的東西。地理藏寶是一種利用地球座標來尋寶的遊戲，適合較大的孩子，它提供了一種極富吸引力的戶外活動與智慧型科技產品的組合。地理藏寶遊戲在世界各地都很受歡迎，藏寶地點可能在南北極（the North and South Poles）附近，遍及北美、歐洲和亞洲部分地區等。隨著GPS愈來愈便宜，且愈來愈普遍地安裝在口袋型電腦或手機裡，使得GPS有極大的潛力，能讓各年齡層的孩子將他們天生對小玩意的好奇心以及與生俱來的熱愛自然的想法結合起來。

如果第一道關卡是找出讓孩子願意出門的方法（我們自己也要願意讓孩子出門），那麼接下來的挑戰更大——就是給他們一個適當的環境，讓孩子能直接體驗大自然。不是像到區域公園校外教學，或是精心安排到戶外教育中心的學校遠足等，這些間接接觸大自然的方式，對孩子最重要的自然經驗，不是在父母或老師善意的控制影響下，而是他們自己自發性的去進行。這些自然經驗應該從後院的大樹、暴雨排水涵洞，或是前院草坪的一塊雜草陰涼處開始。這些地點提供早期生態經驗的理想背景，讓年幼的孩子能在這些地點抓到生平的第一條蚯蚓、觀看城市裡的松鼠在枝頭間跳躍，或者分辨在手指間捏碎了的葉子散發出來的不同氣味。

但是，這些早期經驗雖然是幫助孩子認識大自然和接近大自然的關鍵，卻不能幫他們認識空間。想要對空間有所了解，孩子們必須四處走動、注意不同地方之間的關聯，還要挑戰自己從簡單的快照中重新建構出較大空間的視野。其實重建室外空間以增加搜尋路線的樂趣，是不難想見的，但這種理想的環境對於爲了增加買氣，允諾大型私人建地的郊區建商而言，則是一種詛咒。解決這個問題的一種方法是，以較爲適中的空間取代大型後院，並聯結包含複合性的原生植物族群、樹木、有趣的岩層，若安全無虞的話，還可以有水域的大型野地。

史帝芬·凱勒特（Stephen Kellert）在他有關親近大自然設計的書中，描述了這麼一個理想的生活環境，位在加州戴維斯市（Davis）的生態社區（Village Homes）。⑫社區中的房子向內，每八戶自成一個小群聚，提供一個大型的自然化區域的安全圈地，居民們集體規劃和維護共享的公共區域。地下排水溝已換成自然沼澤地，裡面有豐富的動植物，而且沼澤中的水也能拿去灌溉果樹；社區的房子融入大自然中，房屋的建造也使用永續工法，包括爲了最有效運用太陽能，房子採南北向設計，屋頂上也放了太陽能板來補充電源。只要規劃得好，這樣的環境不但能讓孩子接近大自然，還能提高空間的複雜度，增加路線搜尋的挑戰性。

就算是老舊社區，只要父母有足夠的創意和開放的心態，社區也能改變成親近大自然的設計。在我居住的城市，有好幾個擁有屋齡四十到一百年的老房子的街區，有些屋主已拆除他們後院之間的部分圍籬。父母會鼓勵孩子在住家的前院或後院玩，還設計出有趣的遊戲，能幫助孩子學會認識附近和遠方庭院之間的空間連結。其中一種孩子們稱之爲搜捕的遊戲，很像是捉迷藏。這個遊戲需要一個小孩當「獵人」，其他小孩躲起來，獵人需要一一找到躲藏者，並帶回「監獄」裡。通常孩子們在夏天傍晚玩這個遊戲，而他們的父母就坐在屋前的門廊上聊天。因爲視覺線索幾乎是微乎其微，因此，搜捕遊戲鼓勵小孩去探索空間並感覺自己與空間的連結。這類遊戲若加上假想的情節，每一次都能吸引小孩玩上幾個小時，把電視和電腦拋在腦後。像這樣鼓勵孩子出去玩的方法，其實很簡單又不用花錢。最重要的是父母的心態要改變，能看清剝奪孩子們在大自然探索空間的機會，所損失的是什麼，並且要有意願把修剪整齊但毫無用處的草坪換成複雜的、有趣的和有挑戰性的空間。

來看看發生在加州柏克萊的一個企圖心更大的類似範例。一名房地產講師逐步買下一整個都會街區的住宅後，拆除圍籬、車庫、人行道，創造出廣大的內部共享的綠地。這個社區的早期研究指出，比起其他鄰近社區傳統的場地布局，這裡的社區居民較常走出戶外，也較常跟鄰居來往。⑬

當然學校也應該在發展孩子的空間技能上扮演重要的角色。學校目前致力於創造新奇的方式，以提升語文或數學的學習，但也應該要鼓勵孩子們看看教室牆外的世界，他們才能和更廣大的世界有所聯結，而這樣的努力可以從學校本身的設計做起。然而我所見到的大部分新學校的建立，是以效率和經濟爲首要考量，包括一系列低矮的長方形建物設置而成的扁平水泥遊樂場，圍繞著光禿禿的操場。這種設計並不能幫助孩子理解內、外空間的連結。我有位朋友是個老師，他告訴我，他曾經服務的一所位於加拿大北極地區的學校，最近社區開始著手一項非凡的計劃，將學校的物理環境與大自然做更好的整合。主辦單位徵求當地長者的協助，他們即刻建議教室和走廊要充滿自然氣息——植物、水池、大岩石——還有建築物應該善用自然採光。然而多數計劃因爲經濟因素而無法實行，也有可能是因爲缺乏意願。但是毫無疑問的，這些設計的改變，有許多項目應該不至於昂貴到無法負擔，但卻能讓孩子充分連結內部和外面的世界。

很多校園極度缺乏親近自然的特色，部分原因是安全考量——少數老師必須看管一大群在戶外活動的學生。但既然我們已經改良住家環境，且認同自然環境對孩子的重要性，那就應該能激勵我們重新設計既符合安全性，又能進行野外空間活動的校園。若校園規劃依照海拔的變化、自然生長的植物族群，也許甚至有例如迷宮這種路線搜尋的挑戰性設計，學生能暫時迷失方向後，再找回自己的路，進而獲得一些空間連結感。這種環境不僅能讓學生自由玩耍，還能設計出結構規劃活動，讓孩子們了解自己的空間優勢和弱勢。想像一種校園遊戲，在遊戲中，孩子們必須說出自然的特徵，再把這些編入例如歌曲的故事之中，接著再用這些故事編排路徑。當把此類活動納入孩子們的創新「生存訓練」營隊的課程裡，就會相當有效率。參加過這個野外營隊的孩子們在多年之後，因爲這些敍事的強大力量，還是能清楚記得每條路徑和每個地方。對於伊紐特人或澳洲土著數千年有用的方法，只要給予適當的引導，也一樣適用於現代的西方小孩。

近年來，由於環境議題的認知已經成爲首要的學術領域，學校在生態教學上也跨出一大步。現在很多創新的教學計劃還包括戶外教室，摒除傳統教學方法，改採實作的課程，鼓勵孩子思考自然生態系統功能性的聯結。這類課程有極大價值，所以父母應該全力支持。總而言之，我的建議是，爲了修補孩子與更廣大的世界之間的裂口，下一步我們要做的是，鼓勵他們看穿神經系統呈現片段的空間視野。想做到這一點，我們可以在特別設計的環境中，給予孩子機會去了解有關事物的空間聯結，並促進這樣的經驗。

與日俱增的空間樂趣

就像人生中的很多事，若要讓我們與大自然連結，並過得更健康，最好的方法是將時間和金錢投資在孩子身上。但我們呢？我們要如何將有趣的空間變成生活中更大的一部分？我們要如何打破那些當我們行駛在高速公路上，或匆匆的行經城市的大道上，以便完成一天的指定任務時，由一連串短暫的一瞥所收集而成的極端系統化的空間概念？

其實很多用來重新設計遊樂場和校園的方法，同樣也能用來設計大人的環境。在城市裡，都市公園，不只是遠離重要活動路線和避開行人來往的寧靜綠洲，它應該也是城市環境的一個整體特色。公園應該盡可能的呈現有趣的路線搜索的設計，讓行人在城市中穿梭時，必須穿越公園，也有選擇的機會。舉例來說，紐約中央公園不只是以作爲城市地標的方式，緊密的編織成城市景觀，而且大到能讓遊客像沉浸在野外地區。此外，中央公園還能用來舉辦許多文化性的活動，種類繁多，從戲劇表演到免費的搖滾演唱會不一而足。另一個規模相同、但設計風格迥異的成功綠地是芝加哥臨水的林肯公園（Lincoln Park），它是個休閒娛樂中心，但也和其他鄰近的城市郊區完善的整合。

城市綠地的規劃並非總是盡善盡美。舉例來說，華盛頓特區的國家廣場（National Mall）周圍，盡是美國最頂尖的博物館，然而卻只是一塊缺乏有趣事物、自然或人爲景觀，甚至舒適座位的大型矩形空間。這塊廣大的城市綠地可以有很多用途，但目前顯然被浪費了。這種類似但面積小很多的空間，在世界各地的中型城市都找得到。開放的矩形空間上鋪設步道、蓋上磚頭花圃，也或許有一、兩棵樹，就可以滿足城市綠地規劃了，但這種規劃不能讓我們接觸自然景觀。

當我在滑鐵盧（Waterloo）這個典型的中型北美城市步行前往上班的路上，經過一個小小的、人口稠密的市中心，然後走進一座大公園。公園裡有樹林、草地、蜿蜒小路，還有一個飼養一些本地和外國動物的區域。公園連結市中心到另一個發展區域，包括大學建築、學生宿舍，和一些商業區。我找到很多條路能從公園到我上班的地方，其中幾條路還會經過圍繞著小溪的小樹林。在樹林裡，我能看見水獺、松鼠、花栗鼠、水鳥，還有許多青鳥。我很幸運可以住在這座有遠見的城市，它保存市中心附近四十公頃以上的綠地，而且截至目前爲止，已經阻擋了開發商的覬覦。

其實，這座公園的許多優點，在較小的空間中也能做到。

另一座鄰近的保留區內有座溪谷，滿是樺樹、楓樹的濃密樹林，林間交錯著小徑，穿插著帶走暴雨徑流的蜿蜒溪流。幾年來，我在這個不滿八公頃的溪谷裡漫步、奔跑，而每次似乎都能看到新的視野，或無預期地與光影結合。走在起起伏伏的小徑上，這種無法十分確定自己身在何處的感覺，帶給我放鬆、好奇和專注的愉悅心態。不像大公園，這個地區和城市的其他部分聯結較少，很多滑鐵盧的居民都不熟悉這片小樹林。至於周圍環境在不同的情況下，讓它成爲城市核心的一部分，就可在繁忙的街道中給人冷靜休憩的一隅，並且挑戰我們的空間感、提醒我們對空間的掌握還很脆弱、鼓勵我們更注意自己與世界其他地方的連結。

即使在郊區，一些相當簡單的措施便能夠改造景觀，刺激人類空間意識的重大改變。我先前已提過，藉由移除後院之間的圍籬，產生更廣大也更自然的空間方式，集中出一個共享的野生空間的可能性。除此之外，房屋從街道向後移能空出大量的空間，重新設計空間時就有更多的彈性；馬路也可以窄一點，空出更多可利用的空間，這樣不僅能重整交通，還能讓郊區和都市一樣有行人徒步區。

這些新措施能讓居民願意走出門，但前提是要有很多混合用途的支持。如果有地方可以讓人走路前往，那麼大家就會願意出來走走。雖然目前的法令在很多地區排除這種混合用途的設計，但總有一天，當汽車行進的成本高漲，將會使在郊區、公司企業、蔬菜農場、社區活動中心，和其他公共空間的混合用途，成爲較有吸引力的提案。若郊區內有許多受歡迎的景點，那麼它們彼此之間就能用有趣、具挑戰性、但可理解的路徑網絡聯結在一起。

把所有的感官串聯起來

若要防止自己把空間切割成破碎的片段影像，還有一種完全不同的方式，就是我們必須讓其他的感官參與。日式花園的設計就是採取這樣的方法，不只能吸引視覺，也能吸引我們的其他感官。雖然日式花園有許多美景，但讓人著迷的是我們的視覺經驗伴隨著聲音（像是流動或落下的水），還有我們漫步在花園小徑上的感官享受。當我們腦海浮現花園中精心擺設的平滑石頭，彷彿手中可以觸摸得到一樣，我們的視線隨著腳步所及、耳朵所聽、甚至手中所觸而走，所有的感官都鮮活起來。雖然，將整個城市街區的設計，複製得像日式花園所製造出的感官效果，或許是不合理的提議，但有些相同的原則是可以利用的。

專門設計音樂廳的建築師，本能地都很重視音樂廳內部的聽覺環境，但其實其他的建築物，甚至是街景，都各有獨特的聽覺特質。想像走在鋪著地毯、舒適溫馨的小書房，和走過銀行大樓空洞的大廳有何不同？即使你閉著眼睛，也能感受空間聽覺特性的鮮明差別，而且在你走過時，不同空間吸收或反射聲響的方式也各不相同。

我們運動時形成周遭聽覺環境的方式，和像螞蟻這種強力路線整合的動物所使用的機制之間，有許多有趣的相同之處。在這兩種情形中，空間是由我們的行動、而不是視覺所標記出來的。譬如，許多傳入耳朵的聲響，尤其是當我們在建築物內走動時聽到的聲音，其實都是自己製造出來的，譬如腳步聲的反射。就如布雷瑟（Barry Blesser）和沙爾特（Linda-Ruth Salter）在《空間會說話》(*Spaces Speak, Are You Listening?*) 一書中提及，建築中的視覺和聽覺最大的不同，在於光源通常不是我們自己製造的，但聲音是我們自己製造的。⑭

比起大多數的建築設置，在自然環境中，我們各種感官之間的結合更加密切。當我們穿越樹林時，自己的腳步聲會和蟲鳴鳥叫、樹木或其他植物間的風聲，以及流水聲融爲一體。在大自然中，比較不像都市那樣會突然傳來喇叭聲，或人行道鑽岩機的施工聲。而在感官景致自然邏輯的整合激勵之下，我們的注意力會更專注在廣大的空間上，因此對事物的細節也更加敏銳。

在寫這本書時，我有段時間住在加拿大東岸的小漁村，養成了每天在空曠的馬路、小徑，或沙灘上長時間散步的習慣。就像許多前人一樣，我發現散步對思考模式會產生強力的正面影響，不管是在散步的途中，還是在之後的幾小時內。起初，我以爲那種療效多多少少是生理的原因——運動只是協助輸送更多新鮮的充氧血液到我的大腦。但後來我發現，散步所帶來的感官經驗，讓我的眼睛、耳朵、皮膚和鼻子都與大自然的律動一致。浪花拍岸聲、腳下的石頭和乾燥的落葉碎裂聲，以及鹽和松樹的味道結合在一起，產生一個身處某地卻難以言喻的感覺，強烈到就像在內陸遊蕩的澳洲原住民一般，我開始將不同的想法和地點聯想在一起。偶爾，我還會再去看看那些與現在想法可以產生共鳴的地方，以釐清概念或是難解的不確定性。我開始了解到本身所見、所聽、所感受到和聞到的感官之間配合得完美無間，讓我獲得生平最深刻的領悟，我們對於地方的界定，不光是看身處的實際**地點**而已，還有我的存在、動作以及內心的想法都會有所影響。我的想法和感覺讓我和大地緊密相連，就像匆忙的螞蟻具有歸巢的方向感本能一般。

我自己的經驗是很幸運和奇特的，因爲很少人有機會遠離繁忙混亂的生活，每天有幾個小時可以和自己的想法以及大自然獨處。但我們是否能從這種經驗中學到什麼，並應用在快步調的現代都市生活，鼓勵我們重新與眞實空間和時間的多重感官層面相連呢？在建築物裡，當然可以大量地雕塑聽覺環境，只要更改牆壁材質和形狀、改變天花板高度，或許再加上水景就行了。雖然據我所知還沒有這樣的嘗試，但還是有可能產生適合行人運動的聽覺環境。這種方式可能特別適用在較長的走廊中，就像市中心連接各辦公大樓之間的地下走道。

鑑於城市的大型開放空間、公共通道，還有複雜的混合用途，刻意嘗試製造音景的難度必然高於在建築物內。有些充滿創意的方法可以克服這個挑戰，且已被對城市音景有興趣的頂尖藝術家所採用。二〇〇六年，安德烈・波利（Andrea Polli）的裝置藝術「紐約聲音地圖」（NYSoundmap），爲混合媒體藝術節（Conflux Festival）——這是一個致力於心理地理學（psychogeography）的聚會，每年在布魯克林舉辦——所採用[15]。該項裝置包括可以點擊的網路地圖，能用於導航布魯克林街道的聽覺環境。除此之外，波利也提供各種裝置，讓行人可以在步行時加強注意城市中的各種聲音。在同一場會議中，往返於東京和紐約兩處住所的聲音雕刻家加藤佐和子（Sawako Kato），展示了名爲 2.4GHz Scape 的作品，這項聲音處理科技能從 Wi-Fi 的源頭，在任何偵測得到訊號的地方，將周邊訊號傳送到配備音景的行人身上。因爲任何市中心幾乎隨處都有 Wi-Fi 在（我仍必須說是「幾乎」，因爲最近我問了一位佛羅里達的酒吧服務生是否有 Wi-Fi 時，她詢問了酒保，只見他轉身尋覓貨架上有沒有適合的酒瓶），利用這種訊號產生的音景，步行者只要戴上可攜式收聽設備即可接收，這樣的可能性至少是相當有趣。

來看看另一個類似的想法。馬克・雪波（Mark Sheppard）是紐約州立大學水牛城分校（SUNY

Buffalo）的建築學教授，他建造了策略性聲音花園（Tactical Sound Garden）。城市各地點是以複雜的公共 Wi-Fi 訊號組合所界定的，使用者可以在特定地點植入或修整個人化的聲音信號。相關軟體能安裝在手機或口袋型電腦，讓使用者在城市空間遊走時能夠聽見花園內的聲音。有趣的是，雪波用易於理解的社區花園比喻來描述這項計劃，把聲音的共同操控比擬成共同灌溉花園。

雖然剛開始只有科技行家會使用這類的設計，但這些設計完全能應用在各種設備上，像是智慧型手機、黑莓機（BlackBerry）、甚至ＭＰ3播放器，提供特定地點的聽覺內容，伴隨著在城市中步行的人。使用電子聲音花園當然比不上眞的到大自然散步，但是這類科技裝置成爲我們以多重感官的都市體驗，界定本身在都市中定位的方式，並不是不可能的事情。除此之外，如果這些聲音花園能模擬專門反映自然環境的重要特徵，對於幫助我們感受與更大空間之間的連結，或許扮演更爲重要的角色。

波利的「台北空中之光」（*Airlight Taipei*）計劃，可能已往這個方向跨出了第一步。這項裝置會提供連續發聲的信號，報告當地偵測站測量出的空氣污染值。人們應該可以想像，更複雜的聽覺信號能指出本地活動與其影響大環境之間的關係。

教育孩子加強與空間之間的接觸、重建公園以發揮在市中心更大的用途，以及利用 Wi-Fi 網路讓步行者在行經市區街道時能聽見相對應的聲音，相較於許多專家警告不出兩個世代，我們地球就會陷於氣候乾燥和火災不斷的風險之中，以上這些提議面對這樣的世界彷彿顯得微不足道。我對於重新設計城市、郊區和公園的建議，比起重新排列鐵達尼號上的摺疊躺椅，可能是一種冒險。

我這樣說是有道理的，因爲我主張，本章描述的措施如果確實落實，便能力挽狂瀾，扭轉目前自然遺產持續走向毀滅的道路。除非能實行很多其他更有效的配套措施，我沒有愚蠢到會認爲我的建議有任何的成效。若要拯救生活周遭的動植物，就得迅速開發替代能源。我們一定要大量投資碳封存科技，收集特定工業排出的碳（例如油沙分離工業），再將碳放回地底；我們一定要快速推出其他型態的科技，阻止和扭轉蒸乾海水和地球烈焰灼身的趨勢。這些措施都需要時間才能準備就緒，但我們沒有時間可以浪費了。

雖然，我知道我們的困境有緊迫性，但是，更讓人覺得驚訝的是，我發現許多目前已經很嚴重的問題，其實早在數十年前就已被發現了。可能有人會說，只有笨蛋才會認爲把毒素倒進有限系統的空氣和水中，我們可以僥倖脫身，永遠不會面臨最終的大災難，但是這就是我們的所作所爲。更糟糕的是，我們長期以來都了解過量的溫室氣體是怎麼來的（我記得在小學時就學過了），而且我們有能力去阻止這個進程。誇張或不合理的地理足跡、對大量製成品的無盡慾望，以及只要有錢支付，自己就有權得到地球上任何地方的產品的感覺，都惡化了我們的環境危機。美國的大型燃煤電廠不斷排放廢氣，因爲民眾需求和期望源源不絕的服務和冰涼的空調環境，在酷熱到草坪簡直要著火的日子裡，大房子內充滿各式各樣耗費能源的電器。我們每天在郊區住家和城市公司之間通勤，燒掉了大量的汽油，我們說服自己住在郊區是爲了讓自己接近大自然，但在週末時，卻用耗油量大效率低落的汽油馬達運轉的機器形塑、砍伐、研磨、搗成漿汁、並移走任何大膽入侵我們高大圍籬圍成的戶外空間的自然物。

這些都不是科技問題，而是心理問題。我們的星球逐漸滅亡的眞正原因，不是俄亥俄州的燃煤發電廠，不是底特律的汽車製造業，也不是亞洲大型工廠的有毒廢水排入河流，這些都只是症狀而已。已故的古爾德（Stephen Jay Gould）是哈佛大學的演化生物學家，同時也是一位歷史、傳說與自然與生命奇觀的卓越推廣者，他提出了著名的見解：「我們不會爲了拯救自己不愛的東西而奮戰。」⑯對於這個具有深刻眞理的見解，我沒有疑義，我只想補充一點，我們也不會愛自己看不見、聽不到、摸不著、嘗不出、聞不到的東西。本章所描述的這些措施並非能解決所有的問題，而只是必經之路的出發點，如果我們要設法記住本身的空間感知和思考，必須讓我們的身體與田野、森林、溪流、海洋之間的空間保持良好的連結。

12 空間的未來

縱情享樂，禍遺子孫

——羅伯特．甘迺迪二世（Robert Kennedy Jr.）

我們探討空間導航的旅程已經很長了。從冰冷的高山湖底沉積物中開始，單細胞生物運用體內鐵質作爲羅盤，鎖住地球磁心導航。我們爬過各式各樣的動物叢林，每種動物對於生活中這個共同的問題：「我在哪裡？」提供了新的和巧妙的答案。沿路上，我們發現自己獨特的空間遊走方式，使用羅盤指引而又稍微偏離我們的主要路徑。像伊卡洛斯戴上他父親——人類的第一位工程師——達德洛斯製作的翅膀在空中翱翔，我們人類生來就有以自己的概念看空間的心智。但是就像那些死在傳說中的克諾索斯迷宮（達德洛斯的另一項著名創作）裡的人，我們太早放棄與大地的連結，要不緊抓愛瑞雅妮的絲線，就會迷路。所有精於野外求生的人，不管是古代航海家，因紐特遊走獵人或現代樵夫，都深深了解我們高飛的心理空間，和雙腳巍巍顫顫地站立在堅實地面之間的巧妙平衡。

其實人與每一種動物有很多共通點，從單細胞變形蟲到北方森林中沉著笨重地移動的熊。所有會動的動物都必須能夠找到需要的資源，以及避開會傷害他們的其他動物。基本上，這表示要擁有武器，有組織地縮短或增加可辨認目標物之間的距離，目標物包括超市架上的玉米片，也包括潛伏在樹叢中有尖牙利齒的掠食者。雖然在對付目標物時，我們必須用巧妙的方法協調身體各個部分（眼睛、手、腳），但幾乎不需要精緻的空間心理地圖。

當我們需要比較複雜的路線找到看不見的或距離很遠的目標物的時候，就必須用到比較精緻的找路方法。像大多數其他的動物一樣，人類會用地標定位和指引方向，就像黃蜂或鳥會運用地面上可以看到的特徵，來指出窩巢或食物來源，我們能用自由女神像等都市地標，或是用自然界的特徵，例如某種特定物種的樹或岩石外型來找出要走哪條路。很多早期文明都很了解山川草木，他們用自然界的特徵指出身在何處，也讓自己與當地有情感和心靈上的連結，然而現代人似乎缺乏這些能力。

一些大自然最優秀的導航員能夠在腦組織中建構出精確的地圖，它們用神經元間的連結取代人類比較熟悉的紙本地圖上的方格網。雖然人類也能用大腦製作地圖，但那些地圖經常是由類似溜滑有彈性的物質組成，缺乏距離和角度，只重視地區間的連結。這種地圖比加油站賣的尺度地圖有變通性，也較不受限制，還會依需求、目的、甚至心情改變大小和形狀。如此的地圖雖然無法讓蜜蜂找到花蜜，但能幫助我們記憶簡單易走的路線，以及與其他人溝通這些路線。但是只要有一點不確定、不熟悉或路程上不預期的改變，這種地圖會很快並且無法挽回地讓我們迷路。不僅如此，這種拓樸形式的地圖是建構在短暫的視覺、印象和視界上面，會讓我們對比較大的空間如何配在一起產生特殊的看法。這些奇怪的看法，會回過頭來嚴重影響我們在家、工作場所、都市，或綠地空間裡的思考和行爲。

現在，在二十一世紀，我們已經成功地運用聰明才智，加上大量的能源，把眞實的實體空間從我們很多部分的生活裡連根拔除。大多數現代都市的居民住在氣候控制的環境中，在各種感覺上小心翼翼地與外界隔開，尤其是在視覺方面。一離開住家，我們看見的視野和視界是僵硬方正的轉角，還有一條條呆板的人行道和馬路。我們做的一地與另一地之間的最顯著的連結，往往建立在電子交換系統和光纖電纜上。雖然這樣過日子在美學上不見得總是令人愉悅，但現代生活還是有優點的。對地理視而不見讓我們能夠盡情大吃大喝、想做什麼就做什麼，還能隨時用電話、手機或網路與人交談。與過去的任何時點相比，現代人的互動比較不受物理定律限制。就如我在本書中指出，人腦結構與我們目前的處境毫無關係，但大腦能結合空間片段，將一連串的視覺印象連起來，造就現代人的生活方式，達到一種神化境界的虛擬實境科技的最高成就。在比較一般的場合也十分明顯。其實我們人類不只是住在空間裡，我們也創造了空間。如果放開愛瑞雅妮的絲線，人類就無法在地球上站穩，就如螞蟻、蜜蜂，或史前時代沙漠旅人的詛咒；然而如果讓心靈飛翔，回頭俯視我們自己發明的地理環境，我們就能獲得無限滿足。

那接下來呢？

空間會終結嗎？

似乎很難想像，會有任何類型的障礙或牽制力量，能夠阻撓人類將所有空間有效濃縮成一點的傾向。就如保羅·威里利歐預見的，既然我們可能可以不用把自己的存在框在歐幾里德的幾何中，那麼即時通訊、虛擬存在，以及我們似乎能夠把自己分散體現到處生活的現象，應該會加速進行。只要電腦與資訊科技持續發展，特別是在運算和資訊處理領域，最直接的預測是我們必然繼續利用資訊科技製造人工經驗，讓從一個地方（place）到另一個地方的實體移動，變得愈來愈不重要。如果我們能夠把大溪地海灘模擬搬到地下室的虛擬實境劇院，那麼何必麻煩地爬上飛天車去看眞的海灘？如果只要按個開關，就能把我們自己體現在全副裝備的化身身上，坐在地球另一端的會議室裡，那麼何必要把自己擠在狹窄侷促的機艙裡？

這種情形變出了後人類存在（post-human existence）的景象，我們以一種功能上等同於將大腦塞在罐子裡頂進電腦終端機的方式生活，有理由懷疑人類的未來將如何開展。科技已讓我們有可能以違反物理或重力定律的方式，扭曲和編織通過空間的路徑，大概只差不能超越光速而已。然而已經有很多跡象顯示，如果我們想要快樂生活，或甚至想維持理性，那麼科技對我們空間的控制程度就應有所限制。雖然人類已經失去一些遠古動物的找路能力，但有時似乎還能回應生物本能的召喚，想起所在位置的重要。

全球衛星定位系統（GPS）和地理編碼資料已大量使用，代表我們內心在乎自己究竟在何處生活。麥可・瓊斯（Michael Jones）是谷歌的技術長，也負責開發地理空間應用軟體，像是「谷歌地球」。谷歌地球是以地方爲基礎的電腦資料，而這樣充滿浪漫氣息的應用程式，也吸引了全世界好幾億人使用，起先是出於好玩和探索，但最後讓人學會與真實世界連結。①最好的例子是蘇丹達佛危機（Crisis in Darfur）計劃，這是谷歌與美國大屠殺紀念博物館（the United States Holocaust Museum）合作的計劃，讓虛擬旅客走過（鏡頭掃過〔zoom over〕）被蘇丹軍人燒毀的村莊。②觀眾可以（虛擬飛近）與村民一對一互動，第一手看到和聽到受難者和其家人訴說殘酷的遭遇。通常口述的故事最吸引我們，但藉由螢幕看到故事中的地方強化了大家的印象，讓人有很大的動力採取行動，即使那些人是在地球另一端的電腦前看著這一幕。故事與地方結合能夠增強彼此的影響力；這個例子也不例外。

迷宮神話象徵人類內心的深刻需求。人都想要掌握自己在地球的位置，想知道自己與特定地點如何連結。在愛瑞雅妮的故事中，我們身在無法理解的洞窟裡，只有抓住愛瑞雅妮的絲線才能導航前進，暗指人類對迷路的原始恐懼。在迷宮中，噬人的怪物牛頭人被殺了，這個故事幾百年來幫助人們在空間中行動，讓人感覺與某地有連結。關於這類迷宮最好的例子之一，是在巴黎附近的沙特爾聖母大教堂（the Cathedral of Our Lady of Chartres）的地板上。整座教堂是走哥德風，雕在地板上的迷宮充滿了神聖的幾何圖形和數字，而這塊地板有特別的目的：旅客會走過迂迴的迷宮直到中心點，當作是象徵性的朝聖。這有點像日式花園，讓人的移動與視界連結，體驗精心設計的環境。迷宮提醒我們人與大地的連結，確實檢視移動怎樣影響我們與地方之間的關係。③近年來，迷宮受歡迎的程度明顯增加。社區會堂、教堂地下室和私人土地，處處可見可作爲迷宮用途的地板圖案。這些設計表面上雖然是爲人們提供一種心靈工具，可在行走的同時促進沉思，不過這種建設也有助於更新和表彰人類與地方的連結。

在世界舞台上，地緣政治活動已逐漸成爲一股重要的力量。至於現代政治對於空間同質化的反應，墨西哥的恰帕斯（Chiapas）可說是最明顯的例子之一，當地經濟困頓的農民激烈反抗北美自由貿易協定（the North American Free Trade Agreement）的經濟威脅。面對全球化勢不可擋的力量，所謂的查巴達革命（Zapatista Revolution）更加劇了人民不滿的情緒；全球化的趨勢本身，就是因爲世界各地可以即時通訊，還能用便宜、充裕的能源，將貨品運送到全球各地所產生的。這些以地方爲基礎的抗爭，起因於大家反對跨國企業蓋過當地經濟，讓當地人受苦，而這類起義也可視爲人民對於世界縮小、疆界消失，以及**身在何處**的議題不再重要所表達的不滿情緒。④

此外，有些比較溫和的地緣運動，則是牽涉到我們了解本身生活以及居住地點之間的關聯。著名的「一百哩飲食」（100-Mile Diet）鼓勵消費者注意晚餐桌上的菜餚來自何地；這個例子絕對是鼓勵大家盡量隨時「思考在地化」（think local）。⑤提出「在地主義」，主要是爲了處理資源浪費、污染問題，以及不良農業經營，比較少論及人依附地方的重要性。但這不是說形成這種依附就不重要。舉例來說，彼得・梅爾（Peter Mayle）的《山居歲月——普羅旺斯的一年》（*A Year in Provence*）⑥用浪漫的手法描述過往生活，這個故事是治療心靈傷口的良藥，讓我們因爲現代生活與基因自古和地方根深柢固的關係之中的裂痕得到癒合。

總而言之，這些重新了解生活中的**何處**元素的重要性的復甦跡象顯示，即使人類文明找出方法繼續存在，並且繼續依循目前的科技軌道一段更長的時間，不管虛擬世界有多吸引人，我們還是不可能捨棄對實體地方的愛好。雖然虛擬世界看似眞實，但只要知道虛擬畢竟不是眞實的，就足以讓我們拒絕虛擬世界。縱使我們內心會因住在與地方半脫節的社區而譴責自己，我們將繼續回想失落的連結，渴望將此納入生活中的重要元素。

拾起空間的片段

不論是政治、社會、科學或環境等層面，現代人變化的步調都極爲快速，所以未來幾乎是無法預想的。最妥當的說法或許是這樣的——若以爲未來「一切照舊」(business as usual)，那麼到頭來肯定會幻滅。便宜的能源會漸漸變少，能源衝突會愈演愈烈，最後大家會去爭奪僅剩的石油、水和食物。有些人無法樂觀，認爲我們不可能理性地面對快速的改變，最後當電燈熄了，電腦也壞了，人會失去生活所需的工具和知識，我們將實質上回到石器時代 (the Stone Age)。

我們現在仍在使用廉價能源，而環境問題也日漸嚴重。海平面上升、生態圈以無法計算的速度在改變，愈來愈多生物瀕臨絕種，這會導致生物多樣性被大肆破壞。除非能減緩或遏止這些破壞，且最終能扭轉回過去的狀態，不然我們就得等著看見饑荒、乾旱、大暴雨，和自食惡果的人類。

面對如此可怕的前景，可能讓人難以面對，更不用說看著孩子的眼睛提供保證，除了告訴他們，我們每個人將會盡其所能，確保這個星球和物種存活下去。然而，儘管有這種種末世預言的陰霾，天底下沒有人敢打包票說未來已經沒有希望，有鑑於此，我們其實還有時間可以展開行動。

我在本書主張，我們心靈解讀空間的方式正是能夠造就科技奇蹟的根源之一，可是也正是因爲如此，我們對地球家園疏於照顧與管理，嚴重到可能喪失這個地球的地步。我建議展開正向的改變，讓大家不再想要將大空間縮小成破碎的片段。其中一些建議主張重新組織自己生活的空間，另外有些建議則包括使用打破空間的通訊科技，讓我們可以與遠方也受自己的活動影響的區域連結。然而我也痛心地指出，徒具建議無法改變人類目前的處境。

如果要改變我們目前的生活，就一定要有減碳科技的協助，還要發展替代能源。但惟有大幅改變人類對生活的想法，才能幫助我們，讓我們避開氣候變遷和能源短缺這兩顆子彈；不僅如此，我們還必須重整價值觀，以及務實地去看自己的需要（needs）和想要（wants）。如果能捨棄「一切照舊」模式，替代方案就能比現在運作得更好；我們就能在本地加入小型社會網絡，分享專業和資源；就能避免無謂的旅遊，進而減少生態足跡。也會有其他的書提出這些簡單的想法（其實已經有好幾本了），但不管最後的建議是什麼，想要保證人類能在未來存活和得到幸福，我們必須了解自己心理上與空間的連結，如此一來才能了解自己的環境。如果能將現代生活的多種面向，明確連結到人心對地方的理解，我的目標是讓大家意識到人的神經網絡、生物本能等都必須列入考量，這樣我們才能在宇宙中找到一個地方，讓大家都過得舒適、快樂，還能永續發展。

我們在哪裡？我們此時此刻就在**這裡**。而我們的未來之所繫，便取決於能否找到方法，了解和感受人與地方之間關係這樣深刻的事實。

致謝

我要感謝協助我進入科學這一行的人，包括約翰・雅門（John Yeomans）、梅爾・古德爾（Mel Goodale）和巴瑞・佛洛絲特（Barrie Frost）等人，也要感謝支持我的同事，他們支持我寫這本書，感謝麥克・狄克森（Mike Dixon）、肯・寇茲（Ken Coates）、派特・維萊（Pat Wainwright）、芭芭拉・布曼弗萊明（Barbara Bulman-Fleming）、德瑞克・貝斯納（Derek Besner）及菲爾・布萊登（Phil Bryden）。我也相當感謝讀者、書評，和討論本書的人，也感謝給我驚奇靈感的人，他們讓知識的熱情持續燃燒，感謝孫洪京（Hong-Jin Sun）、傑克・路密斯（Jack Loomis）、吉姆・布拉斯考維奇（Jim Blascovich）、馬克・山納（Mark Zanna）、馬賽爾・奧格曼（Marcel O'Gorman）及克都拉・摩拉（Cordula Mora）。我還要感謝滑鐵盧建築學院（the Waterloo School of Architecture）的同事，特別是湯瑪士・思巴（Thomas Seebohm）（我每天都很想念他，雖然才剛認識）、菲力浦・貝斯利（Philip Beesley）和羅伯特・培爾特（Robert Jan van Pelt）。這些人不僅幫我做本書的實驗，還讓我了解傳統的實驗心理學家也能幫忙建造世界。

有些學生也幫我做實驗，與我討論本書的理念。我要特別感謝戴秋・伏強洛夫（Deltcho Valtchanov）、賈斯丁・佩爾杜（Justin Perdue）、凱文・巴頓（Kevin Barton）、布萊恩・蓋瑞森（Brian Garrison）、朴亞・辛（Punya Singh）、艾拉・馬爾克夫斯基（Ela Malkovsky）和連恩・奎格利（Leanne Quigley）。

我很慶幸有這些朋友，他們聽我抱怨這個計劃，也分享計劃完成後的喜悅（還一起喝了蘇格蘭威士忌）。感謝他們給我很好的建議，雖然有時這些建議有點好笑。這群人包括李察・阿克曼（Richard Akerman），他每天都帶給我一些片斷的知識；白蘭蒂・卡麥隆（Brandy Cameron）和伊恩・卡麥隆（Ian Cameron）與我分享萊弗里特轉換（Leverette Transform）；珍妮・皮爾斯（Janet Piers）和克利斯・皮爾斯（Chris Piers）帶我到北極；彼得・梅森（Peter Mason）和安妮塔・梅森（Anita Mason）帶我去看熊；安德魯・布魯克（Andrew Brooks）；凱特・奧蘭（Kate Oland）和布魯克・奧蘭（Brooke Oland）；馬克・萊特（Mark Wright）；以及瑪麗西亞・布克爾（Marysia Bucholc）。珍妮恩・阿姆斯壯（Janeen Armstrong）是我的網友，感謝她給了本書一個好標題。

我從許多人那裡學到關於出版業的知識，包括加拿大哈波柯林斯（HarperCollins）出版社的吉米・吉福特（Jim Gifford）與妮塔・普羅諾佛絲特（Nita Pronovost），還有雙日（Doubleday）出版社的丹・飛德（Dan Feder）與梅麗莎・戴納茲克（Melissa Danaczko）。沒有他們的幫忙，我的書會變得冗長無趣。我要特別感謝「特派情報員布克斯基」（Special Agent Bukowski）——我的出版經紀人丹尼斯（Denise）——他督促我寫到最好，還在我快崩潰時拉我一把。

最後要感謝我的家人。感謝我的兄弟諾曼（Norman）和馬丁（Martin），還有我姐姐珍妮佛（Jennifer），她一直都很支持我的想法。感謝我的孩子，莎拉（Sarah）、艾蜜莉（Emily）、潔西卡（Jessica）、麗貝卡（Rebecca）、梅靈（Mei Ling），和馬克洛林（MacLaughlin），他們跟我奔走荒郊野外，包括有一年我們耗在新斯科細亞省（Nova Scotia）的海灘漫步（那時我完成了本書大部分的內容），帶著邋遢的奇異狗吉伯特（Gilbert）。感謝我太太凱倫（Karen），她是我的良師、顧問、會計、告解對象，凱倫是我的依靠、我的心靈伴侶、生活導師和書迷，我不能沒有她。

註釋

導言：你在這裡，我在哪裡？

①琳恩・羅傑斯（Lynn Rogers）是一位美國農業部的田野研究人員，在她發表於《有蹄類期刊》（*Journal of Mammology*）(68, no. 1 [1987], 185-188) 的文章《黑熊的導航》(Navigation by Black Bears）中，介紹黑熊導航能力的成就。

②愛德華・凱西（Edward Casey）在其豐富的著作中，記錄了哲學（包含古代和現代）之間的相互作用，以及我們如何使用和思考空間。由印第安納大學出版社（布盧明頓〔Bloomington〕）在一九九三年出版的《回到地方》（*Getting Back into Place*），是他的書籍之中最容易理解的一本。

③布萊恩・格林（Briane Greene）針對物理學家如何看待空間和時間，寫了一本深具啓發的書籍，書名爲《宇宙的組構：現實的空間、時間和紋理》（*The Fabric of the Cosmos: Space, Time and the Texture of Reality*）（克諾夫〔Knopf〕，紐約，二〇〇四）。

1 尋找目標

①D．S．麥凱和他的同事的劃時代的文章〈尋找火星上過去的生命：火星隕石 ALH84001 裡面可能的生命活動遺跡〉（Search for Past Life on Mars: Possible Relic Biogenic Activity in Martian Meteorite ALH84001）發表於知名的《科學》（*Science*）期刊（273 [1996], 924-930）。

②一個由大衛．麥凱（David McKay）的弟弟戈登（Gordon）領導的研究團隊提出證據，顯示類似於在火星小行星上發現的磁鐵礦可能是由簡單的非生物過程形成。見D．C．戈登等人在《美國礦物學家》（*American Mineralogist*）（86, no. 3 [2001], 370-375）上發表的〈火星隕石 ALH84001 裡面由一個簡單的無機過程形成的碳酸鹽岩、磁鐵礦和硫化物〉（A Simple Inorganic Process for Formation of Carbonates, Magnetite, and Sulfides in Martian Meteorite ALH84001）。

③湯姆．柯立特（Tom Collett）和林賽．哈克尼斯（Lindsay Harkness）在由D．J．英格爾（D. J. Ingle）、M．A．古德爾（M. A. Goodale）和R．J．W．曼斯菲爾德（R. J. W. Mansfield）等人編輯的《視覺行爲分析》（*Analysis of Visual Behavior*）（麻省理工學院出版社，劍橋，一九八二）裡面，就有關遠視力問題解決方案的多樣化，寫了精彩的一章「動物的遠視力」（Distance Vision in Animals）（pp. 111-176）。

④華倫提諾．布萊登博格（Valentino Braitenberg）這本了不起的著作《車輛：合成心理學實驗》

（*Vehicles: Experiments in Synthetic Psychology*）（麻省理工學院出版社：劍橋，一九八四）描述了一些簡單的思考實驗，顯示看似複雜的行爲如何由簡單的車輪、發動機和傳感器的組合呈現。

⑤對亞爾布斯（Yarbus）早期的眼睛運動實驗，他的著作《眼睛運動和視力》（*Eye Movements and Vision*），一九六五年首次在俄羅斯出版，一九六七年由貝希爾・黑格（Basil Haigh）翻譯成英文（充實出版社〔Plenum Press〕：紐約），對此描述得最爲精闢。

⑥詹姆士・吉布森（James Gibson）繼續影響廣大的不同領域（如建築、美術、心理學和都市規劃）的學者。各領域的專家聲稱明白他的意思，但對其著作的解讀卻各有不同。在某種程度上，可能是因爲他的一些語言意義模糊。就像其他試圖表達全新的觀念的學者一樣，吉布森必須盡量利用語言來容納他的想法。他對光流（optic flow）首次引伸的討論，可以在他的著作《視覺世界的知覺》（*The Perception of the Visual World*）（格林伍德〔Greenwood〕出版社：西港〔Westport〕，康乃迪克州，一九七四）中發現。吉布森的主要傳記由愛德華・里德（Edward Reed）撰寫：《詹姆士・吉布森和知覺心理學》（*James Gibson and the Psychology of Perception*）（耶魯大學出版社：紐黑文〔New Haven〕，康乃迪克州，一九八九），其中包含了許多有趣的細節，描寫他的軍中節制生活如何影響他的思想。

2 尋找地標

①有些丁伯根卓越生活的細節，包含在他於一九七三年獲得諾貝爾獎時寫的一篇簡短自傳。該文可以在網址 http://nobelprize.org/nobel_prizes/medicine/laureates/1973/tinbergen-autobio.html 找到。漢斯·科魯克（Hans Kruuk）也寫了一本很好的丁伯根傳記，名稱爲《尼科的本質：尼科·丁伯根的生活和他的動物行爲科學》（*Niko's Nature: The Life of Niko Tinbergen and His Science of Animal Behaviour*）（牛津大學出版社：牛津，二〇〇三）。

②丁伯根的經典掘土蜜蜂研究描述在他的第一本書《本能的研究》（*The Study of Instinct*）（牛津大學出版社：牛津，一九五一）裡面。

③很難想出一個單一的很好的資料來源，可以總結湯姆·科萊特（Tom Collett）對我們了解昆蟲如何導航的非凡貢獻。他的工作成果都是公開發表在一些高品質的期刊上面，吸引許多生物學家注意，對該領域有非常巨大的貢獻。近期有兩篇技術報告涉及我提到的一些根據，分別是湯姆·科萊特與M·科萊特（M. Collett）發表於《自然神經科學評論》（*Nature Reviews Neuroscience*）（3 [2002], 542-552）上的〈記憶使用在昆蟲視覺導航〉（Memory Use in Insect Visual Navigation）和V·都里耳（V. Durier）、P·葛拉漢（P. Graham）與湯姆·科萊特發表於《當代生物學》（*Current Biology*）（13 [2003], 1614-1618）上的〈快照記憶和路標指引在木蟻〉（Snapshot Memories and Landmark Guidance in Wood Ants）。

④J・W・貝利有關於因紐特人和滕內人的實驗報告：〈滕內人和愛斯基摩人（Eskimo）的知覺技能〉（Tenne and Eskimo Perceptual Skills）發表於《國際心理學期刊》（*International Journal of Psychology*）（1 [1996], 207-229）。

⑤一篇有關因紐特語文中的空間修飾符號的討論，可以在朱迪斯・柯廉菲爾德（Judith Kleinfeld）發表於《北極》（*Arctic*）（24, no. 2 [1971], 132-138）上的論文〈愛斯基摩村莊兒童和高加索城市兒童的視覺記憶〉（Visual Memory in Village Eskimo and Urban Caucasian Children）中找到。其中的例句來自R・加涅（R. Gagné）的論文〈愛斯基摩語文的空間概念〉（Spatial Concepts in the Eskimo Language），收錄在V・E・華倫泰（V. E. Valentine）與E・C・衛立（E. C. Valee）主編的《加拿大北極的愛斯基摩人》（*Eskimo of the Canadian Arctic*）（麥克萊蘭和斯圖爾特〔McClelland and Stewart〕出版社：多倫多，一九七一）。

⑥科拉・安吉爾・索瓦（Cora Angier Sowa）寫了一篇引人入勝的以世界貿易中心作爲一個「神話地方」（mythic place）的小品文，討論人對迷路的反應。她的短論可以在網址 www.minervaclassics.com/wtcholy.htm 上找到。

⑦阿爾伯塔（Alberta）大學的馬西爾・斯佩區（Marcia Spetch）領導進行了一系列實驗計劃，直接比較動物和人類對於地標配置的使用。一個很好的資料來源見斯佩區等人發表於《比較心理學期刊》（*Journal of Comparative Psychology*）（lll, no. 1 [1997], 14-24）上的論文〈鴿子與人類對於地標配置的使用：㈡搜索任務通則〉（Use of Landmark Configuration in Pigeons and Humans: II. Generality across Search Tasks）。

⑧在他奇妙且容易了解的書籍《東方是一隻大鳥：普盧瓦環礁上的導航和邏輯》（*East Is a Big Bird: Navigation and Logic on Puluwat Atoll*）（哈佛大學出版社：波士頓，一九七〇）中，格拉德溫寫下他與普盧瓦人的豐富經驗和他們的導航方法。

⑨大衛·路易斯著：《我們，航海者：太平洋中的古代找路技藝》（*We, the Navigators: The Ancient Art of Landfinding in the Pacific*）（夏威夷大學出版社：檀香山，一九七二），90。

⑩澳大利亞土著兒童空間記憶研究是由西澳大利亞大學的朱迪斯·奇林斯（Judith Kearins）進行的，研究報告〈澳大利亞沙漠地區土著兒童視覺空間記憶〉（Visual Spatial Memory in Australian Aboriginal Children of Desert Regions）發表於《認知心理學》（*Cognitive Psychology*）（13, no. 3 [1981], 434-460）。

⑪洽特溫的書《歌之版圖》（*The Songlines*）（企鵝出版社：紐約，一九八八）值得一讀，描述澳大利亞土著與大地的連結，以及人與自然世界之間的關係的一個引伸的反省。

3 尋找路徑

①有關愛德華·雅堅遜奮鬥的描述，可以在阿普斯利·雪利－加勒德（Apsley Cherry-Garrard）的不凡的斯科特（Scott）探險回憶錄《世界上最壞的旅程》（*The Worst Journey in the World*）（查圖與溫達斯〔Chatto & Windus〕出版社：倫敦，一九六五）第三〇三頁找到。這本書包含了豐富的細節，描述南極的嚴峻和無地貌特徵對人類感官知覺的影響。

②彼得洛希德公園裡迷路者行爲的研究是由阿爾伯塔（Alberta）大學的大衛・赫思（David Heth）進行的，研究報告〈阿爾伯塔省荒野地區迷路者的旅行特徵〉（Characteristics of Travel by Persons Lost in Albertan Wilderness Areas）發表於《環境心理學期刊》（*Journal of Environmental Psychology*）（18 [1998], 223-235）。

③羅納德・施密特（Ronald Schmidt）與德懷特・麥卡特（Dwight McCarter）著：《迷路了！：護林員的搜救日誌》（*Lost! A Ranger's Journal of Search and Rescue*）（葛拉費康〔Graphicom〕出版社：黃溫泉，俄亥俄州，一九八八）。

④魏納的許多經典研究描述在他與馬丁・穆勒（Martin Muller）發表於《國家科學院研討會論文集》（*Proceedings of the National Academy of Sciences*）（85, no. 4 [1988], 5287-5290）上的論文〈沙漠螞蟻（長腳沙漠螞蟻）的路徑整合〉（Path Integration in Desert Ants, Cataglyphis fortis）。

⑤顯示背上有負重的螞蟻仍然能夠準確地估計距離的研究報告，描述在魏納爲F・帕皮（F. Papi）編輯的《動物歸巢》（*Animal Homing*）（查普曼與霍爾〔Chapman and Hall〕出版社：倫敦，一九九二）所寫的「節肢動物」（Arthropods）一章裡（pp. 45-144）。光流在螞蟻導航中的作用描述在B・羅納契爾（B. Ronacher）與R・魏納發表於《比較生理學期刊》（*Journal of Comparative Physiology*）（A 177 [1995], 21-27）上的研究報告〈沙漠長腳螞蟻使用自導光流測量旅程距離〉（Desert Ants Cataglyphis fortis Use Self-induced Optic Flow to Measure Distances Travelled）。

⑥魏納有關腿增長與截短的實驗，在M・維特林格（M. Wittlinger）、R・魏納與H・沃爾夫（H. Wolf）發表於《科學》（*Science*）（312, no. 5782 [2006], 1965-1967）上的研究報告〈螞蟻里程表：走在高蹺和殘肢之上〉（The Ant Odometer: Stepping on Stilts and Stumps）有周詳的描述。螞蟻可以在歸巢向量中結合高度改變的發現，可在G・葛拉（G. Grah）、R・魏納與B・羅納契爾（B. Ronacher）發表於《實驗生物學期刊》（*Journal of Experimental Biology*）（208 [2005], 4005-4011）上的研究報告〈三維迷宮裡的路徑整合：地面距離估計讓沙漠長腳螞蟻保持在路線上〉（Path Integration in a Three-dimensional Maze: Ground Distance Estimation. Keeps Desert Ants Cataglyphis fortis on Course）中找到。

⑦哺乳母沙鼠路徑整合的經典示範，描述在M・L・米特爾施泰特與H・米特爾施泰特發表於*Naturwissenschaften*（67, no. 11 [1980], 566-567）上的研究報告〈一個哺乳動物的歸巢路徑整合〉（Homing by Path Integration in a Mammal）中。

⑧各種動物的路徑整合實驗，描述在A・S・艾蒂安等人（A. S. Etienne et al.）為蘇珊・希利（Susan Healy）編輯的《動物的空間表示》（*Spatial Representation in Animals*）（牛津大學出版社：牛津，一九九八）所寫的「航位推算在導航中的作用」（The Role of Dead Reckoning in Navigation）一章裡（pp. 54-68）。

⑨一份好的線上羅伯特・戈達德傳記可以在網址 www-istp.gsfc.nasa.gov/stargaze/Sgoddard,htm 上找到。

⑩顯示視覺修復復位整合漂移的實驗，描述在A・S・艾蒂安（A. S. Etienne）、R・茅洛爾（R.

Maurer）與V・希奎樂特（V. Seguinot）發表於《實驗生物學期刊》（*Journal of Experimental Biology*）（199, no. 1 [1996], 201-209）上的研究報告〈哺乳動物的路徑整合及其與視覺地標的相互作用〉（Path Integration in Mammals and Its Interaction with Visual Landmarks），以及A・S・艾蒂安等人（A. S. Etienne et al.）發表於*Naturwissenschaften*（87, no. 11 [2000], 494-498）上的研究報告〈概觀倉鼠的已知地標重新定向路徑整合〉（A Brief View of Known Landmarks Reorientates Path Integration in Hamsters）。

⑪耳舒拉・馮聖保羅的鵝視覺路徑整合研究報告〈鵝會利用路徑整合回家嗎？〉(Do Geese Use Path Integration for Walking Home?）原先是收錄在F・帕皮（F. Papi）和H・G・華爾拉夫（H. G. Wallraff）編輯的《鳥類導航》（*Avian Navigation*）（施普林格〔Springer〕出版社，柏林，一九八二，298-307）。

⑫最初的盲目步行研究是由J・湯姆遜（J. Thomson）進行的，描述在發表於《實驗心理學期刊：人的知覺和性能》（*Journal of Experimental Psychology: Human Perception and Performance*）（9 [1983], 427-443）上的研究報告〈連續的視覺監測在視覺引導步態是必要的嗎？〉(Is Continuous Visual Monitoring Necessary in Visually Guided Locomotion?）。我們自己首次涉足人類路徑整合的研究，描述在M・G・比吉爾（M. G. Bigel）與C・G・伊納德（C. G. Ellard）發表於《加拿大心理學期刊》（*Canadian Journal of Psychology*）（54, no. 3 [2000], 172-185）上的研究報告〈非視覺資訊對簡單地方導航和距離估計的貢獻：一個路徑整合試驗〉(The Contribution of Nonvisual Information to Simple Place Navigation and Distance Estimation: An Examination of Path Integration）。

⑬評估人類路徑整合能力的實驗，可以在J．M．盧米斯等人（J. M. Loomis et al.）發表於《實驗心理學期刊：一般》（*Journal of Experimental Psychology: General*）（122 [1993], 73-91）上的研究報告〈盲人和可視者的非視覺導航：路徑整合能力評估〉（Nonvisual Navigation by Blind and Sighted: Assessment of Path Integration Ability）中找到。

4　全世界的地圖

①讀者如欲尋找一些有關拓樸概念的更詳細的解說，最好查閱傑佛瑞．威克司（Jeffrey Weeks）所寫的《空間的形狀》（*The Shape of Space*）（CRC出版社：博卡拉頓〔Boca Raton〕，二〇〇一）。這是一本**非常**有趣的數學書（我不是在開玩笑！），引導讀者從拓樸基本概念著手，到可能揭示宇宙形狀的實驗和觀察的討論。

②鴿子的古代歷史描述在J．赫曼斯（J. Hermans）的《賽鴿手冊》（*The Handbook of Pigeon Racing*）（佩勒姆書籍公司〔Pelham Books〕：倫敦，一九八六）。

③有篇文章對於鳥類（包括鴿子）的導航能力描述得十分透徹，可在由麥可．布朗（Michael Brown）和羅伯特．庫克（Robert Cook）編輯的線上書籍《動物的空間認知：比較、神經和計算方法》（*Animal Spatial Cognition: Comparative, Neural and Computational Approaches*）中找到，刊在比較認知協會（Society for Comparative Cognition）的網站，網址為 www.pigeon.psy.tufts.

edu/asc/toc.htm。其中由沃納・賓曼（Verner Bingman）撰寫的一章「歸巢鳥和遷移鳥的行爲和神經機制」（Behavioral and Neural Mechanisms of Homing and Migration in Birds）（www.pigeon.psy.tufts.edu/asc/Bingman/Default.htm），提供了一個很好的概述。由約翰・菲利普（John Phillips）、克勞斯・施密特—科尼格（Klaus Schmidt-Koenig）與雷切爾・穆海姆（Rachel Muheim）撰寫的一章「眞正的導航：梯度圖的感官基礎」（True Navigation: Sensory Bases of Gradient Maps）（www.pigeon.psy.tufts.edu/asc/Phihips/Default.htm），針對梯度圖的概念，提供了一個徹底的解釋。

④在奧克蘭磁性異常交叉口（Auckland Junction Magnetic Anomaly）的信鴿歸巢研究，可以在T・E・丹尼斯（T. E. Dennis）、M・J・勞納（M. J. Rayner）與M・M・沃爾克（M. M. Walker）發表於《皇家協會研討會論文集》（*Proceedings of the Royal Society*）（B274, no. 1614 [2007], 1153-1158）上的研究報告〈鴿子歸巢時依地理磁場強度定向的證據〉（Evidence That Pigeons Orient to Geomagnetic Intensity during Homing）中找到。

⑤漢斯・瓦瑞夫（Hans Waliraff）對他的鴿子導航氣味理論的評論，見他發表於《動物行爲》（*Animal Behaviour*）（67, no. 2 [2004], 189-204）上的研究報告〈禽類嗅覺導航：實證基礎和概念狀態〉（Avian Olfactory Navigation: Its Empirical Foundation and Conceptual State）。

⑥凱爾・康那理惟士的海龜故事最初是記錄在他的著作 *Die Zugund Wander-Thiere aller Thier-classen*（施普林格〔Springer〕出版社，柏林，一八六五），我的二手文件是L・艾溫司（L. Avens）與K・羅曼（K. Lohmann）發表於《實驗生物學期刊》（*Journal of Experimental Biology*）（207

[2004], 1771-1778)上的研究報告〈少年海龜的導航和季節性遷徙定位〉(Navigation and Seasonal Migratory Orientation in Juvenile Sea Turtles)。

⑦海龜導航的特性描述在一些研究報告中，例如K・羅曼（K. Lohmann）等人發表於《自然》（*Nature*）（428, no. 6986 [2004], 909-910)上的研究報告〈動物行爲‧用於海龜導航的地磁地圖〉（Animal Behaviour: Geomagnetic Map Used in Sea-turtle Navigation），以及K・羅曼（K. Lohmann）和C・羅曼（C. Lohmann）發表於《實驗生物學期刊》（*Journal of Experimental Biology*）（199, part 1 [1996], 73-81)上的研究報告〈海龜的定位與開放式海上導航〉（Orientation and Open-Sea Navigation in Sea Turtles）。

⑧羅賓・貝克的人類磁感研究描述在他的著作《人類導航與第六感》（*Human Navigation and the Sixth Sense*）（西蒙與舒斯特〔Simon and Schuster〕出版社‧紐約，一九八一）。

⑨人類頭部磁骨的發現描述在R・貝克、J・G・馬瑟（J. G. Mather）與J・H・肯露（J. H. Kennaugh）發表於《自然》（*Nature*）（301 [1983], 78-80）上的研究報告〈人類鼻竇骨中的磁骨〉（Magnetic Bones in Human Sinuses）。

⑩芬尼在《再發現航行‧一個穿過波利尼希亞的文化奧德賽》（*Voyage of Rediscovery: A Cultural Odyssey through Polynesia*）（加州大學出版社‧柏克萊〔Berkeley〕，一九九四）裡面，描述他與奈露爾・湯普森和波利尼希亞航海學會的計劃。在他發表於《當代人類學》（*Current Anthropology*）(36 [1995], 500-506)的研究報告〈人類導航的磁力作用？〉(A Role for Magnetoreception in Human Navigation?）中，芬尼推測湯普森有時可能一直受磁力引導。

⑪大衛・路易斯的陰囊導航故事見《我們，航海者：太平洋中的古代找路技藝》（*We, the Navigators: The Ancient Art of Landfinding in the Pacific*）（夏威夷大學出版社：檀香山，一九七二），86-92。

⑫貝都因人追蹤方法的描述見唐納德・柯爾的《游牧的牧民：大空域的艾默拉貝都因人》（*Nomads of the Nomads: The Al Murrah Bedouin of the Empty Quarter*）（奧爾代因〔Aldine〕出版社：芝加哥，一九七五）。

⑬威爾瑞・塞西格著：《阿拉伯沙地》（*Arabian Sands*）（都頓〔Dutton〕出版社：紐約，一九五九），51-52。

5 老鼠腦中的地圖

①愛德華・蔡斯・托爾曼最好的傳記可以在由G・A・金布爾（G. A. Kimble）、M・韋特海默（M. Wertheimer）與C・L・懷特（C. L. White）編輯的《心理學先驅的肖像》（*Portraits of Pioneers in Psychology*）（APA出版社：華盛頓特區，一九九一）第一卷裡發現（pp. 227-241），傳記由亨利・葛雷特曼（Henry Gleitman）執筆，章名為「愛德華・蔡斯・托爾曼：一個科學和社會目的的生命」（Edward Chace Tolman: A Life of Scientific and Social Purpose）。

②托爾曼的經典星爆迷宮（starburst maze）實驗，描述在他發表於《心理學評論》（*Psychological Review*）（55 [1948], 189-208）上的研究報告〈老鼠與人的認知地圖〉（Cognitive Maps in Rats and Men）。

③馮弗里希神奇的早期蜜蜂實驗故事記錄在他令人驚奇的小書《蜜蜂：它們的視界、化學感官和語言》（*Bees: Their Vision, Chemical Senses, and Language*）（康乃爾大學出版社：紐約州伊薩卡〔Ithaca〕，一九七一）。

④亞里士多德觀察蜜蜂的概要討論見生物學家J・B・S・霍爾丹（J. B. S. Haldane）發表於《古希臘研究期刊》（*The Journal of Hellenic Studies*）（75 [1955], 24-25）上的研究報告〈亞里士多德對蜜蜂舞的看法〉（Aristotle's Account of Bees' "Dances"）。

⑤米歇爾森的蜜蜂機器人有個很好的說明，可見於J・奈特（J. Knight）發表於《自然》（*Nature*）（434, no. 7036 [2005], 954-955）上的研究報告〈動物行爲：當機器人瘋狂時〉（Animal Behaviour: When Robots Go Wild）。

⑥J・L・古爾德發表於《認知》（*Cognition*）（37 [1990], 83-103）上的研究報告〈蜜蜂的認知〉（Honey Bee Cognition）。

⑦R・門澤爾等人發表於《實驗生物學期刊》（*Journal of Experimental Biology*）（199, no. 1 [1996], 141-146）上的研究報告〈蜜蜂導航的知識基礎〉（The Knowledge Base of Bee Navigation），對近期一些蜜蜂地圖的思考，提供了很好的概要介紹。

⑧使用先進的雷達追蹤方法，需要用到一個大型研究團隊，而蜜蜂可能只有一個「地圖似」（map-like）的空間記憶。參見R・門澤爾等人發表於《國家科學院研討會論文集》（*Proceedings of the National Academy of Sciences*）（102, no. 8, [2005], 3040-3045）上的研究報告〈蜜蜂根據地圖似

的空間記憶導航〉(Honey Bees Navigate According to a Map-like Spatial Memory)。

⑨大衛・雪莉(David Sherry)針對儲食鳥類寫了一篇淺顯易懂的評論報告,〈山雀的儲食行為〉(Food Storing in the Paridae),發表於《威爾遜會刊》(*Wilson Bulletin*)(101, no. 2 [1989], 289-304)。

⑩克拉克星鴉空間地圖的研究是由布列特・吉布森(Brett Gibson)與艾倫・卡米爾(Alan Kamil)進行的,詳情描述在發表於《比較心理學期刊》(*Journal of Comparative Psychology*)(115, no. 4 [2001], 403-417)上的研究報告〈試驗克拉克星鴉的認知地圖〉(Tests for Cognitive Mapping in Clark's Nutcrackers [Nucifraga columbiana])。

6 人類內心亂成一團的地圖

①吉恩・皮亞傑與巴貝爾・英黑爾德(Barbel Inhelder)在有關兒童的空間觀念的發展方面,寫了第一本經典的書籍,書名為《兒童的空間觀念》(*The Child's Conception of Space*),由F・J・蘭登(F. J. Langdon)與J・L・郎澤(J. L. Lunzer)翻譯(勞特利奇與基根保羅〔Routledge and Kegan Paul〕出版社:倫敦,一九七一)。

②對地圖的歷史來說,我的建議是歷史製圖計劃(the History of Cartography Project)的豐富資訊。本章討論的材料取材自這一個計劃的《製圖在史前、古代和中世紀的歐洲與地中海》(*Cartography in Prehistoric, Ancient, and Medieval Europe and the Mediterranean*)第一卷,由J・

布萊恩・哈利（J. Brian Harley）和大衛・伍德沃德（David Woodward）主編（芝加哥大學出版社：芝加哥，一九八七）。

③有關納斯卡線（Nazca lines）的起源和目的有許多荒謬和聳人聽聞的說法。海蓮恩・西爾弗曼（Helaine Silverman）與唐納德・普洛爾克司（Donald Proulx）撰寫的書《納斯卡》（*The Nasca*）裡，字裡行間充滿豐富的文化背景，則是比較平衡的說明。這本書雖然是學術著作，但十分可讀（威利－布萊克韋爾〔Wiley-Blackwell〕出版社：霍博肯〔Hoboken〕，新澤西州，二〇〇二）。

④芭芭拉・特沃斯基在很多方面都有傑出貢獻，特別是在促進我們了解人類的空間認知方面，她提供了許多有見解的文章和介紹。其中我最喜歡的著作（包含大部分這裡討論的想法）收錄在A・U・法蘭克（A. U. Frank）與I・坎巴利（I. Campari）編輯的《空間資訊理論：地理資訊系統的一個理論基礎》（*Spatial Information Theory: A Theoretical Basis for GIS*）（施普林格〔Springer〕出版社：柏林，一九九五，14-24），章名爲「認知地圖，認知拼圖與空間心智模型」（Cognitive Maps, Cognitive Collages, and Spatial Mental Models）。

⑤艾利克・瓊森的著作《內在導航：爲什麼我們迷路和我們如何找到我們的路》（*Inner Navigation: Why We Get Lost and How We Find Our Way*）（史克里布納〔Scribner〕出版社：紐約，二〇〇二）對於人類導航某些方面的介紹十分有意思。瓊森深信城市大學生的試驗會妨礙我們真正了解人類的導航能力。他甚至預感羅賓・貝克的磁力感應研究走對了方向，並且鼓勵我繼續下去。光是看著參與者頭上戴著磁鐵東倒西歪地通過森林的模樣，我還真想這樣做。

⑥段義孚（Yi-fu Tuan）的《空間和地方：經驗觀點》（*Space and Place: The Perspective of*

Experience）（明尼蘇達大學出版社‧明尼阿波利斯〔Minneapolis〕，二〇〇一）是一本了不起的人類學著作，涵蓋大部分空間基本面向與我們的信念、情感、思想和禮儀之間的關係。

⑦有些在處理巢狀環境之間，接觸和獲取空間資訊的實驗可以在F‧王（F. Wang）與J‧布洛克摩爾（J. Brockmole）發表於《認知》（*Cognition*）（83 [2002], 295-316）上的研究報告〈在記憶裡面切換環境之間的表示〉（Switching between Environmental Representations in Memory）中找到。

⑧提姆‧麥克納馬拉（Tim McNamara）在發表於《實驗心理學期刊》（*Journal of Experimental Psychology*）（15, no. 2 [1989], 211-227）上的研究報告〈主觀層次的空間記憶‧學習、記憶和認知〉（Subjective Hierarchies in Spatial Memory: Learning, Memory and Cognition）裡面，報告他與J‧K‧哈迪（J. K. Hardy）和S‧C‧訶特爾（S. C. Hirtle）在一張紙板螢幕上面進行物件空間記憶結構的研究。

⑨見註①。

7 住宅空間

①房屋場景化有效性研究是由不動產經紀人和房屋場景化專家完成的（不足爲奇）。業界經常的一項研究發現，是根據二〇〇三年美國房地產經紀公司HomeGain的一項調查顯示，房屋場景化產生的投資報酬率平均達百分之一百六十九，房屋場景化的價格範圍在調查中介於兩百美元至

一千美元之間。其他零星的報導建議，房屋場景化可以縮短房子在市場上的平均銷售時間。

②建築裡面的可視範圍首見於M・L・班尼迪克特（M. L. Benedit）發表於《環境與規劃B，規劃與設計》（*Environment and Planning B, Planning and Design*）（6, no. 1 [1979], 47-65）上的研究報告〈掌握空間：可視範圍和可視範圍領域〉（To Take Hold of Space: Isovists and Isovist Fields）。

③有些表明可視範圍形狀會影響感覺和行為的研究，描述在G・法蘭茲（G. Franz）與J・M・維納（J. M. Wiener）發表於《第五屆國際空間語法研討會論文集》（*Proceedings of the 5th International Space Syntax Symposium*）（[2005], 503-517）上的研究報告〈探索空間行為和經驗的可視範圍相關因素〉（Exploring Isovist-based Correlates of Spatial Behavior and Experience）。

④傑伊・阿普爾頓主張瞭望和庇護對人類心靈的重要性，相關內容陳述於他的著作《景觀體驗》（*The Experience of Landscape*）（威利〔Wiley〕出版社：霍博肯〔Hoboken〕，新澤西州，一九七五）。

⑤溫妮弗雷德・加拉格爾的《房屋思維》（*House Thinking*）（Harper Perennial 出版社：紐約，二〇〇七）引領讀者遨遊於現代住宅的主要部分，內容充滿許多有關房屋建築歷史和哲學的有趣資料。

⑥克利斯托弗・亞歷山大在他的著作《模式語言：城鎮、建築、結構》（*A Pattern Language: Towns, Building, Constructions*）（牛津大學出版社：牛津，一九七七）裡面，勾畫出一套廣博的直觀規

則，探討應如何組織受歡迎和具功能的空間。這些規則的理論可在他的許多著作中找到，包括《建築的永恆之道》（*The Timeless Way of Building*）（牛津大學出版社‥牛津，一九七九）。

⑦亞摩斯・拉波波特在他的著作《房屋形式與文化》（*House Form and Culture*）（Prentice-Hall‥紐約，一九六九）裡面，開創性地從跨文化角度探討房屋形式的意義。

⑧有關風水不好的資訊很容易找到，但是比較難找到有用的資訊。我發現有兩本書還不錯，分別是凱特・布蘭布爾（Cate Bramble）的《建築師的風水指南‥破除神話》（*The Architect's Guide to Feng Shui: Exploding the Myth*）（建築出版社〔Architectural Press〕‥牛津，二〇〇三），和卡爾塔爾・戴爾蒙德（Kartar Diamond）的《懷疑風水‥不迷信的真正解決方案》（*Feng Shui for Skeptics: Real Solutions without Superstition*）（四大支柱出版社〔Four Pillars Publishing〕‥洛杉磯，二〇〇三）。

⑨克利斯拉弗・亞歷山大，《形式綜合論》（*Notes on the Synthesis of Form*）（哈佛大學出版社‥波士頓，一九六四）。

⑩亞歷山大的《秩序的本質》(Alexander's *The Nature of Order* (volume 1, *The Phenomenon of Life*; volume 2, *The Process of Creating Life*; volume 3, *A Vision of the Living World*; and volume 4, *The Luminous Ground*) Center for Environmental Structure, Berkeley, California.

⑪Sarah Susanka, *The Not So Big House: A Blueprint for the Way We Really Live* (Taunton Press: Newtown, CT, 2001).

⑫Muthesius's magnum opus, *Das Englisch Haus*, An English translation by Janet Seligman and

Stewart Spencer, *The English House* (Frances Lincoln; London, 2006).
⑬Muthesius, *Layout and Construction*, volume 2 of *The English House*, p. 9.

8 工作空間

①一篇不錯的普羅普斯特行動辦公室（Action Office）概念的總結，及他目前對「呆伯特化」（Dilbert-ization）的態度的文章，可以在一九九八年《大都市雜誌》（*Metropolis Magazine*）上面找到，由伊馮娜・亞伯拉罕（Yvonne Abraham）撰寫，題名為〈小隔間後面的男人〉（The Man behind the Cubicle），www.metropolismag.com/html/content_1198/n098man.htm。

②能見度圖的討論可以在A・特納（A. Turner）等人發表於《環境與規劃B：規劃和設計》（*Environment and Planning B: Planning and Design*）（28 [2001], 103-121）上的研究報告〈從可視範圍到能見度圖：一種分析建築空間的方法〉（From Isovists to Visibility Graphs: A Methodology for the Analysis of Architectural Space）裡面找到。

③雖然他的語言有時複雜，比爾・希勒（Bill Hillier）關於空間語法的書開啓了空間語法運動。關鍵書籍是他與J・漢森（J. Hanson）所寫的《空間的社會邏輯》（*The Social Logic of Space*）（劍橋大學出版社：劍橋，一九八四）和《空間是機器：結構的一個組態理論》（*Space Is the Machine: A Configurational Theory of Architecture*）（劍橋大學出版社：劍橋，一九九六）。空間語法的主要資訊泉源來自巴特利特規劃學院原始研究團隊的網站（www.spacesyntax.org）。

④A・特納（A. Turner）與A・佩恩（A. Penn）撰寫了一篇技術報告，描述使用以電腦爲基礎的自治代理，模擬人類在空間裡面的行爲。這篇技術文件的題名爲「編碼自然運動作爲一個以代理爲基礎的系統：在建造環境調查行人的行爲」（Encoding Natural Movement as an Agent-based System: An Investigation into Human Pedestrian Behaviour in the Built Environment），刊載於《環境與規劃B：規劃與設計》（*Environment and Planning B: Planning and Design*）（29, no. 4 [2002], 473-490）。

⑤一些用來設計空間以影響消費者行爲的商業伎倆的描述，見帕科・安德希爾（Paco Underhill）的著作《購物中心的呼喚》（*The Call of the Mall*）（賽門與舒斯特〔Simon and Schuster〕：紐約，二〇〇四）。

⑥一篇在美食廣場進行社會控制的討論，見約翰・曼宙（John Manzo）發表於《空間與文化》（*Space and Culture*）（8 [2005], 83-97）上的研究報告〈購物商場裡面的社會控制和「個人」空間管理〉（Social Control and the Management of 'Personal' Space in Shopping Malls）。

⑦比爾・弗里德曼撰寫的賭場設計聖經《設計賭場掌控賽局》（*Designing Casinos to Dominate the Competition*）（賭博與商業遊戲研究所〔Institute for the Study of Gambling and Commercial Gaming〕：拉斯維加斯，二〇〇〇）包含了幾個介紹設計規則的章節，以及廣泛的拉斯維加斯賭場個案研究。

⑧克雷恩司的以遊樂場爲賭場設計取向的方法，描述在他發表於《賭博研究期刊》（*Journal of Gambling Studies*）（11 [1995], 91-102）上的研究報告〈遊樂場〉（Playgrounds）。克雷恩司在一

篇題名爲「走向更加冒險的遊樂場‧賭場損失‧賭場賺回來」（Toward More Adventurous Playgrounds: Casino Lost; Casino Regained）的網路文章（見 www.unr.edu/gaming/papers/kranes.asp）裡面，把賭場描述爲「管理野性」（managed wildness）。

⑨K. Finlay et al., "The Physical and Psychological Measurement of Gambling Environments," *Environment and Behavior* 38, no. 4 (2006), 570-581, and K. Finlay et al., "Trait and State Emotion Congruence in Simulated Casinos," *Journal of Environmental Psychology* 27 (2007), 166-175.

⑩小隔間蜂房式辦公室設計的近期發展與反應，描述在一篇由朱莉‧施樂哲（Julie Schlosser）撰寫，刊載於《財星雜誌》入口網（CNNMoney.com）（二〇〇六年三月二十二日）的文章中，題名爲「小隔間‧大錯誤」（Cubicles: The Great Mistake），http://money.cnn.com/2006/03/09/magazines/fortune/cubicle_howiwork-fortune/index.htm。

⑪W. R. Sims, M. Joroff, and F. Becker, "Teamspace Strategies: Creating and Managing Environments to Support High Performance Teamwork," IDRC Foundation, Atlanta, 1998.

⑫J. H. Heerwagen et al., "Collaborative Knowledge Work Environments," *Building Research and Information* 32, no. 6 (2004), 510-528.

⑬R. B. Kraut, C. Egido, and J. Galegher, "Patterns of Contact and Communication in Scientific Research Collaboration," in *Intellectual Teamwork*, edited by Galegher, Kraut, and Egido (L. Erlbaum: Hillsdale, NJ, 1990).

⑭Thomas Allen's paper "Communications Networks in R&D Laboratories," *R&D Management* 1, no. 1 (1970), 14-21. 1 (1970), 14-21.

⑮ J. Peponis et al., "Designing Space to Support Knowledge Work," *Environment and Behavior* 39 (2007), 815-841.

9 城市空間

①Nico Oved's description of his photographic exposition of housing in *les banlieues* is described at his website, www.nicooved.com.

②雖然勒・柯比意的城市規劃原則對國內和海外都造成極大傷害（主要是因爲他不了解心理空間），但他仍廣受尊敬爲一位藝術家和建築師。由W・伯西格（W. Boesiger）與H・吉爾斯伯格（H. Girsberger）撰寫的《勒・柯比意一九一〇年至一九六五年》（*Le Corbusier 1910-65*）（伯克豪舍〔Birkhäuser〕出版社・・貝希爾〔Basel〕，一九九九）是一本充滿同理心、有意思的著作，其中載有他的作品的照片，連同三種語言的說明解釋其用意。

③珍・雅各在她的著作《偉大城市的誕生與衰亡（修訂版）》（*The Death and Life of Great American Cities*, revised edition）（Vintage出版社・・紐約，一九九三）的介紹章裡面，譴責勒・柯比意的數學計算和其他一些方面的城市規劃原則。

④The quote from Oscar Newman comes from page 10 of his book *Creating Defensible Space* (Center for Urban Policy Research, US Department of Housing and Urban Development: Washington, DC, 1996).

⑤請參考 www.biomapping.net。

⑥"A London Address," of Peter Ackroyd's *London: The Biography* (Vintage: New York, 2001).

⑦Merlin Coverley's book *Psychogeography* (Pocket Essentials: London, 2007). *Situationist International Anthology*, edited by Ken Knabb (Bureau of Public Secrets: Berkeley, 1981), 1-2.

⑧Kevin Lynch, *The Image of the City* (MIT Press: Cambridge, MA, 1960).

⑨威廉‧懷特的詳細傳記和描述他應用於理解公共空間的新方法，可以在艾爾伯特‧拉法基（Albert LaFarge）編撰的《威廉‧懷特要記》（*The Essential William H. Whyte*）（Fordham大學出版社：紐約，二〇〇〇）這本書裡找到。從本章的立場來看，最有趣的材料是摘自懷特的著作《小城市空間的社會生活》（*The Social Life of Small Urban Spaces*）（保守基金會，一九八〇；公共空間計劃重印：紐約，二〇〇一）。

⑩我非常幸運能夠獲得雷蒙‧克倫撰寫的《建築與都市經驗》（*Architecture and the Urban Experience*）（馮諾斯特蘭德萊因〔Van Nostrand Reinhold〕出版社：紐約，一九八三）。他的侄女是我的一個好朋友，她聽到我要寫的主題，就把她的叔叔的書送到我手上。

⑪Jan Gehl, *Life between Buildings*: Using Public Space (Van Nostrand Reinhold: New York, 1987).

⑫在前一章裡，我提到比爾‧西里爾的書籍《空間的社會邏輯》和《空間是機器》。這些重要著作

也支持我在這裡所討論的內容。

⑬我家附近的地圖是使用 webmap AtHome 軟體製作的。這套軟體由倫敦大學學院建造環境虛擬實境中心（the University College London Virtual Reality Centre for the Built Environment）的N・S・C・道爾頓（N. S. C. Dalton）開發。

⑭一份說明空間語法和空間認知之間的關係的有用文件，見亞倫・潘（Alan Penn）發表於《環境與行爲》（*Environment and Behavior*）（35 [2003], 30-65）上的研究報告〈空間語法與空間認知〉（Space Syntax and Spatial Cognition）。

⑮有個研究針對人行道空間的形狀會對空間和時間的觀點造成什麼影響進行調查，這項有趣的研究可以在雷蒙・伊薩克斯（Raymond Isaacs）發表於《城市設計期刊》（*Journal of Urban Design*）（6, no. 2 [2001], 109-127）上的研究報告〈城市地方經驗裡面的主觀持續時間〉（The Subjective Duration of Time in the Experience of Urban Places）裡找到。

⑯我們從一個整合良好的骨架圖向外學習新空間的想法，首見於B・庫帕司（B. Kuipers）、D・帖庫希（D. Tecuci）與B・斯坦凱維奇（B. Stankiewicz）發表於《環境與行爲》（*Environment and Behavior*）（35, no. 1 [2003], 81-106）上的研究報告〈認知地圖中的骨架〉（The Skeleton in the Cognitive Map）。

⑰西里爾的城市形式的變形車輪理論，出現在他發表於《二〇〇一年第三屆國際空間語法研討會論文集》（*Proceedings of the 3rd International Space Syntax Symposium 2001*）上的研究報告〈一個城市作爲物件的理論〉（A Theory of the City as Object）。本處引用的是該文章 2.27 頁的

內容。倫敦和東京的地圖取材自西里爾和勞拉・沃恩（Laura Vaughan）發表於《規劃的進展》（*Progress in Planning*）（67, no. 3 [2007], 205-230）上的研究報告〈城市作爲一件事物〉（The City as One Thing），也可在網址 http://eprints.ucl.ac.uk/archive/00003272/01/3272.pdf 上找到。

⑱ Bill Hillier and Laura Vaughan, "The City as One Thing," *Progress in Planning*, 67, no. 3 [2007], 205-230.

⑲有關倫敦塞車收費的經驗，其效果和影響，以及其他城市的類似計劃，有一份報告已有相當周詳的說明，這是由加拿大維多利亞交通政策研究所（the Victoria Transport Policy Institute of Canada）的陶德・利特曼（Todd Litman）發表於 www.vtpi.org/london.pdf。有關倫敦經驗的分析及其對曼哈頓提出類似計劃的影響，紐約科學院在一封電子簡報中（二〇〇七年五月十日）已提出報告說明，這份報告的撰稿人爲克里斯汀・馮蘭登（Christine Van Lenten），題名爲「紐約塞車收費定價？來自倫敦的經驗」（Congestion Pricing for New York? Lessons from London），這份報告可在網址 www.nyas.org/ebrief/miniEB.asp?eBriefID = 644 找到。

⑳曼哈頓塞車收費的爭議，描述在戴安・卡德威爾（Diane Cardwell）發表於《紐約時報》（*New York Times*）（二〇〇八年三月三十一日）上的文章〈更快，也許。便宜，不。但是有人喜歡開車〉（Faster, Maybe. Cheaper, No. But Driving Has Its Fans）。紐約市伙伴關係團體的調查結果見 www.pfnyc.org/pressReleases/2007/PFNYC%20Driver%20Survey%20Results.pdf。

㉑ Jane Jacobs, *Dark Age Ahead* (Vintage: New York, 2005).

㉒ Howard Kunstler, *The Geography of Nowhere: The Rise and Decline of America's Man-Made Landscape* (Free Press: New York, 1994).

㉓ 有關全球性城市擴張問題，在傑弗瑞・肯沃西（Jeffrey Kenworthy）和費利克斯・洛布（Felix Laube）撰寫的《城市依賴汽車國際資料彙編，一九六〇至一九九〇年》（*An International Sourcebook of Automobile Dependence in Cities, 1960–1990*）（科羅拉多大學出版社・・博爾德〔Boulder〕，一九九九）裡面，收集了豐富的事實和數字。

㉔ Howard Kunstler's *The Long Emergency: Surviving the End of Oil, Climate Change, and Other Converging Catastrophes of the Twenty-first Century* (Grove Press: New York, 2006).

㉕ 有關一九七三年俄勒岡州限制城市擴張的創舉與波特蘭（Portland）經驗的歷史，以及其他許多正面的聰明成長例子，可以在F・凱德・班菲爾德（F. Kaid Benfield）等人的《解決城市蔓延・・全美社區聰明增長模型》（*Solving Sprawl: Models of Smart Growth in Communities Across America*）（Island 出版社・・華盛頓特區，二〇〇一）裡面找到。

㉖ www.ontla.on.ca/bills/bills-files/38tarliament/Session1/bi36ra.pdf.

10 網際空間

① Interview with Philip Rosedale conducted by Michael Fitzgerald entitled "How I Did It," *Inc. Magazine*, February 2007.

②Edward Hall, *Hidden Dimension* (Anchor Books: New York, 1966).

③Nick Yee et al. "Unbearable Likeness of Being Digital: The Persistence of Nonverbal Social Norms in Online Virtual Environments," *CyberPsychology & Behavior* 10, no. 1 [2007], 115-121.

④Joshua Meyrowitz, *No Sense of Place: The Impact of Electronic Media on Social Behavior* (Oxford University Press: Oxford, 1986).

⑤美國政府網站（www.gps.gov）有針對GPS訊號及如何使用的更有用的背景資料。更清楚的教科書評論參見 Ahmed El-Rabbany's *Introduction to GPS: The Global Positioning System*, 2nd edition (Artech: Norwood, MA, 2006)。

⑥走筆至此，空中電波傳來一則新聞，報導一位美國學生在埃及被收押之前，能夠用他的手機發送一個字的訊息「被捕」（arrested）到 Twitter，提醒他的朋友網。就好比西藏示威者企圖顛覆網際網路監控的努力，這個故事說明了網路空間可以如何藉由打破真實的空間和時間來改變政治。穆雷・懷特（Murray Whyte）在《多倫多星報》（*Toronto Star*）（二〇〇八年六月一日）發表了一篇很精闢的文章〈呼叫，呼叫，有地震〉(Tweet Tweet—There's Been an Earthquake)，描述這一事件和其他一些實際利用 Twitter 的故事。

⑦Mark Weiser and John Seely Brown, "Designing Calm Technology," at www.ubiq.com/weiser/calmtechlcalmtech.htm.

⑧www.ambientdevices.com/catlproducts.html.

⑨Mark Weiser and John Seely Brown, "The Coming Age of Calm Technology," in Peter J. Denning and Robert M. Metcalfe's *Beyond Calculation: The Next 50 Years of Computing* (Springer: New York, 1998), p. 81.

⑩The website of Waterloo's Research Laboratory for Immersive Virtual Environments is http://virtualpsych.uwaterloo.ca.

⑪B. Schnapp and N. Warren, "Wormholes in Virtual Reality: What Spatial Knowledge Is Learned for Navigation?" abstract, *Journal of Vision* 7, no. 9 (2007), 758, 758a; http://journalofvision.orgl7/9/758.

⑫Philip Beesley, *Responsive Architectures: Subtle Technologies* (Riverside Architectural Press: Riverside, CA, 2006).

⑬與 Blascovich 的私下聯繫，二〇〇六年十二月十五日。

⑭參考 www.mortonheilig.com.

⑮Wagner James Au, "Guarding Darfur" (http://nwn.blogs.com/nwn/2006/05/guarding_darftmhtml).

⑯保羅·威里利歐在他的著作《開放的天空》（*Open Sky*）（朱莉·蘿絲〔Julie Rose〕翻譯）（Verso 出版社··倫敦，一九九七）裡面，提出他對科技和速度在生活上的影響的啓示願景。他對通訊科技對戰爭行爲的影響的看法，出現在他的著作《沙漠螢幕··光速戰爭》（*Desert Screen: War at the Speed of Light*）（麥可·德格納〔Michael Degener〕翻譯）（Continuum 出版社··倫敦，二〇〇五）中。

11 綠色空間

①Bruce Chatwin, *The Songlines* (Penguin: New York, 1988).
②Jane Jacobs, *The Death and Life of Great American Cities* (Vintage: New York, 1992).
③Mathis Wackernagel and William Rees, *Our Ecological Footprint: Reducing Human Impact on the Earth* (New Society Publishers: Gabriola Island, BC, 2001).
④威爾遜生平參見其著作*Naturalist* (Shearwater Books: Washington, DC, 1996)。
⑤威爾遜（Wilson）的書《自然關係》（*Biophilia*）（哈佛大學出版社··麻州劍橋，一九八六）剛開始有點走偏，但許多有益的後續材料可以在由斯蒂芬·凱勒特（Stephen Kellert）與愛德華·威爾遜（Edward Wilson）編輯的《自然關係假設》（*Biophilia Hypothesis*）（Island出版社··華盛頓特區，一九九五）裡面找到。
⑥Stephen Kaplan, *The Experience of Nature: A Psychological Perspective* (Cambridge University Press: New York, 1989).
⑦有關接觸和徜徉在大自然之中，對於癒合、生產力和幸福有哪些益處，史蒂芬·凱勒特（Stephen Kellert）與愛德華·威爾遜（Edward Wilson）審查後編輯成冊爲《自然關係假設》（*Biophilia Hypothesis*）（Island出版社··華盛頓特區，一九九五）網羅許多相關的研究發現。
⑧Richard Louv, *Last Child in the Woods: Saving Our Children from Nature-Deficit Disorder*

(Algonquin Books: New York, 2006).

⑨Erilc Jonsson, *Inner Navigation: Why We Get Lost and How We Find Our Way* (Scribner: New York, 2002).

⑩Tim Lougheed, "The Not-So-Great Outdoors," University Affairs, April 2006.

⑪參見網址 www.geocaching.com。

⑫史蒂芬・凱勒特（Stephen Kellert）的自然關係設計著作《爲生命建築：設計和理解人與自然的連結》(*Building for Life: Designing and Understanding the Human—Nature Connection*)（Island 出版社，華盛頓特區，二〇〇五）包含了很多有趣的內容，討論如何建造建築物和城鎮，以鼓勵與自然的聯繫。

⑬草地，和其他許多對孩子友好的自然關係社區設計，描述在由史蒂芬・凱勒特（S. Kellert）、J・H・希爾威根（J. H. Heerwagen）與M・L・馬多爾（M. L. Mador）編輯的《自然關係設計：把建築物帶給生命的理論、科學與實踐》(*Biophilic Design: The Theory, Science, and Practice of Bringing Buildings to Life*）中，由羅賓・摩爾（Robin Moore）與克萊爾・庫珀・馬庫斯（Clare Cooper Marcus）撰寫的「健康星球，健康兒童：設計自然成爲童年的每日空間」(Healthy Planet, Healthy Children: Designing Nature into the Daily Spaces of Childhood）一章裡面（Wiley 出版社：新澤西州霍博肯〔Hoboken〕，二〇〇八）。

⑭巴里・布雷瑟（Barry Blesser）與琳達—露絲・沙爾特（Linda-Ruth Salter）著：《空間在說話，你在聽嗎？：體驗聽力架構》(*Spaces Speak, Are You Listening?: Experiencing Aural Architec-*

ture）（麻省理工學院出版社，麻州劍橋，二〇〇六）。一些在視覺以外如何進行感官建築設計的想法，載於建築師尤哈尼・沛拉司馬（Juhani Pallasmaa）的重要著作《皮膚的眼睛：建築與感官》（*The Eyes of the Skin: Architecture and the Senses*）（學院版出版社〔Academy Editions〕，倫敦，二〇〇五）。

⑮The Conflux Festival網址：www.confluxfestival.org；NYSoundmap網址：www.nysoundmap.org.

⑯Stephen Jay Gould, *Eight Little Piggies: Reflections in Natural History* (Norton: New York, 1993).

12 空間的未來

①Michael Jones, "Google's Geospatial Organizing Principle," *IEEE Computer Graphics and Applications* 27, no. 4 (2007), 8-13.

②參見 www.ushmm.org/googleearth/projects/darfur/.

③Lauren Artress, *Walking a Sacred Path: Rediscovering the Labyrinth as a Spiritual Tool* (Riverhead Books: New York, 1995).

④查琳・史普里特奈克（Charlene Spretnak）在她的著作《復興的眞實：身體、自然和地方的超現代世界》（*The Resurgence of the Real: Body, Nature and Place in a Hypermodern World*）

（HarperCollins 出版社，加拿大多倫多，一九九八）裡面，描述恰帕斯革命與全球化力量之間的關係（以及其他一些有意思的運動，顯示各界再度重視地方的重要性）。

⑤Alisa Smith, *100 Mile Diet A Year of Local Eating* (Random House: New York, 2007). Sarah Bongiorni, *A Year without "Made in China": One Family's True Life Adventure in the Global Economy* (Wiley: Hoboken, NJ, 2007).

⑥Peter Mayle, *A Year in Provence* (Vintage: New York, 1991).

國家圖書館出版品預行編目資料

不再迷路／Colin Ellard著；胡瑋珊譯. --
初版. -- 臺北市：大塊文化，2010.01
面；　公分. --（from ；63）
譯自：You Are Here: Why We Can Find Our Way to the Moon, but Get Lost in the Mall
ISBN 978-986-213-156-5（平裝）

1. 知覺　2. 認知發展　3. 調適　4. 空間設計

176.232　　98023390

10550 台北市南京東路四段25號11樓

廣 告 回 信
台灣北區郵政管理局登記證
北台字第10227號

大塊文化出版股份有限公司 收

請撕下後對折裝訂寄回，謝謝！

地址：□□□□□ ＿＿＿＿市／縣＿＿＿＿鄉／鎮／市／區

＿＿＿＿＿＿路／街＿＿段＿＿巷＿＿弄＿＿號＿＿樓

大塊 LOCUS 文化

編號：FM063　書名：不再迷路

大塊文化 LOCUS

讀者服務卡

謝謝您購買本書！

如果您願意收到大塊最新書訊及特惠電子報：

- 請直接上大塊網站 locuspublishing.com 加入會員，免去郵寄的麻煩！
- 如果您不方便上網，請填寫下表，亦可不定期收到大塊書訊及特價優惠！
  請郵寄或傳眞 +886-2-2545-3927。
- 如果您已是大塊會員，除了變更會員資料外，即不需回函。
- 讀者服務專線：0800-322220；email: locus@locuspublishing.com

姓名：＿＿＿＿＿＿＿＿＿＿＿＿＿＿ 姓別：□男　□女

出生日期：＿＿年＿＿月＿＿日　聯絡電話：＿＿＿＿＿＿

E-mail：＿＿＿＿＿＿＿＿＿＿＿＿＿＿

您所購買的書名：＿＿＿＿＿＿＿＿＿＿＿＿＿＿

從何處得知本書：

1.□書店　2.□網路　3.□大塊電子報　4.□報紙　5.□雜誌
6.□電視　7.□他人推薦　8.□廣播　9.□其他

您對本書的評價：
（請填代號　1.非常滿意　2.滿意　3.普通　4.不滿意　5.非常不滿意）
書名＿＿＿　內容＿＿＿　平面設計＿＿＿　版面編排＿＿＿　紙張質感＿＿＿

對我們的建議：＿＿＿＿＿＿＿＿＿＿＿＿＿＿

LOCUS

LOCUS

LOCUS